景德镇陶瓷区域品牌重构与人才竞争战略研究

◎江旺龙 著

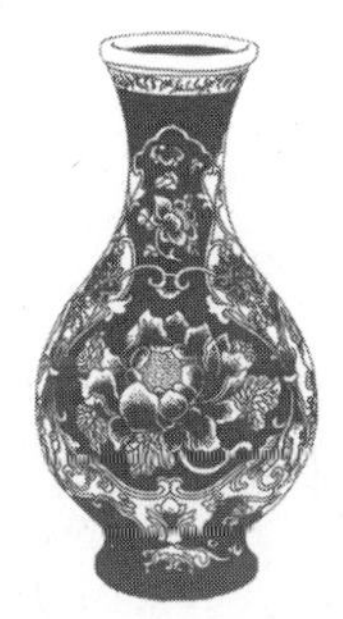

江西高校出版社

图书在版编目(CIP)数据

景德镇陶瓷区域品牌重构与人才竞争战略研究/江旺龙著. —南昌:江西高校出版社,2017.6

(景德镇学院学术文库)

ISBN 978 -7 -5493 -5705 -5

Ⅰ.①景… Ⅱ.①江… Ⅲ.①陶瓷工业—品牌—工业企业管理—研究—景德镇 ②陶瓷工业—工业企业管理—人才竞争—竞争战略—研究—景德镇 Ⅳ.①F426.71

中国版本图书馆 CIP 数据核字(2017)第 135640 号

出版发行	江西高校出版社
社址	江西省南昌市洪都北大道 96 号
总编室电话	(0791)88504319
销售电话	(0798)8290855
网址	www.juacp.com
印刷	江西千叶彩印有限公司
经销	全国新华书店
开本	787mm×960mm 1/16
印张	20.5
字数	262 千字
版次	2017 年 6 月第 1 版 2017 年 6 月第 1 次印刷
书号	ISBN 978 -7 -5493 -5705 -5
定价	68.00 元

赣版权登字 -07 -2017 -662

前言

自20世纪90年代以来，景德镇陶瓷区域品牌资产出现了严重的下滑，陶瓷销售额连年下滑，2000年的出口额仅为1998年的1/40，遭遇全面困境。2003年景德镇市陶瓷总产值仅20亿元，是潮州156亿元的12.8%。此后，景德镇知耻而后勇，奋起直追，经过全市人民十余年的共同努力，2012年，陶瓷总产值为200亿元，为潮州398亿元的二分之一。2013年，景德镇市陶瓷总产值为249.3亿元，2014年，景德镇市陶瓷总产值为291.6亿元，与潮州的差距不断缩小。景德镇陶瓷区域品牌价值有所回升，但与20世纪80年代相比较，仍相差甚远。景德镇陶瓷品牌过山车一样的命运，引发各界的广泛关注与思索。本书也尝试开展了系列研究。

本书研究认为，区域品牌具有复杂的组织生态系统，包含三大型构要素：产业基础、地理区域资源和社会文化资源，任何一种型构因素的变迁都会影响区域品牌的资产价值变动。自20世纪90年代以来，由于创新机制与资源配置方式的改变，景德镇陶瓷区域品牌在业界的地位也随之发生变化，直接影响到景德镇陶瓷产品及其相关产品的市场地位，影响到消费者的消费心理。因此，重构景德镇陶瓷区域品牌，首先必须从组织生态系统的重塑开始，健全组织要素，挖掘新的型构要素。

关联产业集群是区域品牌的基础性型构要素。产业关联的深度与广度，产业的关联性和互补性，是区域品牌形成的重要基石。景德镇旅游产业收入与陶瓷工业产值之间存在的正相关关系，验证了这一点。因此，景德镇区域品牌建设，必须实施品牌体系下关联产业的协同发展战略，着力发展高附加值的新型关联产业。

文化创意产业是区域品牌产业基础的重要发展方向，具有智能化、高附加值、强融合性、高辐射力、门类广等特征，能承担重要的社会公共服务职能。景德镇市文化产业近年来成绩显著，但发展水平仍低于全省平均水平，产业基础还很薄弱。景德镇陶瓷文化具有复杂的特性，它既是器具形态的，又是观念形态的，既是具体的，又是抽象的，既是文化流通，也是文化财富，因此发展景德镇陶瓷文化产业要尊重其独有的商业开发模式与价值规律。

社会资本是区域品牌的特殊型构要素，是社会关系网络对产业资本的物化形式。当前中国地域老品牌、老字号大面积陷入危机，其深层次原因是品牌社会资本的缩水，如欺诈行为侵蚀了社会资本的诚信基础，不成熟的政企品牌合作共建机制加速了品牌社会资本的损耗，非理性的品牌危机应急机制侵蚀了维持消费者忠诚的信用保障。因此，老区域品牌重建必须加强以诚信、合作、共赢为导向的社会资本的重置投资，加强中小企业社会资本的优化，加强国民社会资本建设。

社会资本在当代金融社会的一个重要体现是信用制度的建设水平，是区域品牌制度性型构要素的重要方面。以景德镇农民工对银行卡的认知和办理为例的调查研究，在数据分析的基础上做了实证检验、因果关系检验和协整检验。分析显示，景德镇地区的社会信用资本与其他中部地区相比较，还有一定差距，说明要加强地区信用制度建设。

区域品牌是一个复杂的品牌系统。产品品牌、企业品牌、区域产业品牌是共同建构区域品牌的系统基础品牌。有多位学者尝试建构区域品牌评价模型，都以产品品牌、企业品牌、区域产业品牌为基本评价因子。本书也尝试建构权重评价模式，得出相似的评价结果，说明从系统论的角度加强系统基础品牌的建设，是重构区域品牌的必经之路。

公共物品是区域品牌的特殊特征，具有产权模糊及利益共享的特点，具有正反两方面的外部性。博弈论为此提供了很好的解释模型，景德镇知识产权侵权案件数与陶瓷出口额存在的负相关关系，可提供较好的实证。因此，区域品牌经营与维护是一项公共工程，需要政府、企业、行业组织的多方参与。政府作为公共管理部门，在权威、组织、公正资源等方面具有明显的优势，因此公共品牌经营必须要求政府角色的强势介入，担负主体作用，强化公共物品的供给职能，以抑制非市场因素对公共资产的消极影响。

由于区域品牌的组织生态系统复杂，影响区域品牌核心竞争力的因素较多，难以取舍，因此学界目前在其评价问题上的争议较多。本书以三螺旋理论为指导，侧重引用政府、产业、大学三者相互渗透、支持与合作的因素，构建三螺旋区域品牌核心竞争力的评价指标体系，以作为新的尝试。

区域品牌是一个复杂的动态系统，区域品牌经营涉及政府、企业、行业组织、科研院所、居民户等各类社会主体，涉及艺术、经济学、管理学、生态学、材料学等各学科人才。从目前数据调查看，景德镇城市竞争格局最紧缺的人才不是陶瓷美术或工艺大师，也不是材料与工程人员。因为这些人才的培养，在景德镇已有几十年乃至数百年的历史积淀，人才底蕴深厚。景德镇目前最稀缺的人才是复合型、跨学科、宽口径，并且熟谙品牌与产业运作的经管类人才与创业型人才。调查显示，人才市场对创新性经管人才的需求大，而人才培养供给严重不足，培养体制不到位，人才市场结构不合理。因此，必须以应用型、职业化为导向，加快陶瓷教育革新进程，培养科班出身，具有跨学科、宽口径的经营管理人才，建立人才培养合作机制。对地方高校应调整学科专业结构，探索应用型的经管类专业教学改革与课程教学改革，以产教融合、校企合为主要路径，加快实践教学革新探索，培养地方性、宽口径、复合型的实践型经管专业人才。

以文化创意为动力，发展文化创意产业集群，优化区域品牌生态系统，决定了培养文化创意产业人才。区域文化创意产业人才必须既具备陶瓷工艺的一般知识，又具有深厚的区域人文与历史修养、企业经管能力与产业整合能力，应熟悉现代科技潮流。以德尔菲法改进的SWOT模型论证了景德镇陶瓷文化创意产业的人才优势，在于立足自身在陶艺与传统文化方面的优势，学习先进地区经验，着重发展高端艺术创意与传统文化创意的能力。三螺旋改进模型也论证了大学、政府、行业在人才培养中必须职责分明，又必须相互合作，形成协作渗透的两层重叠职能与三层重叠职能。

目前多项调查发现，我国文化创意产业人才的供需矛盾突出，既有数量上的矛盾，也有结构上的矛盾。供给机制远未成熟。高校和企业均未形成成熟的人才培养机制。高校的学科职能、专业建设、课程体系建设等滞后，教师缺乏从业经验。应学习海外应用型大学的经验,加快改革创新的步伐。

创业型人才指具有企业家才能,善于发现机会并通过创办企业、动员和组织生产要素实现创业梦想的人才。创新是创业型人才的灵魂。因此要以传授创业知识为基础,以锻炼创业能力为关键,以培养创业精神为核心,发展创新创业教育。国务院和教育部多项文件出台，对创业型人才培养提出了要求与对策。国外美、日、英、法、德等发达国家较为成熟的创业教育经验值得我们学习借鉴。

上述各方面的内容,是本书尝试提出的一些粗浅的看法与见解。许多想法还远不成熟,只是作为一种探索,希望抛砖引玉,引发大家的共同思考,共同关注景德镇陶瓷区域品牌的建设,共同关注景德镇城市的未来。

江旺龙

2016 年 5 月

目 录

上篇　景德镇陶瓷区域品牌建设

上 篇

景德镇陶瓷区域品牌建设

第一章

文献综述与问题提出

1.1 区域品牌研究

一、国内外研究综述

国外关于区域品牌的研究,始于20世纪90年代,之后,如2002年,营销大师PhilipKotler与DavidGertner指出,国家能够品牌化,并且存在国家品牌资产①。如Rosenfeld(2002)认为,实施基于产业集群的区域品牌化战略是欠发达国家提升竞争力的一种方法。已有许多区域将它们盛产的葡萄酒和产区联系在一起,如西班牙、加利福尼亚、南澳大利亚和新西兰等。因此,区域品牌化能够帮助集群获得区域竞争优势,在建立集群时应该采用区域品牌化战略②。Lundequist和Power(2002)对位于丹麦和瑞典之间的奥里桑德(Ore—surd)区域进行了研究,分析了麦迪肯(Medicon)山谷自上而下创建集群品牌的实践。研究表明,政府依靠该区域的麦迪肯山谷集群所创建的优势,成功地将奥里桑德区域品牌化,从而增强了该区域的竞争优

①Philip Kotler,and David Gertner. Country as brand,product,andbeyond:A place marketing and brand management perspective [J]. Journal of Brand Management,2002,9(4/5):249-261.

②Stuart A Rosenfeld.A guide to cluster strategies in less favoredregions[R]. Paper presented at the Conference of Regional Technology Strategies, North Carolina,USA,2002.

势。同时,这两位学者还通过对瑞典创建的13个集群进行的案例研究得出了这样一个结论:为了增强集群的竞争力,有必要打造鲜明的集群品牌。对于各种不同发展程度的集群来讲,品牌都具有三个重要职能,即强化集群在吸引投资、风险资本、技术工人和新的市场参与者方面的能力;使所有参与者拥有一个共同的目标,并团结在一个共同体中;能够辅助企业的市场营销和协同营销活动①。

目前国内外关于区域品牌概念、特征和建设的研究,始于21世纪初期。大致可归纳为这么几类观点②。

第一类观点,是从区域品牌与产业、企业的关系的角度,认为区域品牌的形成与发展取决于产业基础和核心企业的发达程度,产业集群的集聚状况、龙头企业的多少、行业核心的竞争优势、名优产品的多寡等决定了区域品牌是否形成与存在的合理性。如夏曾玉认为,区域品牌是一定地域内关联产业的企业集体行为的综合体现,是该地域形成的某个行业或某一类产品的知名度和美誉度③。或有学者认为区域品牌是指某个行政地理区域范围内形成的具有相对规模和较强生产能力、较高市场占有率和影响力的"产业产品"④。或有学者认为是指一个地域内一群生产经营者所用的"公共品牌标志",其基础必定要有某一特定产业或大量聚集于某一特定的行政或经济区域,形成一个稳定、持续、明显的竞争集合体⑤。

第二类观点认为,区域品牌和区域形象品牌密不可分。认为"若是区分某个区域内的一群生产者所用的标志,则称之为区域形象品牌"⑥。而城市品牌战略,是指在城市进行整体形象传播的过程,全面塑造城市品牌质量,创造知名度、美誉度和满意度的战略⑦。

第三类观点认为,区域品牌是一种公共物品,是一种公共品牌,它与城市品牌、行业品牌一样,都属于公共品牌⑧;为地域品牌一方面是一种经济文化象征,另一方面是

①Per Lundequist,and Dominic Power. Putting Porter into practice. Practices of regional cluster building:Evidence from Sweden[J].European Planning Studies,2002,10(6):685-704.

②江振娜:《我国区域(城市)品牌研究综述》,《福建行政学院福建经济管理干部学院学报》,2005年第4期。本节写作借鉴了江振娜的成果,在此致以谢意。

③夏曾玉,谢健:《区域品牌建设探讨——温州案例研究》,《中国工业经济》2003年第10期。

④贾爱萍:《中小企业集群区域品牌建设初探》,《北方经贸》2004年第3期。

⑤熊明华:《地域品牌的形象建设与农业产业化》,《中国农业大学学报(社会科学版)》2004年第2期。

⑥许基南:《企业集群中的区域形象品牌》,《经济管理》2002年第23期。

⑦张鸿雁:《论城市形象建设与城市品牌战略创新》,《南京社会科学》2002年增刊。

⑧裴蓉,张平淡:《公共品牌初探》,《北京理工大学学报(社会科学版)》2006年第2期。

该地域的信息载体，成为一种无形资产[①]；区域(城市)品牌的内涵即是城市的“特有资产”；所谓城市的“特有资产”，主要指城市特有的自然资源、社会、人口、文化、生产力等资产[②]；是一个城市历史文化、地理资源、经济技术等要素被社会公众广泛认同的某种最具典型意义的称谓[③]；是人们对城市整体的一种感知，是城市本质的某种表现，是对城市的一种识别，是城市特有优势的一种体现[④]；是城市生态环境、经济实力、文化底蕴、精神品格、价值导向等综合功能的结构性呈现，是城市的性质、名称、历史、声誉以及承诺的无形总和，同时也使目标受众对城市产生清晰、生动的印象和美好联想，其性质不同于以往一个地区[⑤]。

第四类观点，是从区域品牌建设的角度开展研究。有学者认为，区域品牌建设强调内外结合和过程建设。内为区域内部自身质量建设，外为区域对外营销，即区域行销的策划。光有“内”的建设或者光有“外”的策划都不是完整意义上的区域品牌建设，同时，区域品牌建设应当是一个战略过程，因而在其建设的过程当中应当实行过程管理[⑥]。在区域品牌建设中，政府具有“从全局上驾驭和组织经济活动的优势”和“从宏观总体上把握经济信息的优势”，从而可以“超越个体利益的局限，从区域整体和全局利益出发整合区域资源，进行优化配置”[⑦]，政府具有培育区域品牌的三大优势：组织优势、公正优势和信息优势。这三大优势决定了企业或市场做不了或做不好的事情可以由政府来做。对产业集聚的区域而言，政府重在把区域内名牌的单个优势集中到整体优势，以形成区域名牌化，完成名牌区域建立的全过程[⑧]。对区域品牌建设的措施研究，主要有几种观点：(1)强调各级政府对区域品牌的规划、指导、服务和管理；(2)着力提高区域品牌的产品质量和信誉；(3)实施网络营销，发展区域品牌[⑨]；(4)增强区域产业品牌意识；(5)规范区域产业品牌管理；(6)探索建立适合区域产业品牌特点的品牌建

①黄兆银.产业聚集区与地域品牌[EB/OL].http://www.zydl.net/news/readnews.asp.newsid=1061,2003-05-26

②叶泳生，姜海，覃凡：《城市“特有资产”与城市品牌建设》，《城市问题》2005 年第 2 期。

③李成勋：《关于城市品牌的初步研究》，《广东社会科学》2003 年第 4 期。

④陈建新，姜海：《试论城市品牌》，《宁波大学学报(人文科学版)》，2004 年第 2 期。

⑤黄金霞：《苏州城市品牌营造刍议》，《苏州大学学报(工科版)》，2004 年第 6 期。

⑥《区域服装品牌正面临着新的挑战》[EB/OL].http://www.sewworld.com/news/html/2003630/2003630103035.htm.

⑦张屈征，张月华等：《区享品牌的产权特点与政府作用》，《经济师》，2003 年第 8 期。

⑧《与企业创名牌相辅相成区域品牌竞显活力中山》[EB/OL].http://www.southcn.com/news/dishi/zhongshan/jingji/

⑨吴程，张光宇等：《区域品牌的发展策略》，《企业改革与管理》，2004 年第 11 期。

设管理推广的制度与规范体系[1]。还有研究者提出了区域品牌建设三部曲:一是名牌创造;二是名牌区域化;三是区域名牌化。也就是在一定区域内,随名牌群体的扩大和资产向名牌集合企业的聚合,以致整个区域也成为名牌区域,成为一个整体性的品牌。这个过程概括为从点到面再到体,区域名牌就是体[2]。

二、本书问题的提出

在本书中,本书作者吸收学者们的各类观点,认为,区域品牌是指在某个区域范围内形成的以产业集群为依托、具有较强生产能力、较高市场占有率和影响力的产业或产品的知名度和美誉度。区域品牌具有复杂的组织生态系统,包含三大基本要素:产业基础、地理区域资源和社会文化资源。其中产业基础是区域品牌的基本内容,产业拓展的广度与深度、产业的生产规模、市场占有率、技术和质量水平、产业内部分工及合作程度等体现出的产业实力水平与区域品牌的影响力成同向关系;地理区域要素是指区域品牌与特定区域密不可分,一般带有强烈的地域色彩,紧密依托地理资源而存在;社会文化资源是指区域品牌不仅蕴含着区域沉淀的历史文化、社会民俗等内容,更代表着该区域产业和产品的主体和形象。

区域品牌作为一种公共物品,是一个复杂的品牌体系。其内涵与外延既具有物质性的实质,又具有社会学意义的抽象,还具有精神层次的结构性。区域品牌作为经济学意义的公共产品,其形成过程的独特性,产权形式的非排他性,导致其具有独特的运作方法,这使区域品牌的价值不仅仅是经济性的资产意义,更具有社会性的资本意义。

因此,研究区域品牌,要从多重角度开展讨论,区域品牌的建设与发展涉及面更宽广。本书将从景德镇陶瓷区域品牌的型构要素与变迁、关联产业集群基础建设、基于社会学构成的社会资本建设、公共产品建设对策、企业与政府的角色定位等方面开展论述。

当然,区域品牌的建设与发展,最终还是必须落实于人,人的才干和人的精神内涵。因此,本书还将讨论的重点引向人才竞争战略,尤其是人才的培养,涉及品牌经营管理人才的培养、文化创意产业人才的培养、政府和行业组织及高校在人才培养中的

①李永刚:《企业品牌、区域产业品牌与地方产业集群发展》,《财经论坛》,2005 年第 1 期。
②贾爱萍:《中小企业集群区域品牌建设初探》,《北方经贸》2004 年第 3 期。

角色定位与分工合作等方面。笔者不揣粗浅，希望对上述诸方面做一些浅显的讨论，抛砖引玉，引发学界同仁和业内诸君的共同思考。

1.2 景德镇陶瓷区域品牌研究

一、景德镇陶瓷区域品牌研究综述

首先，景德镇陶瓷区域品牌是一个以城市为立足点的城市品牌，是一定地域范畴内产业集聚与城市形象积累的结果。其次，景德镇陶瓷区域品牌是一种公共产品，产权特性具有特殊性，其经营的方式也具有自身的规律。

近年来，关于以一个城市的产业和形象积累为依托的公共品牌的研究，很受关注（主要是2003年以后）。学者们认为，城市品牌是一个城市地理区域内产业集群竞争发展到高级阶段的表征，经营的好坏直接关系到一个地区的主导产业及该地区的命运与前途。在理论研究方面，学者们对城市区域品牌的概念、特性等问题做了学理探讨。有学者认为，区域品牌是一种公共产品资源与经济文化象征，对城市而言，它是城市的特色资产，是城市专业化的核心体现，向上构筑出城市品牌[①]。另有学者认为，区域品牌必须区别于区域产业品牌与企业品牌，它是该地域的信息载体[②]。张居征、李永刚等则从法理或经济模型入手，研究了区域品牌的产权特点及区域品牌经营的非合作的诚信隐患[③]。

在实践研究方面，学者们从区域品牌的商标注册、质量管理、品牌互动等不同角度出发，提出了自己的观点。如江振娜以德化县区域产业品牌的建设为案例，提出了区域品牌经营策划的构想[④]；曹或飞以上海城市品牌为例，研究了政府的角色与功能；夏曾玉等以温州为个案，探讨了温州鞋业的区域品牌推广工程[⑤]；贾爱萍研究了中小企业集群区域的品牌营造策略[⑥]。

当前，学者们越来越注重实践研究与操作研究，开始有人探讨品牌建设的具体路

①郭克锋：《区域品牌可持续发展影响因素及其作用机制研究》，山东大学博士论文，2011年。
②孙鹏：《集群式供应链视角下的区域品牌持续成长策略研究》，《管理论坛》2009年第4期。
③李永刚：《企业品牌、区域产业品牌与地方产业集群发展》，《财经论丛》2005年第1期。
④江振娜：《区域产业品牌策划——以福建省德化县为例》，《发展研究》2006年第2期。
⑤夏曾玉：《区域品牌建设探讨——温州案例研究》，《中国工业经济》，2003年第10期。
⑥贾爱萍：《中小企业集群区域品牌建设初探》，《北方经贸》，2003年第10期。

径，如形象推广，特色产业定位、海外法律风险的规避，等等。由于具体实践研究需要有较强的综合学科的知识背景，目前这方面的研究还很单薄，还未真正展开，还有待深入。

从目前图书检索以及从中共景德镇市委、市经委等相关部门调查的结果看，基于目前的研究现状，对景德镇区域品牌的经营创新的专题研究还不够，还应加强。

21 世纪以来，景德镇陶瓷的区域品牌资产出现了严重的缩水，陶瓷销售额连年下滑，2000 年的出口额仅为 1998 年的 1/40，遭遇全面困境。2003 年，景德镇市陶瓷总产值仅 20 亿元，为潮州 156 亿元的 12.8%。此后，景德镇知耻而后勇，奋起直追，2012 年，陶瓷总产值为 200 亿元，为潮州 398 亿元的 1/2。2013 年，景德镇为 249.3 亿元，2014 年，景德镇市陶瓷总产值为 291.6 亿元，潮州为 400 多亿元，差距仍然很大。客观原因，有外地陶瓷区域品牌的激烈冲击与竞争，国家资源配置机制的改变而导致的地域资源的分流，等等。但是主观因素居多，有景德镇陶瓷产业结构调整的失误，大量企业的机会主义行为，政府行为的滞后及不作为，等等。景德镇陶瓷的区域品牌作为中华文化的千年积淀结晶，对它的抢救，不仅直接关系到景德镇未来的城市命运，而且还关系到民族特色文化遗产资源的保护，因此加强对它的研究，意义深远而很迫切。

这种状况要求我们根据实际出发探讨景德镇区域品牌的创新与重构，探索一条面向实际的、可以有操作价值的品牌复兴之路。这是教学科研服务于地区经济社会发展的使命与要求。

二、研究的内容与难点

本书认为，关于景德镇陶瓷区域品牌的研究，以下方面值得加强，值得后续学者们共同关注。

1. 研究的内容

(1)景德镇陶瓷区域品牌的历史型构

主要研究景德镇陶瓷区域品牌形成的自然因素与社会制度安排，重点剖析景德镇陶瓷区域品牌与其他陶瓷名产地区域品牌的差异化要素与内涵。

(2)景德镇陶瓷区域品牌体系的构成分析

经初步讨论，该体系至少应包括三个子品牌：景德镇陶瓷产业区域品牌、景德镇陶瓷旅游业区域品牌、景德镇陶瓷文化区域品牌。陶瓷产业区域品牌是核心、是筋骨；陶瓷旅游业区域品牌是血肉；陶瓷文化区域品牌是神韵，三者相互依托，荣毁与共。分别分析目前三者的品牌渗透力,对市场与社会的影响。

(3)景德镇区域品牌贬损的原因分析

将分别从经营管理、制度性因素、非制度性因素、思维习惯、行为方式、法律等角度展开分析。重点分析景德镇区域品牌作为一项公共资源在社会转型期,在新贸易条件下遭遇的困境及其原因。

(4)景德镇区域品牌经营的各方主体所面对的决策机制分析

既运用经济模型,又结合日常社会调查资料,讨论各方主体的可能性决策所带来的结果,重点讨论地方政府的公共行为决策,中小企业的可能性决策,及产业行会等组织的功能定位。

(5)地方政府在景德镇陶瓷区域品牌重构中的战略分析

计划讨论目前所掌握的资源优劣势现状和可能采取的战略构想。

(6)地方政府在景德镇陶瓷区域品牌重构中的具体战术分析

计划从制度安排角度、法律知识产权保护角度、地方法规建设角度、行业规划与规范角度、区域品牌差异化经营角度、城市形象识别系统设计角度、城市形象推广与媒体策略角度、信息化战略角度提出具体的可行性方案。这是本研究项目的主体部分。

(7)景德镇陶瓷区域品牌、陶瓷企业品牌,陶瓷产品(商品)品牌协同发展战略研究

重点讨论在目前区域品牌较强,企业品牌与产品品牌较弱的情况,政府与行会组织应如何扶植优势企业,培育优势产品品牌,使三大品牌相互支持,走可持续发展之路。

(8)景德镇陶瓷产业区域品牌、陶瓷旅游业区域品牌与陶瓷文化区域品牌协同发展战略研究

重点讨论政府应如何以陶瓷产业区域品牌为依托,带动相关的陶瓷外围产业的发展,各产业相互支持,真正实现区域经济的腾飞,全面实现景德镇区域品牌的重构。

2. 研究的难点

本书认为,从当前的研究条件看,存在如下方面的研究难题,应予以解决:

第一,如何建立一个科学的区域品牌的动态评价指标体系,如何将区域品牌、企业品牌、产品品牌的影响区分开来,这是一个难题,譬如 1999 年景德镇陶瓷销售量锐减,这究竟是区域品牌在弱化,还是企业品牌或产品品牌在弱化,是采用相关分析方法,还是其他分析方法。这些都要求大家再重点讨论。

第二，如何建立景德镇陶瓷区域品牌型构的要件体系，如何把主观要件与客观要件区别开来，如何观察不同要件的动态变迁，如何判断并解析它们之间的交叉影响。这些分析直接关系到区域品牌创新着力点的确定。

第三，需要综合运用经济学、经济法、管理学、国际贸易、电子商务等各方面的专业知识，需要大家适当拓宽研究领域，需要各方面研究人才的通力配合。

1.3 景德镇陶瓷文化创意产业研究

一、景德镇陶瓷文化创意产业研究的必要性

景德镇陶瓷文化是悠远而深长的民族特色历史文化遗产资源，具有鲜明的差异性，是不可替代的。它作为传统文化传承的重要组成部分，在国人心目中，在大中华文化圈，乃至在全球范围内，它都具有广泛而深入的文化认同。它已经被抽象化为一个文化符号系统，一个象征，内涵深沉，外延宽广。因此，它作为独特的文化资源与文化财富，不仅是中国的，也是世界的。

作为民族文化资源的一部分，景德镇陶瓷文化也是国家软实力的构成部分，也应发挥对经济社会发展的引领功能，发挥对景德镇城市建设的先导价值。这就要求发掘整合历史资源，与传统产业相结合，与新技术相交融，与时尚文化消费市场相衔接，将景德镇陶瓷文化转化为产业力量，转化为产能，创建具有核心竞争力的、不可仿造的文化创意产业集群。

自20世纪90年代以来，景德镇市的陶瓷及相关产业发展滞后。近年来有所好转，但就产值而论，与佛山市、潮州、淄博等陶瓷名产地仍然相距甚远。“景德镇”区域品牌资产出现了严重的缩水。究其原因，有景德镇产业结构调整的失误，大量企业的机会主义行为，政府行为的滞后及不作为，等等。其内在原因，从文化学角度上说，景德镇城市的衰落，是传统文化对于现代市场经济的碰撞与迷失，是传统文化转型之路的迷茫。要想从根本上改变这一现状，必须以创意为契机，大力发展与陶瓷文化相关的辐射产业与延伸产业，挖掘陶瓷古文化，实施“古文化＋创意＋现代产业推广”的策略，优化产业结构，形成完整的创意产业集群，以此为依托，推进传统文化的再生与转型，实现景德镇区域品牌的创新。因此，研究景德镇陶瓷区域品牌的重建，就必然要研究景德镇陶瓷文化创意产业，这是一个绕不过的任务。

十六大以来，党中央高度重视文化体制改革，强调加大经营性文化产业的开发。党的十七大报告明确提出，要推动社会主义文化大发展大繁荣，培育新的文化业态，加快文化产业基地和区域性特色文化产业群的建设。因此近几年，学术界纷纷关注文化创意产业及其人才开发，有关研究渐成热潮。

二、文化创意产业研究综述

在理论研究方面，学者们对文化创意产业的概念、特性等问题做了学理探讨。如王欣认为，文化创意产业是内生型发展模式的新型产业代表，"传承、创新、整合"是产业发展的基本原则①。郑家建研究了文化创意产业发生作用的机制，认为它具有集聚与辐射效应，可以促使信息流、消费流、资金流、人才流产生向心涌动②。张瑞琴等分析了文化创意产业的范畴与途径，讨论了其创新方式与传播方式，对其所需的人才问题表达了担忧③。

在实践研究方面，学者们以不同地区或城市为对象，从文化创意产业的社会资源、合作模式、政府职能、区域品牌互动等不同角度出发，提出了自己的观点。如杨英等探讨了深圳市文化产业的发展道路，提出圈层式合作体系的构想④。诸丹等以成都地区为例，研究了实践视角下的西南文化旅游创意产业发展战略⑤。肖建春以开发少数民族文化资源为切入点，考察了四川民俗旅游产业的整合营销构想⑥。崔成泉以首届"节庆中华奖"评奖活动为观察对象，探讨了节庆文化产业所蕴含的可供参照的思维方法和价值取向⑦。

当前学者们越来越注重实践研究与操作研究，开始有人探讨文化创意产业的具体路径，如特色产业定位、形象推广、海外法律风险的规避，等等。但由于具体实践研究需要有较强的综合学科的知识背景，目前这方面的研究还很单薄，还未真正展开，还有待深入。

---

①王欣：《文化创意产业的现状与发展》，《演艺设备与科技》2008年第2期。

②郑家建：《发展文化创意产业集群》，《经济研究》2008年第1期。

③张瑞琴：《浅谈中国文化创意产业的发展》，《科技创新导报》2008年第9期。

④杨英：《深圳市文化产业区域合作发展研究》，《珠江经济》2008年第4期。

⑤诸丹：《实践视角下的文化旅游创意产业发展研究 -- 以成都地区为例》，《西南民族大学学报》2008年第3期。

⑥肖建春：《四川民俗旅游产业的整合营销构想》，《西南民族大学学报》2008年第3期。

⑦崔成泉：《文化内涵：节庆活动的生命》，《中国文化报》2008年4月4日。

综合比较海内外的研究成果，台湾学者的研究比大陆更深入、细致、扎实，具体表现为：善于运用数据模型分析产业现象；注重从价值链的角度分析研究文化产品和文化企业的生成与发展；强调创意概念和范畴在实践中如何应用，等等。譬如台湾东吴大学刘维公先生对高端美感产品的特征与衍生开发方式的研究在业界就很有影响力[①]。

关于景德镇陶瓷文化创意产业的研究，从目前图书检索以及从中共景德镇市委、市经委等相关部门调查的结果看，研究还未深入。

在这样一个有利的大环境下，加强景德镇陶瓷文化创意产业的研究，推进景德镇陶瓷区域品牌的持续重构工作，更是一个迫切的任务。

三、研究内容

本书认为，关于景德镇陶瓷文化创意产业研究，如下内容应引起共同关注：

1. 景德镇文化创意产业集群的形成机理与产业体系分析

通过厘清传统产业资源与传统文化资源在文化创意产业集群创建中所承担的功能，辨析二者的关系，结合景德镇区域资源优势建立一个良性的产业模型，提出一个可行性的产业协同发展体系。

2. 景德镇陶瓷文化产业集群的资源现状与资源模型构建

调查分析当前景德镇优化产业结构所具备的资源优劣势，如何扬长避短，发挥自身的资源优势，创建高效的具有核心竞争力的产业集群。

3. 各类主体在景德镇创意产业集群建构与区域品牌创新中的决策机制、所应确立的角色定位与功能分析

既运用管理学模型，又结合日常社会调查资料，讨论各方主体的可能性决策，重点讨论地方政府的公共行为决策，中小企业的利益决策，及产业行会等组织所应承担的功能定位。

4. 地方政府在景德镇创意产业集群建构与区域品牌创新中的具体战术分析

计划从制度安排、知识产权保护、行业规划与规范、区域品牌差异化经营、城市形象推广与媒体策略、信息化战略等不同角度出发提出具体的可行性方案。这是本研究项目的主体部分。

①刘维公：《台湾创意经济发展模式之考察》，北京首届世界城市全球论坛会议报告，2010年9月18日。

5. 景德镇创意产业集群品牌体系分析。

四、研究的重点

第一,文化创意产业是一个较新的学术问题,如何分析文化创意产业集群的形成机理,这是一个难点。目前学术界争议不一,尤其是如何根据景德镇区域资源优势选择一个良性的产业模型是一个难点。

第二,建立景德镇陶瓷文化创意产业集群与区域品牌型构的要件体系,如何把主观要件与客观要件区别开来,如何观察不同要件的动态变迁,如何判断并解析它们之间的交叉影响。这些分析直接关系到区域品牌创新着力点的确定。

第三,课题研究需要综合运用经济学、法律、管理学、国际贸易、电子商务等的跨专业知识,需要掌握产业集群、文化创意产业、区域品牌等相关最新理论,需要课题组拓宽研究领域,需要各领域研究人才的通力配合。

第四,文化创意产业集群的形成必须妥善看待制度文化、技能文化、文化硬件等不同文化要素的价值,处理好如何以“创意”有机地将传统产业与文化资源结合在一起。

第五,文化产业区域品牌是一种共享品牌,如何有效规避搭便车现象,如何处理非合作的纳什均衡现象。

第六,各类社会主体在文化创意产业集群建构与区域品牌创新中的决策机制是不一样的,取决于各自面临的利益选择。因此政府应该在其中发挥主导作用,既要有行政法律规导,又要有市场手段鞭策。

1.4 创新性陶瓷行业经管类人才培养研究

一、研究的必要性

随着景德镇陶瓷区域品牌重建研究的深入,笔者认识到,随着景德镇陶瓷产业所遭遇的全面困境有客观原因, 但是主观因素居多, 人才竞争优劣势易位实乃其中之一。对景德镇而言,不缺陶瓷工艺创作型大师,最稀缺的是能够推进品牌经营,将陶瓷企业做强做大的企业创新型经营管理人才,以及景德镇陶瓷行业管理的高层人才。

然而,令人遗憾的是,调查结果显示,一方面,目前我国整体陶瓷教育还停留在窄门径的单科教育培养模式时代。陶瓷人才教育与科研还在照搬计划经济时代的单科模式，只专注于理工技术与艺术创作的教育与科研，忽视现代市场经济所要求的专业型经管教育与营销教育，没有认识到现代市场竞争更强调营销创新与品牌创新，没有认识到市场竞争已经由以前追求技术附加值转变为更重视追求品牌附加值。另一方面，目前我国陶瓷行业的经管从业人员或是技术人员出身，或是其他行业的经管人员跳槽而来。前一种往往由于自视为“内行”而轻视营销与品牌管理，后一种则往往由于缺乏对陶瓷商品独特制作工艺与文化理念的深入理解而拿不出个性化的营销策略。

这种状况要求我们从实际出发革新经营管理类专业的教育方式，探索一条面向市场的创新型专业人才的培养模式。这是教学科研服务于地区经济社会发展的使命与要求。近年来，我校经济贸易教研室在教学基地与实习基地共建计划中，开始重点研究如何以校企合作为基点，加强实践教学革新，探索能服务于地区经济社会发展的实用型、职业化的创新人才培养模式。这些都力图为景德镇陶瓷区域品牌的持续重建提供人才竞争的战略分析。

二、研究内容

研究内容应包括：

1. 景德镇陶瓷中小企业经营管理人才队伍的现状调查

调查内容包括年龄性别等自然特征结构，职称学历等文化特征结构，出身资历结构，各人业绩等，探讨当前景德镇陶瓷中小企业绩效下滑的人为因素，论证创新型人才培养的必要性。

2. 景德镇陶瓷中小企业经管人才培养的现行机制调研

将重点调查景德镇各高校经管类各专业的人才培养模式，景德镇成人教育经管类各专业的人才培养模式，地方政府及行业组织的人才培养途径，企业的员工培训机制，等第，分析利弊，重点调查高校、企业、地方政府及行业组织在人才培养中是否存在合作机制，若有，将进一步调查合作机制的运行现状。这是调查的重点环节。因为从初步调查的结果看，人才培养合作机制的缺失是创新型人才稀缺的重要原因之一。

3. 新世纪环境下陶瓷中小企业创新型经管人才的基本素质与能力要求研究

课题组将根据当前国内外陶瓷行业发展与竞争的现实需要，尤其是近几年陶瓷区域品牌创新经营，以及景德镇区域品牌资产严重缩水，陶瓷品牌欲振乏力的现实原因出发，探讨创新型人才的历史使命与时代要求。

4. 重点研究环节:景德镇各高校经管类各专业人才培养模式创新研究

剖析景德镇各高校在专业设置、课程设置、教材选择、教学方法与手段的运用等各方面的缺陷与创新着力点，明确高校人才培养为地方经济社会发展服务的主导思想,建立应用型职业化的人才培养模式。

5. 景德镇各高校实践教学与第二课堂教学研究

探索如何将实践教学及第二课堂教学与陶瓷职业教育相结合，以具体陶瓷行业为依托,培养学生的实践动手能力,提高学生的职业素质与就业技能,建立应用型人才培养模式。同时,探索更灵活多样的实践教学与第二课堂教学途径,实现实践教学的常规化与连续性。

6. 地方高校、企业、地方政府、行业组织在创新型经管人才培养中的角色定位与合作机制研究

重点研究如何充分发挥四大主体的教育积极性,促进人才培养途径的多元化。

1.5 陶瓷文化创意产业人才培养研究

一、研究综述

学术界纷纷关注文化创意产业研究,文化创意产业人才的研究也渐成热潮。

在理论研究方面,学者们对文化创意产业的人才队伍现状、培养机制等问题做了宏观探讨。如张彩凤比较了国内外文化产业发展的现状,认为人才短缺是制约中国文化产业快速发展的核心因素。李芳考察了创意产业与创新教育的关系[①]。丁俊杰提出建立地域性文化创意产业人才基地的初步建议,并警告要警惕人才陷阱[②]。杨彩霞认为,优化人才环境、长线培育、内部开发、行业嫁接、外企引进、专业资格互认是解决文化产业经营管理人才短缺问题的良策[③]。

在实践研究方面,学者们以不同地区或城市为对象,研究了各自地理实情下的文

①李芳:《湖南艺术创意产业经济发展研究》,《金融经济》2012 年第 12 期。

②丁俊杰:《对文化创意产业发展的观察与思考(三)-- 文化创意产业的市场化》,《大市场》2007 年第 1 期。

③杨彩霞:《文化产业经营管理人才短缺问题及对策研究》,《杭州师范学院学报》2006 年第 6 期。

化创意产业的人才问题。如黄晓分析了贵州少数民族文化创意产业人才所需要的素质要求①。何贤娟以绍兴文理学院成人教育学院现有资源为基础,提出了绍兴文化产业的人才培养方案②。王炎龙讨论了四川文化创意产业人才的优劣势,提出应建立强大的文化企业集团,实现人才资源的结构整合与人力资本的价值转换③。李一凡着重探讨了以北京为代表的新媒体创意产业的人才培养④。

当前学者们越来越注重实践与操作研究，开始有人探讨文化创意产业的人才激励、人才评价、人才市场建设、教育品牌开发、教育立法等具体问题,但由于具体实践研究需要有较强的综合学科的知识背景，目前这方面的研究还很单薄，还未真正展开,还有待深入。

比较海内外的研究成果,国内学者的研究还流于宏观,经常是泛泛而谈,人人亦云,海外学者的研究更具体、更深入。如美国研究者提出构建创意经济人才链,重点培养“创意核心群”。英国学者提出建立“创意生活圈”以激发人才成长与自我创业。澳大利亚霍金斯创建了“创意经济方程式”,以此论证人才的培养效益⑤。

在陶瓷文化创意产业的人才培养研究方面，从目前图书检索以及从中共景德镇市委、市经委等相关部门调查的结果看,研究成果还不多,还不成系统。目前,只有吴昌南、刘燕等人的成果。如刘燕讨论了陶瓷对外交流中的翻译人才培养。因此有加强研究的必要。

二、研究内容

研究内容应包括:

1. 景德镇陶瓷文化创意产业及其人才队伍的现状调查

既包括文化产业宏观管理人才,又包括微观企业经营管理人才,还包括专业创意人才,调查内容包括年龄性别等自然特征结构,职称学历等文化特征结构,出身资历结构,各人业绩等,探讨当前景德镇陶瓷文化创意产业的发展现状,论证加强人才培养的必要性。

①黄晓:《产业化视角下的贵州民族民间文化资源保护》,《贵州社会科学》2006年第2期。

②何贤娟:《绍兴市文化产业发展与地方高校人才培养》,《绍兴文理学院学报》(哲学社会科学版)2007年第6期。

③王炎龙:《四川文化产业经营管理人才现状与开发路径》,《四川省情》2007年第8期。

④李一凡:《论数字艺术教育与北京市现代化产业的十大关系》,《北京印刷学院学报》2005年第4期。

⑤约翰·霍金斯:《创意经济:如何点石成金》,上海三联书店,2006年版。

2. 景德镇陶瓷文化创意产业人才培养的现行机制调研

将重点调查景德镇各高校文化创意人才的培养模式，景德镇成人教育相关专业的人才培养模式，地方政府及行业组织的人才培养途径，企业的员工培训机制，等第，分析利弊，重点调查高校、企业、地方政府及行业组织在相关人才培养中是否存在合作机制，若有，将进一步调查合作机制的运行现状。这是调查的重点环节。因为从初步调查的结果看，人才培养合作机制的缺失是创意人才稀缺的重要原因之一。

3. 新世纪环境下景德镇陶瓷文化创意产业人才的基本素质与能力要求研究

课题组将根据当前国内外文化创意产业与陶瓷产业二者的市场竞争需要，尤其是近几年景德镇区域品牌资产严重缩水的现实原因出发，探讨创意人才的历史使命与时代要求。

4. 重点研究环节：景德镇各高校文化创意产业的人才培养模式研究

剖析景德镇各高校在专业设置、课程设置、教材选择、教学方法与手段的运用等各方面的缺陷与创新着力点，明确高校人才培养为地方经济社会发展服务的主导思想，建立起应用型职业化的人才培养模式。

5. 景德镇各高校实践教学与第二课堂教学研究

探索如何将实践教学及第二课堂教学与职业教育相结合，以具体文化企业为依托，培养学生的实践动手能力，提高学生的职业素质与就业技能，建立起应用型人才培养模式。同时探索更灵活多样的实践教学与第二课堂教学途径，实现实践教学的常规化与连续性。

6. 地方高校、企业、地方政府、行业组织在陶瓷文化创意产业人才培养中的角色定位与合作机制研究

重点将研究如何充分发挥四大主体的教育资源优势与积极性，明确各种社会主体在教育活动中应承担的社会职责，推进人才培养途径的多元化。

陶瓷企业创新型经管类人才和陶瓷文化创意产业人才都服务于景德镇陶瓷产业和陶瓷文化创意产业，最终都支撑起了景德镇的地域品牌。

第二章

组织生态系统建设[①]

2.1 组织生态要素对区域品牌的影响

区域品牌是产业集群竞争发展到高级阶段的重大表征，是区域经济、产业集群和品牌营销等行为活动的复合，是一种特殊的生态系统，组织生态系统理论认为，外部环境提供了组织系统型构的有机要件，任何组织都必须依赖外部环境所提供的资源条件而生存（hawley,A.H,1969）。与自然界的生物群落相比较，区域品牌作为一种特殊的生态系统在型构组成上具有更高的开放性与复杂性，不仅包括由地理、人口等组成的自然生态环境，而且还包括由政治、经济、技术与社会文化等组成的社会生态环境，以及由企业个体、供应商、营销中介、顾客、竞争者、公众组成的社会微观生态环境（刘善庆等，2005）。

因此，区域品牌组织生态系统的型构要素可以归纳为三大类型：地理区域要素；社会文化环境要素；产业基础。地理区域本质上是一种行政和

---

①本章节参考文献处正文中已有述及之外，还有，杨虹：《品牌建设要注重提升品牌的文化价值》，《经济导刊》2008年第5期。周力军：《从消费者心理角度研究品牌资产价值》，《机电信息》2006年第2期。卢泰宏、黄胜兵、罗纪宁：《论品牌资产的定义》，《中山大学学报》2000年第4期。刘善庆、叶小兰：《基于组织生态环境的景德镇陶瓷产业集群》，《经济纵横》2005年第8期。刘善庆.：《基于路径依赖的景德镇陶瓷产业集群》，《企业经济》2005年第11期。胡大立：《区域品牌机理与构建分析》，《产经论坛》2005年第4期。

地理概念，在经济发展中提供了产业发展所必需的地理特征、交通、资源优势、自然风貌、人才条件等，是环境硬要件；社会文化环境是构成区域品牌的软性要素。一个成功的品牌必然是特定社会政治文化、习俗与社会制度的产物，反映了特定利益集团与顾客群体的价值观念、个性追求与文化偏好。产业基础（或称产业实力）构成了区域品牌的最根本内容，包括区域内特定产业、产品所具有的生产规模、创新能力、市场覆盖面、技术和质量水平、产业内部分工合作程度等，其所体现的实力水平与区域品牌的影响力成同向关系。

但是要区别的是，在区域品牌型构的过程中，产业基础通常是地理区域环境与社会文化环境的果，而不是因，是特定环境催生了该地域的产业集聚，从而产生了区域品牌。当然，在区域品牌形成之后的维系发展过程中，产业实力是一个重要因素。区域品牌生态系统的型构要素如图 2-1。

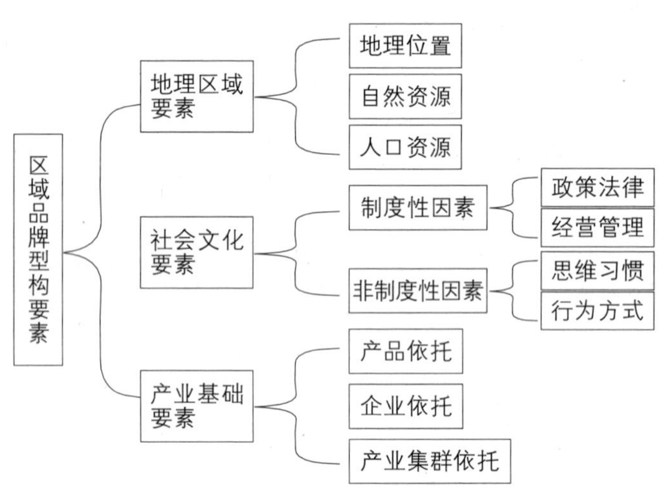

图 2-1　区域品牌组织生态系统的型构要素

从上图可见，区域品牌的型构要素体系是一个复杂的组织生态。它依附于周边的生态环境，深受影响。组织生态是不断发展变化的。当组织生态环境与竞争条件发生变化时，绝大多数组织都会做出相应的选择。对产业集群而言，当生态环境变化时，必然促使集群内部结构和功能发生相应的改变，表现为某一种群（企业群落）向另一种群（企业群落）的演替，导致该区域品牌的兴亡，因此，研究区域品牌创新必须高度关注各项要素的变化，深入考察它们的作用机制是否发生了改变，以便在新形势下化不利因素为有利因素，使区域品牌与周围生态环境相互作用，形成协调进化的互动机制。

目前，许多国内外学者从区域组织生态系统的角度对区域品牌竞争力做出了研究，有的学者侧重于理论结构研究，有的学者侧重于实证研究，都从不同角度验证了区域各因素对区域竞争力的影响。例如，根据曼昆、罗默和韦尔的定义提出了区域总量生产函数的概念：

$$Y(t) = K(t)^{a}H(t)^{\beta}[A(t)L(t)]^{1-a-\beta}$$

其中，t 为时间；Y(t)为 t 期的区域最终产出；K 为区域资本存量，包括有形资本与无形资本，包括区域品牌资本；H 为人力资本存量；L 为劳动力数量；A 为资本与劳动的生产力效度，包括技术水平，制度因素等。可见，区域最终产出取决于上述各项资源及其发挥的效度大小。

目前，有部分学者提出了区域品牌生态位的概念，以度量组织生态系统对区域品牌竞争力的影响。如连漪、樊志文从生态系统原理的角度出发，以桂林城市及十二个县域为研究区域，通过引入区域品牌生态位宽度，测度桂林区域品牌竞争力，构建区品牌生态位综合评价模型，构建指标体系。整个生态组织系统的影响因子可分为四大类，如表 2–1。

表 2–1　区域品牌生态位评价体系

名称	组织生态系统的影响因子	具体指标及其度量单位
区域品牌生态位	品牌资源	国家级风景景区（3A、4A、5A，个）；国家级森林公园（个）；文物保护单位（个）；非物质文化遗产（项）；国家级旅游度假区（个）；公路客运量(万人)；高速公路里程(万公里)；邮电业务总量(亿元)；民用汽车拥有量(万辆)
	品牌环境	人均 GDP(元 / 人)；地区生产总值(亿元)；第三产业生产总量(亿元)；社会消费品零售总额（亿元）；城镇居民人均消费性支出(元)；公共财政算支出(亿元)；实际外商直接投资(万美元)；生活污水处理率（%）；建成区绿化覆盖率（%）；人均公园绿地面积(平方米)
	品牌创新	科学技术投入(万元)；受理专利申请（件）；高等学校在校学生数(万人)；科研、设计机构（个）；专业技术人员（人）；互联网用户(万户)
	品牌感知	国内旅游总收入(亿元)；国际旅游外汇收入（万美元）；国内游客人数（万人）；入境游客数（万人）；游客人均消费金额(元)；旅游网站中有关当地旅游的攻略数（百度旅游、蜂窝网、去哪儿网等，个）

建立区域品牌生态位测试公式如下：

$$B = \frac{1}{\sum_{k=1}^{n} P_{ik}^{2}},$$

其中，P_{ik} 表示旅游地品牌在生态系统中对 k 资源的利用部分占整个市场资源中的比例;n 为资源类别的总数。该公式也可以理解为旅游地占用市场资源种类越多，其品牌生态位宽度越大。

并得到旅游品牌生态位宽度模糊综合算公式：

$$F=\sum_{k=1}^{n} W_{ik}B_i,\quad K=1、2、3\cdots\cdots n$$

其中 W_{ik} 为客观权重。

经过以桂林地区数据导入计算，该测量模型颇具科学性。说明区域品牌竞争力得益于对生态系统的各项影响要素。其他的研究还不少，在此不一一赘述。

2.2 组织生态变迁对区域品牌要素型构的影响

在景德镇区域品牌历史型构的漫长岁月中，有一些要素发挥了不可替代的作用。它们对景德镇区域品牌的作用是辩证的，会随具体历史条件的变化而变化。随着岁月变迁，组织生态系统发生改变，一些品牌构成要素发生转移，以致积极因素与消极因素相互转化，体现出系统内部的矛盾性与联系性。

一、地理区域生态分析

景德镇位于黄山、怀玉山余脉与鄱阳湖平原过渡的丘陵地带，是一个相对独立的地理单元。地理位置相对封闭，在经济政治不发达的历史时期，景德镇地区一直处于边缘地位。由于在政治动荡的古代，它有一个相对和平、稳定的环境。这是陶瓷产业发达的地理原因。但事物是辩证的。在和平时期，相对封闭的地理环境不易于物资与资本集散，也不会形成大量人口汇聚。这是改革开放年代景德镇衰败的潜在原因之一。

在自然资源方面，早期木柴是烧还原焰最理想的燃料。景德镇四周皆山，山上盛产马尾松柴、槎柴，为制瓷业提供了廉价而理想的燃料。材料方面，景德镇在历史上相继发现了瓷石、高岭土、滑石等优质原料，促使陶瓷产业集群得以蓬勃，并在清代康乾年间达到鼎盛。

然而，任何自然资源都是稀缺的。自然植被会随着持续的开采而耗竭，更为优质的新能源相继出现，使植被能源早已退出历史舞台。原料则更是不可再生的资源，消耗的速度更快。因此，自道光之后，景德镇陶瓷产业集群有颓败之势。现代，西方国家以高科技为动力，研发出优质的陶瓷材料替代品。国外在非传统原料开发上已取得成效的原料有：叶蜡石、珍珠岩、硅藻土、白云石、膨润土、硅土岩类、钛铁矿质与硅灰石质精矿、锂辉石、骨质泥岩、磷酸岩等。有的原料本色较深，则外用乳浊釉优质装饰材料打扮一番，使制品外观质量达到优质原料制胎的同样效果。这种做法不仅可以降低成本，而且还丰富了产品品种。

在劳动力资源方面，传统上景德镇在皇权体制与计划经济体制的支持下，尽得优势。但是在市场经济条件下，劳动力市场开放，人口可以自由流动，大量的熟练工人、技术人员、工程师纷纷离景。人才优势已经丧失。

二、社会文化生态分析

社会文化要素可以大致分为两大类：制度性因素与非制度性因素。前者指政治、政策、法律法规等。后者指社会习俗、思维习惯、行为方式等。前者表现为景德镇陶瓷产业集群是在政府强力干预的发展模式下产生的独特的地方产业文化，是具有明显的根植性特征的官窑文化。这一现象始于青白瓷发明的宋朝，巩固于元朝浮梁瓷局和明、清御器厂的建立，延续于新中国计划经济时期。官窑制度产生了严重的负面影响：企业失去了独立的市场主体资格，研发与市场基本分离，产、供、销完全接受政府的指令，企业成为政府的附属品，沦为“丧失捕食能力的宠物”。

长期的政府强力干预造成了强烈的路径依赖，这对景德镇是一把双刃剑。在市场要素配置单一的条件下，这是景德镇繁荣的要素。在自由市场经济条件下，则是发展的障碍。更深层次的负面问题还在于，社会文化的制度性因素对非制度性因素具有巨大的影响力，使社会习俗、思维习惯、行为方式产生依赖性，具体表现为趋于保守，拒绝变革，故步自封，因循守旧，官本位严重，“吃皇粮”思想浓重，缺乏创新与竞争意识。在市场机制下，受利益驱动与社会浮躁习气的影响，还产生了机会主义与短期心理，导致“搭便车”现象盛行与内部不合作、不诚信的内耗行为，都从根本上削弱了景德镇区域品牌的竞争力。

三、产业生态

这主要可以分为三方面：(1)区域内特定相关产业的产品优势，即是不是具有叫得响的、具有一定知名度的产品品牌;(2)区域内具有相当实力的企业,即企业是不是具有一定知名度,拥有自主企业品牌;(3)区域内产业集群的关联度,关联性是不是具有一定的深度与广度。这三者共同构成区域品牌的产业依托。在市场经济环境下,区域品牌、产品品牌与企业品牌是相互扶持、互为支撑、荣辱与共的关系。

在历史上,景德镇的官窑地位决定了资源配置的优越性,国家的扶持人为地造就出先天强势的企业与单一的产品销售渠道。随着改革开放的深入,资源配置机制的改变导致地域资源分流。景德镇的区域企业不再是官家豢养的宠物,市场竞争中没有天生的贵族。时至今日,景德镇只有强势的区域品牌,而没有雄厚的企业品牌与产品品牌。

型构要素是区域产业集群的产业资源,型构要素的社会变迁导致景德镇区域品牌资产价值发生变迁。由于创新机制与资源配置方式的改变,景德镇陶瓷产业集群在业界的地位也随之发生变化,直接影响到景德镇陶瓷产品及其相关产品的市场地位,影响到消费者的消费心理,从而最终影响到景德镇区域品牌的资产价值。

2.3 区域品牌组织生态系统塑造

从上述可见,一个区域品牌的组织生态系统越健全,区域品牌的构成要素越健全。品牌内在价值越丰富。一般而言,一个区域品牌的资产价值包含“使用价值”和“文化价值”两个层次。在现今品牌消费时代,实际上,不同产品的“使用价值”在很大程度上并没有本质区别,只是产品所包含的“文化价值”有高下之分。现代营销学理论主张从消费者心理学的角度研究品牌资产价值,即文化价值。它反映的是消费者根据自身需要对某一品牌的偏爱(performance)、态度和忠诚程度,特别是指消费者赋予一个品牌超越其产品功能价值之外的,在心目中的形象价值部分,是消费者对企业产品或服务的主观认知和情感评估。它不是一个财务指标。因此,景德镇区域品牌经营必须以创意与创新为动力,发掘出新的差异性型构要素,加强品牌资产的文化价值建构,强化品牌的差异优势,巩固与扩大产业集群。

第一,以文化创意为核心,建构组织生态系统的新要素,改变巩固传统产业基础,建立辐射型的产业集群。在传统陶瓷产业格局方面,景德镇陶瓷产业由四千多家作坊型小厂,五六家中等规模企业以及十来家外资企业构成。传统手工作坊是主流。这些作坊难以形成产业,更不要说与佛山、淄博、泉州等地的规模化、机械化的陶瓷产地竞争。因此,要在政府的主导与支持下进行产业资源的整合,扩大产业规模,同时,以此为依托,发挥文化创意,延伸产业链条,扩展产业网络,发挥区域品牌的扩散效应与晕轮效应,带动了相关的外围产业的发展与集聚,适时发展相关物流业、旅游业、开辟艺术藏品业、陶瓷民俗文化业,等等。

第二,鼓励艺术创新与技术创新,以此作为关键要素,打破地理区域要素与社会文化环境要素变迁的消极影响,以此为核心,不断地了解消费者的需求变化,价值观与生活方式的变化,不断强化品牌的差异优势。因此,必须以创新为核心,确立正确的产业发展方向,艺术陶瓷商品化,商品陶瓷艺术化。首先,日用陶瓷要增加科技和文化含量,确立高档日用瓷的产区定位,增加产品的欣赏价值与收藏价值。以后,要进一步提高具有高科技含量、高附加值的高档日用细瓷在陶瓷总量中的比重,扩大产能。其次,美术陶瓷要变展品为商品。景德镇的人才、配套、原料等优势也集中在传统的工艺陈设瓷方面。但是可惜的是,众多中国高档名瓷还停留在大师艺术作品上,艺术品未能很好地转化为生产用瓷,还没形成产业化规模,不能转化为市场经济竞争所需要的巨大产能,从而也就不能创造出宏大的文化消费市场,树立起产品品牌。因此,必须以市场为导向,充分利用多种推介形式,展示整体形象,扩大市场订货。在此基础上,充分利用丰厚的资源和其他条件,扩大工艺美术陶瓷的生产规模,实现工艺美术陶瓷的商品化,扩大对外交流。

第三,以塑造品牌文化内涵为核心,发掘、整理特色历史文化资源,以此作为组织生态系统的新要素,打造具有自主知识产权的产品品牌。制约中国陶瓷业建树世界名牌的因素之一是中国陶瓷企业不能在国际市场准确定位, 在国内大多数陶瓷企业经营者的意识中,也不重视企业在国际市场中的定位。有些企业甚至不知道如何在国际市场中进行目标定位,企业缺乏全球化经营眼光。一些企业在市场中追求短期效益,企业频繁转产、不断更新商标,更改厂名。其主要原因是陶瓷产品定位没有以市场调查为依据,没有立足自身优势,没有从历史的、现有的、民间的陶瓷艺术、制陶技术、历史遗存中发掘出具有深厚文化内涵与底蕴的陶瓷文化元素, 没有从自身的素质与资源出发去发掘差异化的不可替代的要素,以强化品牌差异优势。有的陶瓷企业经营者缺乏国际陶瓷市场的准确信息,没有能力去思考企业生产的产品是否会被国际市场接受,企业如何用先进的标准和最适合的技术及最低的成本去生产产品,如何以最好的价格,在最大的市场范围内进行产品的生产,等等。而企业的市场定位是陶瓷生产的起步和关键,只有差异化的市场定位才能科学地打造出世界名牌。这是我们应该遵循的规则。

第三章

关联产业集群建设①

关联产业集群是区域品牌的基础性型构因素，产业关联的深度与广度,产业的关联性和互补性,是区域品牌形成的重要基石。振兴景德镇区域品牌,首先必须振兴景德镇陶瓷产业,振兴景德镇陶瓷品牌。但是,正如前文所述,现代市场经济条件下,产业之间的关联性不断增强,上下游产业之间,辐射性产业之间,形成一个或几个有机的、紧密的产业集群。一个地区的振兴,乃至一个地区品牌的振兴,必须依赖于当地紧密结合的产业集群,这个地区的经济社会发展才能持久。因此,振兴景德镇陶瓷区域品牌,关键是必须建构起以陶瓷产业为核心的产业集群。

3.1 区域品牌的关联性理论

区域品牌是指在某个区域范围内形成的以产业集群为依托、具有较强生产能力、较高市场占有率和影响力的产业或产品的知名度和美誉度。

①本章节参考文献除正文已有述及的之外,还有,秦夏明等:《产业集群形态演化阶段探讨》.《中国软科学》,2004 年第 12 期。[美]迈克尔·波特:《国家竞争优势》.华夏出版社,2002 年版。[美]迈克尔·波特:《竞争论》. 中信出版社,2003 年版。方虹:《物流企业管理》. 高等教育出版社,2005 年版。蒋东仁:《政府环境与产业集群成长》.江苏人民出版社,2005 年版。

波特教授认为,产业集群的形成必须是在某一特定领域内互相联系的,在某一地域范围内相对集中的具有关联性的产业、企业和机构的联合。产业集群一般包括数个不同产业,它通常以一批对竞争起重要作用的相互联系的产业和其他实体为核心,向下延伸至市场渠道和客户,向侧面扩展到辅助性产品与服务的其他产业以及与技能技术或投入相关的产业公司。产业关联性与互补性是产业集群形成,并在此之上构建出区域品牌的最基本条件。

区域品牌包含三大基本要素:产业基础、地理区域特性和社会制度文化内涵。其中产业基础是区域品牌的基本内容,产业拓展的广度与深度、产业的生产规模、市场占有率、技术和质量水平、产业内部分工合作程度等体现出的产业实力水平与区域品牌的影响力成同向关系;区域特性是指区域品牌与特定区域密不可分,一般带有强烈的地域色彩;品牌内涵是指区域品牌不仅蕴含着区域沉淀的历史文化、地域特色等内容,更代表着该区域产业和产品的主体与形象。

区域品牌的形成过程也是产业集群的形成过程。在某一地域经济发展过程中,由于某一基础产业先得到较大发展,在周边地区形成比较明显的产业优势,以此为基点,带动了其他关联附属产业的发展与集聚,从而形成产业集聚。在区域品牌形成的过程中,通常是最先形成基础产业的原始地域品牌,尔后,依循公共品牌的扩散效应与晕轮效应,辐散到其他产业。因此,一个成熟的区域品牌通常是一个系统性的品牌体系,包括若干个子品牌。例如,上海城市品牌作为一个比较成熟的区域品牌,包括上海制造业品牌、上海金融业品牌、上海航运业品牌、上海城市文化品牌。这些品牌相互支撑,发挥关联产业的协同效应,共同维护和推进上海城市品牌的发展。

由于产业的关联性是形成产业集群的先决条件,因此,产业关联的深度与广度对于构造区域品牌至关重要。产业群落的关联性越强,对区域品牌型构越有利。当前国内外学者根据产业集群的显现特征,把产业集聚发展的形态演化为四个阶段:基本要素集聚型集群、价值链集聚型集群、社会网络集聚型集群、创新体系集聚型集群。随着集聚形态的加深,要素结构越复杂,关联性越强,使得企业组织、科研院所、中介机构、金融法律等服务产业、行业组织、政府部门形成互动机制,信息互换,知识共享,共同促进技术革新与制度变革。这是一个动态的社会过程。各个集聚成员随着关联程度的加深而不断获益。反之,如果脱离了产业群体,单个集聚成员不可能生存。

因此,在区域品牌建设的过程中,着眼于产业关联度,发挥关联产业的协同效应是基本策略。

3.2　景德镇产业关联性的实证检验

景德镇区域品牌体系的构成包括三个基础子品牌:景德镇陶瓷产业区域品牌、景德镇陶瓷旅游业区域品牌、景德镇陶瓷文化区域品牌。这是因为陶瓷制造业、陶瓷旅游业、陶瓷文化是当前景德镇地区的基础产业,是目前以及将来维系景德镇作为千年瓷都,维护景德镇地域品牌的支柱。其中,陶瓷制造业是景德镇区域品牌的核心与灵魂,是筋骨。如果没有了陶瓷制造业的存在,景德镇城市品牌就会成为纯粹的历史文化遗产,陶瓷旅游业与陶瓷文化业就会坐吃山空,假以时日,必将使景德镇区域品牌消耗殆尽。在陶瓷制造业保持相当实力的前提下,陶瓷旅游业构成景德镇区域品牌的外在血肉,可以发挥美化效应,更有效地打造景德镇的城市形象。陶瓷文化业是神韵,是景德镇区域品牌的内涵素养,可以增强景德镇作为历史名城与文化名城的底蕴,更好地发挥景德镇区域品牌的晕轮效应。这三者相互依托,荣毁与共,共同维护景德镇的品牌渗透力,增强市场与社会影响力。

以这三大基础产业为核心,景德镇地区的产业集群还延伸到陶瓷教育、陶瓷科研、陶瓷包装业,交通物流业、饮食旅居服务业,等等。这些产业的发展对景德镇区域品牌的维护与强化也非常重要。

下面我们根据实例用回归模型论证一下陶瓷制造业与陶瓷文化旅游业的产业关联度:

近年来,景德镇市政府大力发展旅游业,认为旅游业作为服务业的重要组成部分,其产业关联度高、带动力强,在自身发展的同时,还将带动与之关联的住宿餐饮、商贸流动、邮政通信、信息服务、基础设施建设等行业的发展。因此,力图将旅游业发展为重点产业与先导产业,延长旅游产业链条,完善吃、住、行、游、购、娱六个要素,在主要景区(点)建设大型旅游购物场所,逐步实现旅游由“门票要素”向产业经济的转变。

随着来景旅游人数的不断增长,极大地拉动了其他产业的增长,陶瓷产品更以其千年的品牌优势和精湛的工艺技术受到旅游消费者的青睐,吸引他们采用现场购买和返地订购的方式购瓷,促进了陶瓷商品的销售。据景德镇市统计局资料中的最近几年旅游收入与陶瓷工业产值数据可以用表 3-1 与数学模型图 3-1 显示:

表 3-1　2003-2005 年旅游总收入和陶瓷工业总产值

年份	旅游总收入(亿元)	陶瓷工业总产值(亿元)
2003 年	11.42	17.5
2004 年	15.33	20.5
2005 年	20.9	25

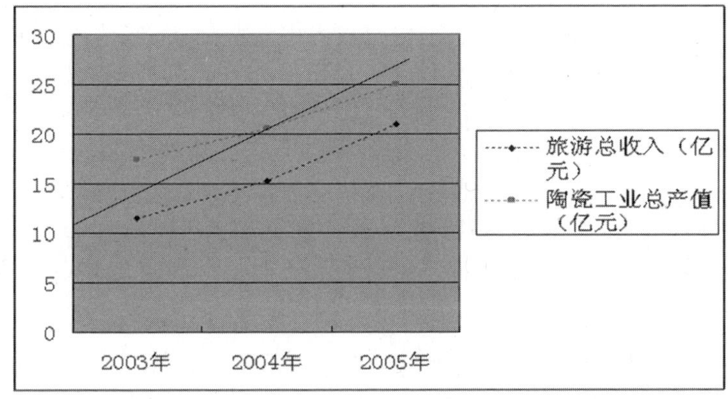

图 3-1　2003-2005 年旅游总收入和陶瓷工业总产值回归线图

从上图可以看出，结合三年两方面的数据关系，能够近似地用一条直线 L 表示。通过这条回归线表明：旅游总收入与陶瓷工业总产值保持正相关增长。而据景德镇市统计局以前多年不完全统计，旅游总收入同比增幅大都保持在 50%以上，而陶瓷工业总产值同比增幅大都不到 30%，一定程度上表明陶瓷外销的潜力可掘，说明景德镇市以旅游潮拉动“吃、住、行、游、购、娱”中的“购”这方面大有文章可做。

然而，据调查，景德镇地区的物流业是景德镇地区产业集群发展的瓶颈。景德镇市专业物流公司现仅有 10 余家，个体货运信息部仅有 50 多家，货运代理企业包括门店在内也仅有 34 家。它们大多地集中在曙光路、豪德贸易广场、昌江大道一带，且物流方式落后，物流经营粗放、分散，集中化、现代化、信息化程度较低，滞后于整个城市的发展。这样的物流发展现状不能满足大批量陶瓷外销的需要，而支柱产业陶瓷业和旅游业的发展要求现代物流业的迅速崛起。在调查中许多外地商家反映，在景德镇地区购进陶瓷后，寻找一家合适的物流合作企业很难，对当地现有物流企业的服务质量很不放心,有时候不得不忍痛割爱,舍景德镇瓷而它顾。这一点从反面证明了物流业与地区产业集群的较强关联性。

3.3 景德镇区域品牌体系下产业集群协同发展战略的构想

根据上述分析，可以明确景德镇区域品牌体系下关联产业协同发展战略的基本构想是:以陶瓷文化旅游业为精神载体,以现代物流业为物质载体,以景德镇陶瓷教育科研改革为人力支持,共同推进景德镇地区以陶瓷制造业(含销售)为核心的产业集群的跨越发展,促进景德镇区域品牌的创新与重构。

一、确定陶瓷物流业定位,建设多功能陶瓷产业园区

结合景德镇陶瓷产业的发展困境和预期发展目标，景德镇物流业发展的首要目标应定位于陶瓷物流，这符合景德镇市长远的发展规划，同时也遵循历史的发展规律。而发展陶瓷物流首先要加强多功能陶瓷产业园区建设,功能复合为陶瓷生产、居住生活、旅游观光、产品研发、管理服务、商贸展览等,使文化旅游、体验娱乐、陶瓷展销、购销配送等功能连成一体,促进各项产业的共同发展。这要求做好以下几方面的工作:一是科学选址,要考虑到产业聚集的吸引力,权衡物流市场需求、地价、交通设施、劳动力成本、环境等经济、社会、自然等多方面因素。如可以考虑在高新技术开发区设立相应的陶瓷物流中心,为新技术开发区企业提供物流服务。从而进一步提高陶瓷物流园区的覆盖能力,降低物流成本和提高物流效率。二是完善相应的陶瓷物流配套功能服务体系,集陶瓷的运输、包装、储存、装卸搬运、配送以及信息服务等功能于一体,以及为陶瓷会展提供一体化的物流服务。三是完善相应的与陶瓷物流相配套的物流设施和设备,结合工业瓷、日用瓷、建筑瓷、艺术瓷等陶瓷产成品的存储、包装、运输及配送和瓷土、釉料、土坯等陶瓷原料及半成品的仓储、配送等功能,改进和研发新的相应的物流设施和设备,如标准化仓库、陶瓷业务中心、陶瓷会展中心和陶瓷服务中心,等等。四是陶瓷物流信息网络化建设,完善诚信配送服务体系。这要求建立信息平台,运用EDI电子数据交换系统和XML异构数据传输技术等现代信息技术进行网上订购与商务沟通,顾客通过网络就可以欣赏立体化动画式的精美艺术瓷,感受景德

镇千年陶瓷文化的熏陶，以兴趣牵动购买欲，通过网络签发电子订单，预付订金。通过建设信息平台，还可以使入驻园区的企业实现信息资源共享，增强竞争能力，共同提高经济效益。五是建立健全现代化陶瓷物流出口的报关、检验检疫制度。可以采用新型的出口物流服务模型。如下图 3–2。

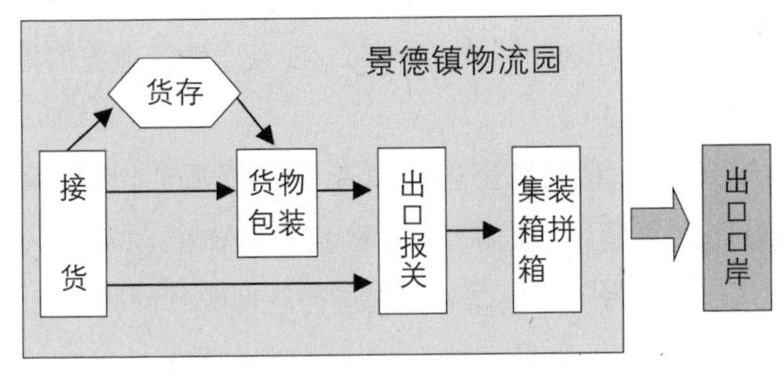

图 3–2　陶瓷出口物流服务模型

二、加强公共基础建设，完善旅游与物流环境

公共基础建设一是包括重要形象旅游景点，如著名十大旅游景观：御窑遗址博物馆、锦绣昌南中国瓷园、三宝国际陶艺村、龙珠阁广场、柴窑作坊民巷区、世界陶艺公园、植物园、浮梁古城区、瑶里风景区、高岭村等。二是根据现代旅游业与物流交通业的需求，完善基础设施建设，将景德镇城市交通网络多方位多层次地纳入到九（九江）黄（黄山）南（南昌）等交通网络中去，同时全面改造市区主要道路，规范交通看版，增添城市陶瓷文化符号，如大型瓷灯柱、瓷文化墙、瓷工雕塑，等等。三是走城市卫生管理与市场相结合的路子，全面改善城市环境卫生。如大力改造对城市污染危害较大的煤烧瓷窑，管制秸秆垃圾焚烧等，确保城市空气质量指数达到国家二级标准，饮用水源达标率 100%，全市森林覆盖率 60%以上。四是完善城市道路指示系统与公共信息图形符号系统等，增建了一批旅游服务设施，如建设一批高标准的旅游厕所，增设了城市文化符号，增强了城市旅游氛围。

三、做强做大一批现代化的旅游企业与物流企业

良性企业是市场经济的第一主体，也是地区经济活力的重要指标。在旅游业方面，要想发挥旅游企业的运作载体功能，必须进行旅游企业经营体制创新，把旅游资源和旅游企业推向市场，通过招商，鼓励社会资本和人才涌入到旅游产业，实现旅游

产业投资多元化,做活做大旅游市场。在物流业方面,营建多元主体的物流格局,做大物流业市场蛋糕,一要求大力培育和扶持一批具有先进物流理念又精通陶瓷服务的专营地物流企业,二要求组建集团化的陶瓷销售公司,实现物流业务的集成与分解,三要积极发展组织化程度强的第三方专业陶瓷物流。三者要协同发展,形成"第三方物流企业 + 陶瓷生产工厂(作坊)+ 特定销售物流区域"或是"集团公司自营物流 + 陶瓷生产工厂(作坊)+ 国际物流区域"的经营模式,实现了物流业务的集成与分解。

四、加速推进景德镇地区陶瓷教育改革与科研重心,培养具有宽广学科背景知识的通晓陶瓷文化营销、旅游营销、物流业运作的创新型人才队伍

这要求在学科建设与课程建设方面大胆进行教育改革创新,探索陶瓷教育新途径,培养专门科班出身的从业人员,对已有从业人员也要依托院校加大培训力度,提高旅游从业人员的业务素质,另外还要推广旅行社经理资格与国家导游员资格的认证工作,以改善旅游接待能力和服务水平。在物流业方面,要求培养一大批既精通物流经营又知晓陶瓷销售与报关的高素质人才,适应陶瓷业特殊发展规律的客观要求。

目前国内陶瓷行业创新型经管人才,尤其是品牌营销人才严重稀缺。业内人士估计,目前陶瓷行业营销人员的平均学历不及高中水平,远低于家电等行业。专业产品市场要求配备具有专业学识背景的从业人员,而陶瓷商品不仅是一种日常耐用消费品,更是一种文化艺术消费品,较之于其他商品,内涵更深沉,外延更宽广。这决定了陶瓷产业的经管人员与营销人员必须是跨专业的文理兼备的综合型复合人才。因此,这要求景德镇陶瓷业人才培养要反映未来陶瓷文化与陶瓷多元化营销策略的需要。

五、积极发展陶瓷文化创意产业(详见后续章节)

第四章

文化创意产业建设①

文化创意产业是区域品牌产业集群基础的重要发展方向，已引发各方关注。本书研究认为，陶瓷区域品牌体系的未来构建必须以文化理论为指导，以文化创意为动力，发展文化创意集群，建立辐射型的区域品牌体系。

4.1 文化创意产业的内涵、特征与分类

党的十六大以来，党中央高度重视文化体制改革，强调加大经营性文化产业的开发。党的十七大报告明确提出，要推动社会主义文化大发展大繁荣，培育新的文化业态，加快文化产业基地和区域性特色文化产业群的建设。因此近几年，学术界纷纷关注文化创意产业的有关研究渐成热潮。

当今世界推动文化创意产业发展较有影响的国家，主要有英国、韩

①本章节参考文献除正文中已有述及的之外，还有，王缉慈：《创新的空间——企业集群与区域发展》. 北京大学出版社，2001 年版。晓劲：《中国陶瓷"地域品牌"价值几何？》中国建设 2003 年 11 月 25 日。高占祥：《文化力》. 北京大学出版社. 2007 年版。邬关荣等：《从资源基础视角看文化创意产业》. 《浙江经济》，2008 年第 1 期。马群杰：《台湾地区文化产业发展研究 -- 台南与台北、台中及高雄之比较》. 《公共管理学报》，2007 年第 4 期。

国、美国、日本、芬兰、法国、德国、意大利、澳大利亚、新西兰、丹麦、瑞典等。诸国对文化创意产业有较成熟的定义，是指依靠创意人的智慧、技能和天赋，借助于高科技对文化资源进行创造与提升，通过知识产权的开发和运用，产生出高附加值产品，具有创造财富和就业潜力的产业。

关于文化创意产业的内容和特征，联合国教科文组织认为文化创意产业包含文化产品、文化服务与智能产权三项内容。

关于其特征，联合国教科文组织认为文化创意产业属于知识密集型新兴产业，它主要具备以下特征：

第一，文化创意产业具有高知识性特征。第二，文化创意产业具有高附加值特征。第三，文化创意产业具有强融合性特征。第四，社会作用：文化创意产业作为一种新兴的产业，它是经济、文化、技术等相互融合的产物，具有高度的融合性、较强的渗透性和辐射力，为发展新兴产业及其关联产业提供了良好条件。文化创意产业在带动相关产业的发展、推动区域经济发展的同时，还可以辐射到社会的各个方面，全面提升民众的文化素质。

关于文化创意产品，联合国教科文组织认为，文化创意产品的含义：文化创意产品一般是以文化、创意理念为核心，是人的知识、智慧和灵感在特定行业的物化表现。所谓文化创意产品，就是其创意来自文化的产品设计，主要是透过文化器物本身所蕴含的文化因素，予以分析转化成设计要素，并运用设计为这文化因素寻求一个符合现代生活形态的新形式，并探求其使用后对精神层面的满足。文化创意产品的特征：①高知识性、智能化。文化创意产业与信息技术、传播技术和自动化技术等的广泛应用密切相关，相应地，其产品呈现出高知识性、智能化的特征。如电影、电视等产品的创作是通过与光电技术、计算机仿真技术、传媒等相结合而完成的。②高附加值，产业价值链的高端环节。文化创意产业处于技术创新和研发等产业价值链的高端环节，是一种高附加值的产业。文化创意产品价值中，科技和文化的附加值比例明显高于普通的产品和服务。③强融合性，较强的渗透性和辐射力。④全面提升人民群众的文化素质。

我国文化创意产业的分类，借鉴世界各国文化创意产业分类，根据我国的行业划分标准，可以将我国文化创意产业分为 9 个大类 27 个小类：

一、文化艺术

1.文艺创作、表演及演出场所

2.文化保护和文化设施服务

3.群众文化服务

4.文化研究与文化社团服务

5.文化艺术代理服务

二、新闻出版

1.新闻服务

2.书、报、刊出版发行

3.音响及电子出版物出版发行

4.图书及音像制品出租

三、广播、电视、电影

1.广播、电视服务

2.广播、电视传输

3.电影服务

四、软件、网络及计算机服务

1.软件服务

2.网络服务

3.计算机服务

五、广告会展

1.广告服务

2.会展服务

六、艺术品交易

1.艺术品拍卖服务

2.工艺品销售

七、设计服务

1.建筑设计

2.城市规划

3.其他设计

八、旅游、休闲娱乐

1.旅游服务

2.休闲娱乐服务

九、其他辅助服务

1.文化用品、设备及相关文化产品的生产

2.文化用品、设备及相关文化产品的销售

3.文化商务服务

全国许多地市(包括景德镇市)“十一五”规划中都明确提出,要把发展文化创意产业作为推进产业结构升级和经济增长方式转变的重要途径。文化创意产业将成为“十一五”时期经济增长的新引擎。北京市制定了《北京市文化创意产业分类标准》,设立了三层分类。依据分类原则,将文化及相关产业划分为三层。第一层根据部门管理需要和文化创意活动的特点分为 9 个大类,用汉字数字一、二……表示。第二层依照产业链和上下层分类的关系分为 27 个中类,用阿拉伯数字表示。第三层共有 88 个小类,它是第三层所包括的行业类别层,也是文化创意产业的具体活动类别。该层不设顺序号,在右侧设置代码,为对应的“国民经济行业代码”。如表 4-1。

表 4-1 北京市文化创意产业分类表

类别名称	国民经济行业代码
一、文化艺术	
1. 文艺创作、表演及演出场所	
文艺创作与表演	9010
- 文艺创作服务	
- 文艺表演服务	
- 其他文艺服务	
艺术表演场馆	9020
2. 文化保护和文化设施服务	
文物及文化保护	9040
- 文物保护服务	
- 民族民俗文化遗产保护服务	
博物馆	9050
纪念馆	9060
图书馆	9031
档案馆	9032
3. 群众文化服务	
群众文化服务	9070
- 群众文化场馆	
- 其他群众文化活动	
其他文化艺术	9090

续表 4-1

类别名称	国民经济行业代码
4. 文化研究与文化社团服务	
社会人文科学研究与试验发展	7550
专业性团体 *	9621
– 文化社会团体	
5. 文化艺术代理服务	
文化艺术经纪代理	9080
二、新闻出版	
1. 新闻服务	
新闻业	8810
2. 书、报、刊出版发行	
(1) 书、报、刊出版	
图书出版	8821
报纸出版	8822
期刊出版	8823
其他出版	8829
(2) 书、报、刊制作	
书、报、刊印刷	2311
包装装潢及其他印刷 *	2319
(3) 书、报、刊发行	
图书批发	6343
图书零售	6543
报刊批发	6344
报刊零售	6544
3. 音像及电子出版物出版发行	
(1) 音像制品出版和制作	
音像制品出版	8824
音像制作	8940
(2) 电子出版物出版和制作	
电子出版物出版	8825
– 电子出版物出版	
– 电子出版物制作	
(3) 音像及电子出版物复制	
记录媒介的复制 *	2330
– 音像制品复制	
– 电子出版物复制	
(4) 音像及电子出版物发行	
音像制品及电子出版物批发	6345
音像制品及电子出版物零售	6545

续表 4-1

类别名称	国民经济行业代码
4. 图书及音像制品出租 图书及音像制品出租	 7321
三、广播、电视、电影	
1. 广播、电视服务 广播 - 广播电台 - 其他广播服务 电视 - 电视台 - 其他电视服务	 8910 8920
2. 广播、电视传输 有线广播电视传输服务 - 有线广播、电视传输网络服务 - 有线广播、电视接收 无线广播电视传输服务 - 无线广播、电视发射台、转播台 - 无线广播、电视接收 卫星传输服务 *	 6031 6032 6040
3. 电影服务 电影制作与发行 - 电影制片厂服务 - 电影制作 - 电影院线发行 - 其他电影发行 电影放映 - 电影院、影剧院 - 其他电影放映	 8931 8932
四、软件、网络及计算机服务	
1. 软件服务 基础软件服务 应用软件服务 其他软件服务	 6211 6212 6290

续表 4-1

类别名称	国民经济行业代码
2. 网络服务 其他电信服务 互联网信息服务 – 互联网新闻服务 – 互联网出版服务 – 互联网电子公告服务 – 其他互联网信息服务	 6019 6020
3. 计算机服务 计算机系统服务 其他计算机服务	 6110 6190
五、广告会展	
1. 广告服务 广告业	 7440
2. 会展服务 会议及展览服务	 7491
六、艺术品交易	
1 艺术品拍卖服务 贸易经纪与代理 * – 艺术品、收藏品拍卖服务	 6380
2. 工艺品销售 首饰、工艺品及收藏品批发 工艺美术品及收藏品零售	 6346 6547
七、设计服务	
1. 建筑设计 工程勘察设计 *	 7672
2. 城市规划 规划管理	 7673
3. 其他设计 其他专业技术服务	 7690

续表 4-1

类别名称	国民经济行业代码
八、旅游、休闲娱乐	
1. 旅游服务	
旅行社	7480
风景名胜区管理	8131
公园管理	8132
其他游览景区管理	8139
城市绿化管理	8120
野生动植物保护 *	8012
– 动物观赏服务	
– 植物观赏服务	
2. 休闲娱乐服务	
摄影扩印服务	8280
室内娱乐活动	9210
游乐园	9220
休闲健身娱乐活动	9230
其他娱乐活动	9290
九、其他辅助服务	
1. 文化用品、设备及相关文化产品的生产	
(1) 文化用品生产	
文化用品制造	241
乐器制造	243
玩具制造	2440
游艺器材及娱乐用品制造	245
机制纸及纸板制造 *	2221
手工纸制造 *	2222
信息化学品制造 *	2665
照相机及器材制造	4153
(2) 文化设备生产	
印刷专用设备制造	3642
广播电视设备制造	403
电影机械制造	4151
家用视听设备制造	407
复印和胶印设备制造	4154
其他文化、办公用机械制造 *	4159
(3) 相关文化产品生产	
工艺美术品制造	421

续表 4-1

类别名称	国民经济行业代码
2. 文化用品、设备及相关文化产品的销售	
(1) 文化用品销售	
文具用品批发	6341
文具用品零售	6541
其他文化用品批发	6349
其他文化用品零售	6549
(2) 文化设备销售	
通讯及广播电视设备批发 *	6376
照相器材零售	6548
家用电器批发 *	6374
家用电器零售 *	6571
3. 文化商务服务	
知识产权服务	7450
其他未列明的商务服务 *	7499
– 模特服务	
– 演员、艺术家经纪代理服务	
– 文化活动组织、策划服务	

注:1.“*”表示该行业类别仅有部分活动属于文化创意产业。2.类别前加横线“—”表示行业小类的延伸层。

资料来源:北京文化创意网

目前,北京市的分类方法被国内多数省份采用,几乎成为公认的行业标准。

4.2 景德镇市文化产业和创意产业的发展现状

近年来,景德镇陶瓷文化创意产业发展取得的成绩:2012 年 2 月,李长春同志在景德镇视察时指出:“现在是文化创意产业发展的春天,景德镇陶瓷艺术要积极抢抓当前文化发展机遇,引领全国陶瓷艺术的潮流,摘取世界陶瓷艺术的王冠。”景德镇立足实际、因地制宜,努力传承中外陶瓷文化、融汇古今陶瓷工艺、云集天下陶瓷创意人才,推动陶瓷文化创意产业向更高层次发展。

一、景德镇市政府制定的对陶瓷文化创意产业的布局

1. 陶瓷文化创意产业基地

陶瓷文化创意区。做好老城区近现代陶瓷工业遗存的保护、开发、利用及规划，加快建设集陶瓷艺术品设计、制作、展示、交流为一体的陶溪川国际陶瓷文化产业园。以打造市中心城昌南拓展区为重点，建设陶瓷文化创意中心、陶瓷文化交流中心。加快国际陶瓷艺术创意中心建设，发挥好古窑民俗博览区、三宝陶艺村等国家级、省级文化产业示范基地的引领作用，集中力量打造示范性陶瓷文化创意产业龙头企业。陶瓷文化和技艺传承创新区。加快推动陶瓷非物质文化遗产保护项目的建设和发展，做好大遗址保护工作，建设好御窑厂国家考古遗址公园，推动御窑厂遗址申报世界文化遗产，推动高岭申报世界矿山公园，保护利用好落马桥元青花遗址、乐平南窑遗址、湘湖蓝田古窑遗址等175座古窑址。大力扶持手工制瓷业的发展，传承创新景德镇传统手工制瓷技艺。

2. 陶瓷创意设计中心

充分发挥景德镇设计人才基地优势，支持和鼓励陶瓷企业、科研院所、高校和艺术家工作室积极运用现代科技创新成果开展陶瓷制品创意设计、陶瓷工艺美术设计、陶瓷产业软件设计，建设集设计、开发、展示、交易、服务于一体的陶瓷创意设计园区，壮大陶瓷创意设计产业规模，大幅提升陶瓷创意设计能力，成为全国乃至全球陶瓷创意设计中心。

3. 陶瓷文化旅游中心

将陶瓷文化与旅游业融合发展，以传统旅游区升级、特色街区打造、工业遗存活化为核心，对陶瓷文化旅游资源进行深度发掘。以古窑民俗博览区为重点，建设好市中心城昌南拓展区的绿地陶瓷文化旅游城，把陶瓷资源转化为旅游产品，改造和提升景德镇旅游品牌，重点打造一批在国内外有影响的景点和景区，使景德镇成为世界级陶瓷文化旅游都市。

4. 陶瓷文化会展和交流中心

将“中国高岭国际陶瓷艺术大赛展”打造成世界最具权威、影响最大、层次最高的陶瓷艺术展暨评奖活动，评选每两年一次的世界最佳陶瓷创意奖、工艺奖、传承奖等，使景德镇成为全球陶瓷艺术家向往的艺术高地。大力发展会展经济，办好中国景德镇国际陶瓷博览会，着力培育名牌会展项目，引进高素质的专业展览人才，发展引领高端市场的陶瓷博览、会展、交易，打造融陶瓷会展、商贸交易、文化交流及物流、仓储于

一体的，现代化、国际化陶瓷展示和交易平台，吸引国内外会展公司或陶瓷艺术家在景德镇举办各类陶瓷文化或产品展览会、研讨会、论坛以及展销活动。强化各类陶瓷博物馆、展览馆功能，鼓励民间设立展馆。大力宣传御窑文化、民窑文化等陶瓷文化精粹。

5. 陶瓷交易中心

建立电子商务交易平台，打造陶瓷在线知名品牌，依托景德镇市陶瓷检测评估中心资源，建设景德镇最集中、最权威的电子商务平台，打造陶瓷文化创意产品网络交易特色平台，重点推进陶瓷文化创意产业电子商务示范基地和示范企业建设；配合景德镇国际陶瓷博览会打造世界级陶瓷网络会展与交易电子商务平台，促进陶瓷进出口贸易额的增长；整合提升景德镇在线、景德镇信息港等陶瓷交易电子平台；积极发展第三方服务电子商务运作模式，从政策和资金上对提供和采用第三方服务的企业进行扶持。整合现有陶瓷市场资源，打造规范的陶瓷交易市场。以乐天陶社创意市集、陶瓷创业孵化基地为依托打造景德镇创意陶瓷交易中心。

6. 陶瓷教育和资讯传媒中心

以我市大中专职业院校、大型陶瓷企业为主体联络全国有关高校、科研院所、企业开展学历教育及职业教育，建设全国性的陶瓷人才培训教育基地。加大引进陶瓷文化产业领军人才力度，培养一批文化创意、经营、经纪、科技研发等高级专业人才。依托陶瓷文化教育、会展等产业，大力发展平面与立体传播媒介为主的资讯传媒产业，形成陶瓷资讯传媒中心。建立国内外陶瓷文化艺术及制瓷技术发展交流的信息通道和传播媒介，开辟景德镇面向世界的窗口。

在景德镇市的大力推动下，景德镇的陶瓷文化创意产业近年来取得飞速的发展。陶瓷文化创意产业集群发展成绩显著。景德镇全市拥有国家级文化产业示范基地 2 家，省级文化产业示范基地 5 家，陶瓷文化创意产业大小实体 3000 多家，200 多个陶瓷注册商标。所生产的陶瓷工艺门类齐全，涵盖艺术陶瓷、日用陶瓷、高新技术陶瓷、建筑陶瓷等多个种类。陶瓷生产、辅助、销售等分工协作呈现专业化、社会化的特点。建设了艺术创意谷、国际陶艺村、明清窑作群、红店街四片区，构建了元代以来中国陶瓷工业窑炉博物馆、明代以来世界陶瓷工业厂房博物馆、近现代陶瓷从手工制作到机械制造活的博物馆。景德镇坚持把发展陶瓷文化创意产业与做大旅游产业相结合，深入挖掘千年瓷都的历史、文化等宝贵财富。加强文化遗存的保护利用，推动御窑申报世界文化遗产，推动古窑景区申报国家 AAAAA 景区，促进高岭申报世界矿山公园，提升旅游的文化品位。

二、景德镇文化产业的具体表现

近日，笔者获悉，2014 年年底，景德镇入选联合国教科文组织“全球创意城市网络”成员，并被授予世界“手工艺与民间艺术之都”称号。这是一张以千年瓷都的复兴和繁荣展示在世人面前的新名片。

就各项统计数据看，景德镇文化产业具体表现如下：

1. 文化产业发展水平低于全省平均水平

据景德镇市统计局公布，与全省文化产业发展相比，景德镇市文化产业基础还很薄弱，差距较为明显。主要表现在以下方面：一是总量偏小。2013 年景德镇市主营业务收入 103.20 亿元，仅占全市主营业务收入的 5.77%；增加值 29 亿元，仅占全市增加值的 5.96%。二是增长滞后。2013 年景德镇市主营业务收入增长幅度为 16.26%，比全省 22.40%的平均水平低了 6.14 个百分点；增加值增长 12.78%，比全省平均速度低了 6.6 个百分点。出现这种现象的原因，除了景德镇市文化产业自身发展的问题，还与今年新的文化产业行业划分标准的调整有关。新的标准将焰火、鞭炮产品制造划入文化产业范畴，像萍乡、宜春等一些烟花鞭炮产量高的地方，文化产业总量增长较大，从而带动全省文化产业平均水平。文化产业增加值占 GDP 比重高于全省水平。①

但是，据景德镇市统计局公布，景德镇文化产业近年来的增速比较快。2013 年景德镇市文化产业法人单位主营业务收入 103.20 亿元，较上年增长 16.04%，实现增加值 29 亿元，比上年增长 12.77%，占 GDP 的比重为 4.26%，较上年增加了 0.17 个百分点。增加值占 GDP 比重比全省 2.84%的水平高出 1.42 个百分点。2013 年景德镇市文化产业发展步伐加快得益于两个有利条件。首先，经济的快速发展。2013 年全市实现生产总值 680.28 亿元，增长 10.2%，人均 GDP 为 42130 元，增长 9.5%，为文化产业发展奠定了必要的物质基础。其次，居民消费观念的转变。2013 年城镇居民人均可支配收入达到 239 91 元，居民用于教育、科技、旅游及文化产品消费的支出逐年增加，也为景德镇市文化产业发展提供了广阔的空间和潜在动力。

2. 文化产业对国民经济贡献力度加大

景德镇市文化产业近年来发展迅速，发展势头良好，对国民经济的拉动作用逐步增强。一是文化产业对 GDP 贡献力度大。2013 年文化产业增加值 29 亿元，比上年增加 3.29 亿元，对 GDP 贡献率达 5.22%，起到了对国民经济发展的支撑作用。二是文化产

①景德镇市统计信息网。

业拉动财政收入增长。2013 年全市文化产业法人企业营业税金及附加占当年全市财政总收入比重为 3.44%，比 2012 年的 3.33%提高了 0.11 个百分点，对财政收入贡献加大。

3. 传统陶瓷文化产业对整体文化产业支撑作用增强

陶瓷创意文化产业为景德镇市传统文化产业，近年来其支撑作用日益增强。2013 年全市文化产品制造业法人单位主营业务收入 62.88 亿元，较上年增长 28.25%，占整个文化产业主营业务收入的 60.93%，实现增加值 17.89 亿元，比上年增长 28.69%，占整个文化产业增加值的 61.70%。可以说文化产品制造业占文化产业的半壁江山。

三、景德镇文化产业中存在的问题

景德镇市虽然拥有得天独厚的文化资源，但资源利用不充分、产业化水平相对较低，与人民群众日益增长的精神文化需求不相适应，制约了文化产业进一步做大做强。

1. 文化服务业占比过低

文化服务业兼具公益属性和经济属性，文化服务在满足人们精神文化需求的同时，也改变着消费者的文化理念和生活方式，进而对一个国家或地区的文化和意识形态都带来影响。文化产业十大行业分类中，可以分为制造业和服务业两大类，据统计资料显示，2013 年景德镇市文化产业制造业主营业务收入 62.9 亿元，占全市的比重为 60.93%，文化产业服务业主营业务收入为 40.32 亿元，占全市比重 39.07%。从服务业结构来看，占比较低的行业为新闻出版发行服务、文化信息传输服务和广播电视电影服务，主营业务收入分别为 0.12 亿元、0.18 亿元和 0.34 亿元，所占比重分别为 0.31%、0.44%和 0.84%。服务业占比相对偏低，一定程度上制约了全市文化产业核心竞争力的提高。

2. 文化人才比较匮乏

文化产业是高科技与高文化紧密关联的领域，对人才有着特殊要求。目前，景德镇市文化产业人才比较匮乏，尤其体现在传统陶瓷制造业上，一些艺术陶瓷生产企业甚至没有高级职称及以上的陶瓷美术人才。文化产业服务业、文化软件开发等新兴行业专业人才更为匮乏，现有队伍总量偏少，学历偏低，结构性矛盾尤为突出，特别是会展业、网络游戏业、动漫制作业、版权业等许多新兴行业人才匮乏问题更为凸现，在一定程度上阻碍了景德镇市文化产业发展。①

①景德镇市统计信息网。

4.3 陶瓷文化的多重性格与特殊性分析

文化是国家软实力(Soft Power)的重要构成部分,对政治建设、经济发展、社会进步具有先导作用;对思想理论、意识形态、科技艺术和道德传统具有引领功能。有学者将文化对经济社会发展所具有的强大促进力称之为文化先导力,"文化力的先导作用无时不在、无处不有"。甚至认为,"文化力是软实力的核心"。在市场经济条件下,文化先导力的主要表现之一为文化产业力,即文化产业所蕴藏的以及实际所释放的产能。

按照文化形成的结构与层次,可以勾画出文化的系统形态。因为文化是人的行为方式,因为人的一切行为都必须寄托于某种方式,所以,不同层次的文化所显示的人的行为方式的广度和深度是各异的,显示出"大文化"的本性。有学者以此将文化大致分出这样的结构:文化的基础是物的成分,即工艺的成分,接着就是在物的基础上形成的人与人之间的关系,人的关系之上是精神文化,精神文化之上又存在符号文化和风俗文化,最后又进一步抽象化为审美文化。见图 4-1。

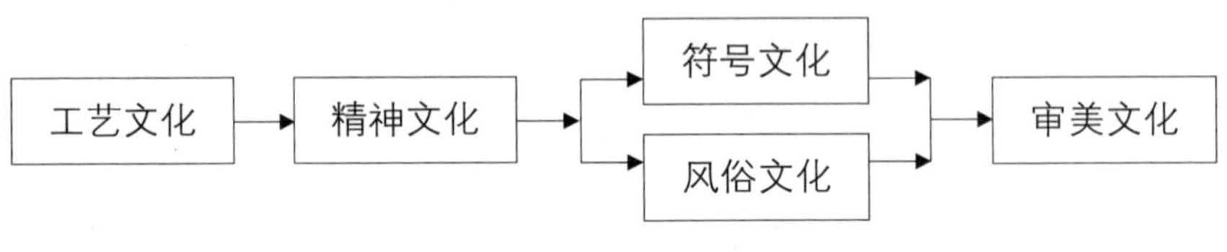

图 4-1　文化形态进化

在文化形成系统中,陶瓷文化就人们行为方式的序列而言应属于工艺文化,是工艺文化的典型,是文化的基础,但就其所反映的人们精神生活层面而言,它又应属于审美文化,是高端文化。可见,陶瓷文化既是器具形态的,又是观念形态的,既是具体的,又是抽象的。

按照文化形成的序列,文化又可以分为传统文化与现代文化。德国《迈尔大百科全书》注解:"传统文化(Traditional Culture)是文明演化而汇集成的一种反映民族特质和风貌的民族文化,是民族历史上各种思想文化、观念形态的总体表征","起源于过去、融合现在与未来的动态的主流观念和价值取向,并作为一种意识形态的存在,广泛影响人们的思想和行为"。因此实际上,在现实生活中我们所触及的既不是原生的传统文化，也不是后发的现代文化，而应该是最后形成的现实文化。见图 4–2。

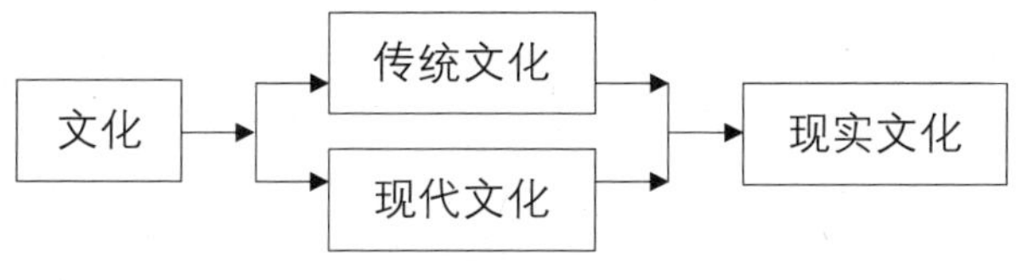

图 4–2　文化形成的序列

中国陶瓷文化由千年沉淀下来的与陶瓷生产相关的物质、精神、制度、行为方式等融合而成，具体表现为制度文化、器物文化、装饰文化、工艺文化，以及与陶瓷行业有关的民风民俗等。中国传统文化所反映的儒、佛、道三教融合的多元文化特质，所体现的天人合一思想、亲与亲人际关系、重视人格情操等在中国陶瓷文化中都有全方位的反映，或者说，正是中国传统文化提供的丰厚的文化给养，造就了中国陶瓷文化的博大。正因为中国陶瓷文化在历史长河中日新月异，融合交汇，吸纳吐新，所以它既是历史的，也是现代的，既是传统的，也是鲜活的。

中国陶瓷文化作为一个复杂的文化综合体，必然也是国家软实力的一部分，在陶瓷文化消费、陶瓷文化服务业中担负着价值引领功能。它既是文化流通，又是文化财富。

4.4　区域文化创意产业的形成机理分析

文化作为国家软实力，最终表现为它对经济社会发展的促进作用。要做到这一点，必须实现文化事业与文化产业的相互融合与相互支撑。这是增强文化竞争力的新动力和促进经济社会可持续发展的新途径，也是历史必然和现实需要。

顺应这一历史新命题的需要，党的十七大报告在《推动社会主义文化大发展大繁荣》的论述中，要求“培育新的文化业态”。目前多数学者认同“文化创意产业”这一新概念，认为，新文化业态的形成就是文化产业化的过程，就是利用文化创意的理念，对传统文化遗产进行保护与开发，或是在传统产业加入新文化内容，使其成为文化消费和文化产品加工的基地，建立一个新的产业链条，形成文化产业集群。其商业模式如图 4–3。

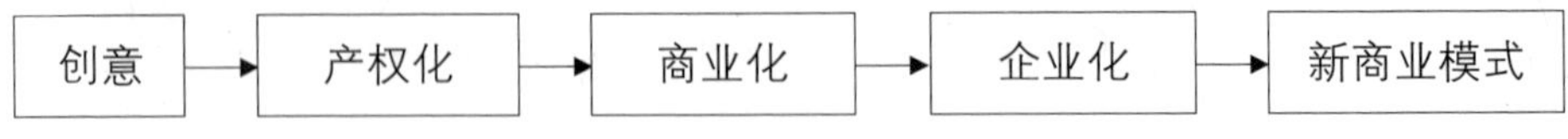

图 4-3　文化产业化路线

因此，新文化产业发展模式的核心是传统文化的创新与再生，即传统文化如何实现与新技术的融合，如何实现与传统产业的融合。由于文化产业资源一般都具有很强的区域性，基于区域特色的文化竞争优势是最根本的、最难以替代和模仿的、最持久和最核心的竞争优势。区域文化创意产业的形成机理如图 4-4 如下：

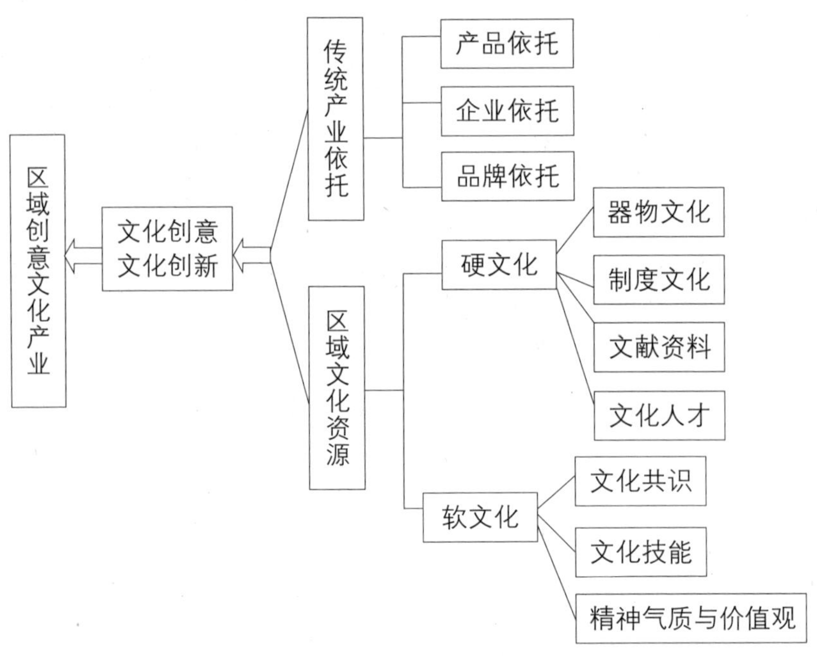

图 4-4　区域文化创意产业的形成机理

景德镇陶瓷文化是区域传统文化的典型，它随着景德镇陶瓷产业的没落而消沉，其根本原因是缺乏创新，这一点为世人所公认。景德镇陶瓷产业长期孕育于一个超稳定的传统社会氛围中，在千年发展史上一直居于官窑地位与贡品待遇，不可避免地产生了官本位思想。新中国成立后又历经了一个较长时间的计划体制时代，精品发展模式、作坊型生产是根深蒂固的制度惯性。另外，又缺乏有效的市场竞争手段，如品牌观念淡薄，没有形成一整套维护和塑造"景德镇陶瓷"品牌的机制和规范，只要稍有规模的企业通过买卖便可随意使用。此外，大量小企业、小作坊的机会主义行为如偷税漏税、制假仿冒等恶化了陶瓷市场的环境，败坏了景德镇陶瓷的名声。因此，景德镇陶瓷文化失去了陶瓷制造业的优势依托，导致整个产业集群在市场经济大潮中渐趋消黯。这一现状要求重新打造景德镇陶瓷产业集群，实现景德镇区域品牌的重构与振兴。

4.5 景德镇陶瓷文化创意产业集群的区域品牌重构

景德镇陶瓷文化作为典型的区域文化资源，具有独特性、差异性、丰富性等特征，其产业品牌化的过程，就是文化的经济价值与精神价值的双重开发与凝聚的过程，因此，振兴景德镇区域品牌必须从打造区域文化创意产业集群入手。

第一，发掘、调查、整理陶瓷历史文化资源，从历史的、现有的、民间的、陶瓷艺术、制陶技术、历史遗存等各方面中发掘出具有深厚文化内涵与底蕴的陶瓷文化产业品牌。专家一致公认，景德镇历史文化资源有三个宝库：大量埋藏在地下的古窑遗址与发掘的古器具；至今仍活跃在陶瓷产区的老艺人，老艺术家；大量的文献资料。在对原有的陶瓷文化进行发掘的过程中，不能背离陶瓷文化背景的精神，不能忽略地域差异。同时，要认真区分所发掘的对象，把握陶瓷对象的文化个性，并根据陶瓷原有文化的内涵予以创造性的发挥。譬如，不要简单仅把陶瓷成品看为文化，其实工艺、技术、器形、装饰等也表现为文化。

对陶瓷文化资源的调查整理必须是细致的，必须就某件文物藏品中的某一文化元素或造型逐一联系文化时尚消费进行比较分析，具体考察，研究有无产品批量开发的价值。在这一点上，可以学习台湾的经验。近两年，台北故宫虽然是一个文保单位，但是开发了"时尚故宫"项目，即通过授权的形式，以文物中的某一文化元素或造型对文物进行创意产品开发，通过授权的方式，和台湾地区多个本地品牌以及意大利、日本等国形成良好的合作关系，取得了很大的社会效益与经济效益。据了解，2007年台北故宫今年的品牌授权营收估计将达4亿元新台币(约合人民币1亿元)。

台北故宫的开发方式就体现了如下的开发思路：

古文化＋创意＋产业化

北京的798艺术区的开发思路体现了"古文化＋创意"的开发思路，古老的创意加上现代的创意，令观者感觉遐思千里，仿佛时间转移。美国《财富》杂志称之为"传统空间转换”(见图 4-5 至图 4-15)。但是,798 艺术区的艺术创意并没有实现大规模的产业化,创意产品本身难以复制大规模销售,因此,它只能走传统空间加上创意开发,打造旅游创意景区,走旅游产业的道路。

图 4-5　798 艺术区的红卫兵大型创意陶俑

图 4-6　798 艺术区的非洲元素陶俑

图 4-7　798 艺术区的民俗陶俑

图 4-8　陶俑:内外对视的人

图 4-9 抱着西方饮料的中国福娃

图 4-11 福娃化身董存瑞炸碉堡，象征中国传统文化、红色经典文化与西方流行文化的结合

图 4-10 青花瓷陶俑福娃

图 4-12 喜欢喝西方饮料的中国福娃

图 4-13 跳现代芭蕾的古罗汉

图 4-14　雕塑造型：青花瓷征服世界——代替枪炮

图 4-15　雕塑造型:香港交接仪式

第二,发掘、调查、整理现有的传统产业资源。正如前文所言,文化创意产业集群是文化加上创意加上传统产业的结合,仅有文化资源是不够的,文化不是做产业的先决条件,只有当能源、原料、市场、政策、环保等传统产业资源具备一定优势时,才可以着手。例如,南庄、夹江、清远等地虽然没有景德镇深厚的陶瓷文化底蕴,但是也能依靠后天优势形成陶瓷产业。在某些地区,甚至很多条件都不具备,像奇瑞,在安徽芜湖扎寨后,仅依靠政策优势,也可风云际会,闯出了一番天地。因此,可以这样概括,仅有传统产业资源,可以形成产业集群,但是,若是仅有传统文化资源,则较难形成一个完整的文化创意产业集群。文化创意产业集群必须是二者的结合。

在传统陶瓷产业格局方面,景德镇陶瓷产业由四千多家作坊型小厂,五六家中等规模企业以及十来家外资企业构成。近五千家大大小小的陶瓷企业,其中很大一部分是以传统手工作坊形式存在。很多企业就是几间房子几十个工人。它们的生产线大部分都是原先国有企业的,在十年前的企业改制中,大部分较大规模的企业瓦解,原先的一个车间被瓜分成几个或十几个小厂。这些作坊难以形成产业,更不要说与佛山、淄博、泉州等地的规模化、机械化的陶瓷产地竞争。因此,要在政府的主导与支持下进行产业资源的整合,共谋出路。

第三,确立正确的陶瓷产业发展方向,艺术陶瓷商品化,商品陶瓷艺术化。首先,日用陶瓷要增加科技和文化含量,确立高档日用瓷的产区定位,增加产品的欣赏价值与收藏价值。景德镇陶瓷在研制开发新材质方面一直走在全国各陶瓷产区的前列,红叶等多种日用陶瓷和获中国名牌产品称号。国宴用瓷、礼品用瓷等许多产品曾进入北京中南海、钓鱼台国宾馆。以后，要进一步提高具有高科技含量、高附加值的高档日用细瓷在陶瓷总量中的比重，扩大产能。其次，美术陶瓷要变展品为商品。在长期的发展中，景德镇工艺美术陶瓷界形成了一支以中国陶瓷艺术大师、省陶瓷艺术大师为代表的陶艺家队伍，全国唯一的国家级陶瓷研究所在景德镇，景德镇还有省市级的研究机构5家，拥有陶瓷研究人员2000多人，占全国陶瓷科研人员的半数以上。全国工艺美术大师36名，景德镇就有12名。他们创作出了一大批具有鲜明景德镇特色与风格的大师作品，艺术成就独树一帜，别具匠心，举世之内无人能及。景德镇的人才、配套、原料等优势也集中在传统的工艺陈设瓷方面。但是可惜的是，众多中国高档名瓷还停留在大师艺术作品上，艺术品未能很好地转化为生产用瓷，还没形成产业化规模，不能转化为市场经济竞争所需要的巨大产能，从而也就不能创造出宏大的文化消费市场，树立起产品品牌。因此，必须以市场为导向，充分利用多种推介形式，展示整体形象，扩大市场订货。在此基础上，充分利用丰厚的资源和其他条件，扩大工艺美术陶瓷的生产规模，实现工艺美术陶瓷的商品化，扩大对外交流。

第四，激发创意，以创意为核心，实现相互关联的陶瓷产业区域品牌、陶瓷旅游业区域品牌与陶瓷文化区域品牌的协同发展。重点是延伸产业链条，扩展产业网络，以传统陶瓷产业区域品牌为依托，以陶瓷产业为基础产业，发挥扩散效应与晕轮效应，带动了相关的陶瓷外围产业的发展与集聚，从而形成具有核心竞争力、不可仿制的产业集聚，真正实现区域经济的腾飞，全面实现景德镇区域品牌的重构。其中主要包括：开辟陶瓷文化旅游线路，发展陶瓷文化旅游产业；构建合理的公共文化服务体系，建设公共文化设施建设工程、文化人才培训工程、文化遗产保护工程等一批文化工程与文化单位，如文献图书馆、博物馆、文化馆，城雕、陶瓷街、陶吧、陶瓷文化村、陶瓷文化长廊等文化载体工程与文化展示工程，可采用复古式的陶瓷作坊，让游客体验陶瓷的传统文化，或以庭院式精品展示，或以作坊工艺演示，还可供游客参与体验、艺术家参与交流；发展会展经济；健全文物艺术品市场与藏品市场，如传统书画、古代瓷器、古代文玩杂件、佛像，等等；建立文化主题休闲娱乐园区，例如可以台北市的台湾故事馆为例，利用历史古建，通过对历史街区场景的再造而开发出集旅游、休闲和餐饮服务等功能的综合消费场所，以怀旧的主题，实现了产业化的升级改造；发展节庆经济；开发文化主题餐饮或礼节性餐饮，等等。文化产业集群如图 4-16：

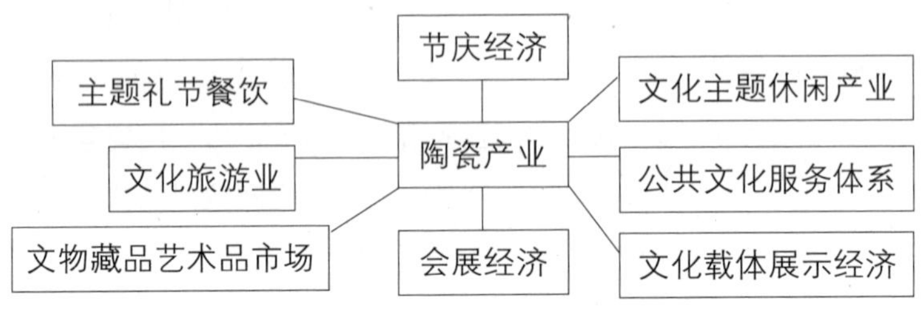

图 4-16　文化产业集群图解

随着集聚形态的加深，要素结构越复杂，关联性越强，还会进一步带动企业组织、科研院所、中介机构、金融法律等服务产业、行业组织、政府部门形成互动机制，实现信息互换与知识共享，共同促进技术革新与制度变革。这是一个动态的社会过程。

第五，以创意为核心，塑造一批强势的产品（商品）品牌与企业品牌，实现区域品牌、企业品牌、产品品牌三者的协同发展。在市场经济环境下，一个区域品牌没有强势的产品品牌与企业品牌作为支撑，其发展是不可能持久的。另一方面，没有一个强势区域品牌的扶持，产品品牌与企业品牌的市场之路也会格外吃力。这三者是荣辱与共的关系。目前，景德镇的区域品牌较强，企业品牌与产品品牌较弱，世人只知道有景德镇而不知道景德镇有哪些知名的企业与产品品牌。在这种情况下，应积极培育优势产品品牌，扶植一批优势企业，使三大品牌相互支持，走可持续发展之路。其途径就是以创意为核心，确立正确的陶瓷产业发展方向，艺术陶瓷商品化，商品陶瓷艺术化。日用陶瓷要增加科技和文化含量，确立高档日用瓷的产区定位，增加产品的欣赏价值与收藏价值。目前，景德镇高档名瓷还停留在大师艺术作品上，艺术品未能很好地转化为生产用瓷，还没形成产业化规模，不能转化为市场经济竞争所需要的巨大产能，从而也就不能创造出宏大的文化消费市场，树立起产品品牌。因此，必须以市场为导向，充分利用多种推介形式，展示整体形象，扩大市场订货。在此基础上，充分利用丰厚的资源和其他条件，扩大工艺美术陶瓷的生产规模，实现工艺美术陶瓷的商品化，扩大对外交流。

第五章

社会资本建设①

社会资本是区域品牌的特殊型构因素。商品品牌资本是资本的又一种特殊表现形式。社会资本作为社会关系对产业资本的物化形式,社会资本与商品品牌资本具有内在的联系。笔者认为,品牌资本是社会资本的商业化形态,社会资本是品牌资本的核心要素。当前,地域老品牌、老字号大面积陷入危机,其深层次原因是品牌社会资本的缩水,主要表现为:一是欺诈行为侵蚀损了社会资本的诚信基础;二是错误的营销方式损害了产品价值的信任基石;三是品牌共建的不成熟政企合作机制加速了品牌社会资本的损耗;四是非理性的品牌危机应急机制侵蚀了维持消费者忠诚的信用保障。这说明品牌重建必须加强以诚信、合作、共赢为导向的社会资本的重置投资。

5.1 品牌与社会资本关系的社会学追问

品牌与社会资本的本质是什么?它们是精神的还是物质的?还是两者

①本章节参考文献除正文中已有述及之外,还有,姚圣娟:《关于振兴中华老字号的思考》,《华东经济管理》2008 年第 1 期。王兆峰:《"中华老字号"企业品牌创新策略》,《湖南商学院学报》2005 年第 12 期。林广梅:《浅议中华老字号的现状与发展》.《河北青年管理干部学院学报》,2002 年第 3 期。[美]林南:《社会资本——关于社会结构与行动的理论》. 上海人民出版社,2005 年版。

都是？二者各自代表了什么样的社会关系？这是一个值得追问的社会学问题。法国著名社会学家布迪厄(Bourdieu)认为，社会学能够揭示构成社会宇宙的各种不同社会人群中那些掩藏最深的结构，同时揭示那些确保这些结构得以再生产或转化的“机制”，因此，任何现象与事物都可以在社会关系的意义上得到解释，从而正本清源，探究出背后的真相。

品牌是一个历史概念。撒拉格尔丁认为，品牌意味着一种将“社会群体联系在一起的黏合剂”，它代表了一种复杂的多维度的社会关系。其一，品牌是一种共识关系，一种基于共同认识度的协商机制，它是将厂商和消费者联系起来的纽带。其二，代表了一种以合作、信任、规则、秩序为核心的关系网络，它将企业、供应商和顾客连接起来，可以使各方利益实现相对均衡。其三，代表一种以忠诚、承诺为核心的社会声誉关系，即商誉，正是在厂商的承诺与顾客的忠诚(即消费偏好)两种不同维度的价值观的基础上建立起品牌。其四，品牌代表了一种创造关系，是厂商各种经营活动的产物。其五，品牌代表了一种拓展性的资源获取关系，它可以为其他社会资源的获取创造条件，是一种支配其他形式资本的“权力”，因此，品牌又被称作品牌资源或品牌资本，具有产权属性，产权是品牌概念的文化基因。归纳而言，品牌的社会学意义就是忠诚、合作、承诺、信任等社会关系的综合表达。

关于社会资本的社会学意义，罗纳德·伯特(Ronald Burt)提出：“社会资本是朋友、同事等普遍的联系，通过它们你得到了使用(其他形式)资本的机会。”弗朗西斯认为，社会资本是从社会或社区流行的信任中产生的能力，而信任是从规矩、诚实、合作等行为组成的社区中产生的一种期待。亚历山德罗·波茨(Alejandro Portes)认为：“社会资本指的是个人在社会网络或更广泛的社会结构中动员稀有资源的能力。”罗伯特·帕特南认为：“社会资本指的是社会组织的特征，例如信任、规范和网络，它们能够通过推动协调的行动来提高社会的效率。”斯蒂格利茨在《正规与非正规的制度》一文中认为，社会资本是一种共识，是产生凝聚力，认知力和共同意志的社会纽带，是声誉的聚集和区分声誉的途径，是企业经营管理者的组织资本。归纳起来，可见，社会资本存在于社会关系之中，信任、合作、秩序、规则是它的核心要素，它是一种有别于经济资本的非实物形态的资源。

综合品牌与社会资本的社会学含义，可见二者具有共同的精神内核，都反映了以信任、合作、承诺、规范为基本元素的价值观。在资本体系内，二者具有共生关系，同属于共生资本体系。二者可以转化为经济资本，但又区别于经济资本。按照布尔迪厄的解释，它们的关系如图 5-1。在具体形式上，品牌或品牌资本是社会资本在社会关系中的具体化，是一种能够确立标准，体现价值，表达为具有权属关系符号的形象机制。品牌资本是社会资本的可让渡形式，社会资本是品牌的核心要素，是品牌的基础。在商业社会，如何通过社会资本的网络性以及以信任为特征的基本关系来构建知名品牌是企业赢得竞争优势的关键因素之一。

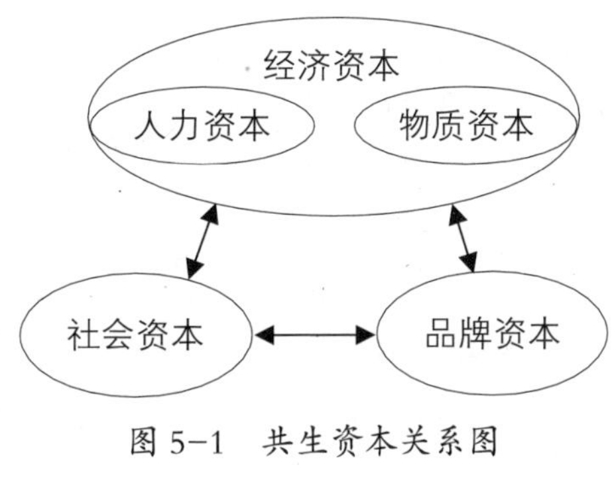

图 5-1 共生资本关系图

5.2 关系资本、制度资本、品牌资本的嬗变

在景德镇市的产业格局中，无论是陶瓷行业，还是其他行业，均以中小企业居多，占据了数量的大多数。中小企业管理普遍处于从不成熟走向成熟的发展过程中。社会资本是中小企业发展的重要资源，社会资本是不断发展的。在企业管理的不同阶段，社会资本分别表现为关系资本、制度资本、品牌资本。这三种资本反映了一种递进关系。当前，我国中小企业社会资本的总体特征是关系资本过密，制度资本尚未成熟，品牌资本贫乏。中小企业社会资本的优化管理，必须抛弃关系本位，建立企业管理的制度本位，必须以 OEM→ODM→OBM 之路加快嵌入全球价值链的步伐，探索创建品牌资本，政府也必须强化社会信用规范，为社会资本进步提供良好的制度环境。

社会资本是不断演化的，在不同的阶段，社会资本表现为不同的形态。随着企业管理的进步，社会资本分别表现为关系资本、制度资本、品牌资本。这三种资本反映了一种递进关系。

社会资本存在于社会关系与社会网络之中，是一种以信任、合作、秩序、规则为核心要素的非实物形态的资源，是一种支配其他资源的权力与能力。这一大家共同熟悉的、得到公认的、达成共识的网络，既包含一系列以家庭、伦理、宗教为秩序的私人关系和非正式制度，也包含以各类市场制度、法律框架、社会契约为秩序的正式制度。在企业发展初期，非正式制度与私人关系发挥更主要的作用，这时，社会资本主要表现为关系资本。在企业发展成熟期，正式制度发挥更大作用，这时社会资本更多表现为制度资本。

根据撒拉格尔丁的解释，每一类型的社会资本都会导致以合作与信任为目的的集体行动的发生，都可以有效节约交易成本。当关系资本起主导时，集体行动是建立在准则和信念的基础上，具有认知而非制度的基础，亲缘、血缘、地域等关系是最凸显的企业发展动力，人们相互之间最依赖的有效资源是私人关系，信任的对象是个人，个人尤其是企业家是形成社会网络的重要结点。这时，企业家个人在社会关系中获取资源与运作资源的能力是社会资本的重要表现，是社会资本存量的衡量标志。当制度资本起主导时，企业制度、行业规范、契约法规的作用最为凸显，这时人们最依赖的资源是制度与法律，信任的对象是企业或其他集体组织。

品牌资本是社会资本的更高级发展形式，是社会资本在企业管理中的文化符号象征与可让渡形式[①]。品牌是一个历史概念。撒拉格尔丁认为，品牌意味着一种将“社会群体联系在一起的黏合剂”，它代表了一种复杂的多维度的社会关系。首先，品牌是一种共识关系，是一种基于共同认识度的协商机制，它是将厂商和消费者联系起来的纽带。其二，代表了一种以合作、信任、法律规范为核心的关系网络，它将企业、供应商和顾客连接起来，可以使各方利益实现相对均衡。其三，代表一种以忠诚、承诺为核心的社会声誉关系，即商誉，正是在厂商的承诺与顾客的忠诚两种不同维度的价值观的基础上建立起品牌。其四，品牌代表了一种创造关系，是厂商各种高度有序的经营管理活动的产物，是企业管理制度与企业竞争进入高级阶段的表征。因此，品牌又被称作品牌资源或品牌资本，具有产权属性，产权是品牌概念的文化基因。

可见品牌资本与社会资本具有共同的精神内核，都反映了以信任、合作、承诺、规范为基本元素的价值观。在形式上，品牌或品牌资本是社会资本在社会关系中更进一步的抽象，是一种能够确立标准，体现价值，表达为具有权属关系符号的形象机制；社会资本是品牌的核心要素，是品牌建立的基本前提。按照布尔迪厄的解释，在资本体

①[印]帕萨·达斯古普特，伊斯梅尔·撒拉格尔丁编，张慧东等译：《社会资本——一个多角度的观点》，中国人民大学出版社，2005 年版，第 98–100 页。

系内,二者具有共生关系,二者可以转化为经济资本,但又区别于经济资本[①]。

当品牌资本起主导作用时,人们在商业社会关系中所信任的重要对象是品牌。此时,品牌就是企业信用的文化符号,是一个抽象的意念表达。因此,在商业社会,如何通过社会资本的网络性以及以信任为特征的基本关系来构建知名品牌是企业赢得竞争优势的关键因素之一。

可见,关系资本、制度资本、品牌资本反映了企业社会资本的三种不同状况,反映了社会资本的渐次优化与递进。

因此,对一个城市而言,加强社会资本投资,必将极大增强城市品牌的资本价值。这关系到社会资本的具体测试,以及社会资本投资的价值回报测试的研究问题。

目前国内外有一些学者开展了相关研究,颇具见地。根据美国哈佛大学经济学教授 Edward Glaeser 在他的研究报告中提出了社会资本投资模型：首先列出一个进行社会资本 S 投资的动态法则:St+1= θ St+It, 其中 θ 表示现有社会资本的贬值率,I 为对社会资本的投资。虽然计量投资者获得的社会回报是衡量社会资本最理想的工具,但或许投资者在组织内的成员资格之类的指标也可以作为 S 的代理指标（它们也能被解释为投资的某种形式)。投资 I 会有时间成本 C(I)[时间机会成本的作用会放大它的影响程度, 用 W 表示]。T 为投资者的生命期限,B 为投资者对未来的贴现率,D 为投资者离开原住社区的概率(一旦离开,S 便失去价值)。在满足以上假设条件情况下,投资者对社会资本投资会达到一个平衡点,即边际私人成本[考虑时间成本,用进行社会资本投资所需的边际时间量 W 乘以 C(I)],用公式表示如下：

$$WC(I)=\sum_{j\quad 1}^{Tt}\beta^{i}\delta^{i-1}\theta^{i}(R_m+R_n)$$

$$=\frac{(R_m+R_n)\beta\ \theta(1-\beta\ \delta\ \theta)^{T+t}}{1-\beta\ \delta\ \theta}$$

根据条件不同,社会资本投资将会：

(1)随投资者对未来的贴现率的提高而上升；

(2)随投资者离开原住社区的概率的提高而下降；

(3)随时间机会成本的提高而下降；

①[法]布尔迪厄著,包亚明译:《文化资本与社会炼金术——布尔迪厄访谈录》. 上海人民出版社,1997年版,第 198 页。

(4)随投资者从事职业所需社会技能的回报的提高而上升;

(5)随社会资本的贬值率的下降而提高;

(6)随投资者的生命期限的临近终结而下降。[①]

5.3 传统区域品牌的普遍困境

传统区域品牌作为历史悠久的地域老字号,通常以传统工艺或特殊地域资源为依托。它是历史资源积淀的结晶,是持久传承的特色民族文化遗产。如天津狗不理包子、四川火锅、金华火腿、景德镇陶瓷,等等。在社会学意义上,传统区域品牌既代表了纵向维度的口口相传的文化继承关系,又代表了以信任为核心的市场贸易关系,还代表了地域企业的合作共存关系。中华民族守信重诺的民族风尚,中国社会重乡情、尊乡规的秩序伦理都在其中得到体现。

新中国成立之后,传统区域品牌曾经一度繁荣。改革开放以后,它们相继进入一个发展转型期。它们所处的社会关系的性质发生了根本性改变,由以前计划掌管一切的社会规范进入到一个以市场为主导的、以竞争图存、优胜劣汰为主要规则的社会关系网络中。

根据中国品牌研究院的调查,新中国成立初期全国的中华老字号企业大约有16 000家,涉及餐饮、医药、食品、零售、烟酒、服装等行业。改革后,由于种种原因,老字号企业经营不善,频频破产。1990年以来,由国家商业主管部门评定的中华老字号只有1600多家,仅相当于新中国成立初期总数的10%。现在,仅存这1600多家中华老字号企业,也多数出现危机,其中70%经营十分困难,20%勉强维持经营,只有10%蓬勃发展。在老字号危机中,传统区域品牌屡屡见榜,危难接踵,如德州扒鸡、扬州炒饭、金华火腿、太仓肉松、山西陈醋、景德镇陶瓷等品牌资产流失最严重,相继被一些新晋的地域品牌赶超。

以景德镇为例,20世纪80年代最辉煌时期,景德镇的陶瓷产值占全国的20%以上。无论现在哪个陶瓷产地均难望其项背。然而,随着改革的深入,传统以计划经济为主导的社会关系逐渐成为它发展的障碍,国有瓷厂都面临着体制、机制、冗员、债务等

①郑雨兰:《社会资本测量问题初探》,《经济研究导刊》2007年第12期。

困局。当沿海地区一些民营陶瓷企业正在引入资本、细分市场、扩大产业规模时，景德镇还沉醉于计划体制下的保障业绩和霸主地位，对民营企业几乎没有像样的支持。1995 年10 月，景德镇对十大瓷厂进行改革，“化整为零”，自负盈亏。这“一刀切”的模式成了压倒骆驼的最后一根稻草。十大瓷厂一瞬间土崩瓦解。这一年成为景德镇陶瓷产业的“拐点”。此后，传统产品式微，销售渠道衰落，行内无序混战，展销系统紊乱，使景德镇江河日下。1979 年，景德镇的陶瓷产值是潮州的 8 倍多：1995 年，二者大致相当；2003 年，潮州陶瓷销售额为 117 亿元人民币，陶瓷产业占全市国民生产总值的 47%，相比之下，景德镇陶瓷年产值只有 20 亿元，占全市国民生产总值的 15%；2005 年，潮州增至 146 亿元；2007 年更激增为 300 亿元。两地差距越来越大。

为了直观地观察景德镇与潮州陶瓷产业的兴衰更替，可以用比值的变化趋势来表示，即

¥＝景德镇陶瓷产值 / 与潮州陶瓷产值

显然，¥ 越大，则景德镇陶瓷产业优势越显著，¥ 越小，则景德镇陶瓷产业越衰微。根据《景德镇统计年鉴》与《潮州统计年鉴》公布的数据，绘制 ¥ 曲线如图 5–2。

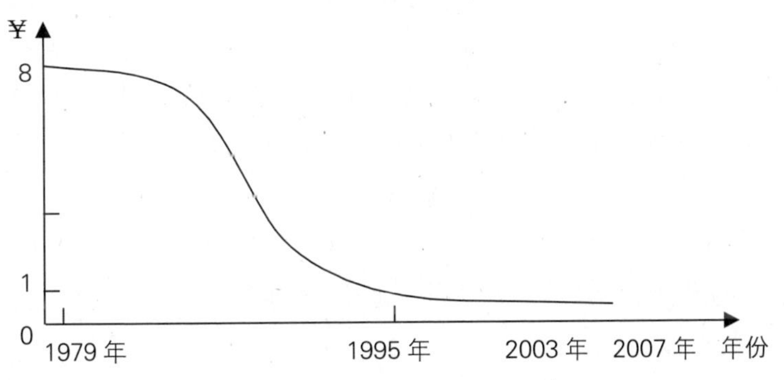

图 5–2　景德镇与潮州陶瓷产值比值变化趋势

如图所示，景德镇陶瓷的区域品牌在日渐衰微，被远远地甩在后面。这个现象是有代表性的，佛山、淄博等地都有这种趋势。

5.4 传统区域品牌社会资本的困境

目前,已有部分学者探讨传统地域品牌衰败的原因,如姚圣娟总结了技术局限、产品陈旧、竞争激烈、体制积弊等原因,王兆峰论述了市场冲击、体制落后、品牌载体呆滞等原因,林广梅探讨了资本狭小、市场局限、公共物品特性等因素。笔者认为,这些原因都只是一方面,要挖掘深层问题,还必须从社会资本的角度找原因,因为以信任与合作为核心的社会资本是品牌建立的基石。信任的丧失与合作的分裂是品牌坍塌的最基本的内质,其他方面仅仅只是外在的表象。

一、假冒伪劣的欺诈行为侵蚀了品牌社会资本的诚信基础

区域企业制假贩假的欺诈行为破坏了数千年以来中国乡土社会以合作互助、诚信互恤为核心价值观的社会关系,破坏了中国社会商业伦理的传承。伦理就是秩序,就是规则,它规定了大众达成共识的价值观与社会关系。虽然中国人以前的伦理有一部分是陈腐的,但是中国以乡族为基本单元的基层社会所尊崇的合作共存、守信重诺的传统伦理是有现代性的,它能实现人性的自我调适与自我约束,具有稳态特质,能推进社会关系的良性发展,可以实现向现代商业伦理的转化。

在传统社会,在同一地域范围内,众多商家都生产同一品牌的产品,大家都遵守乡规乡约,诚实经营,实现品牌维护。以合作、诚实、守信为核心的社会规范就是品牌的社会资本。这种社会资本实质就是同一地域内众多商家的信用担保,是他们赢得消费者忠诚的最宝贵的资源。

经济体制改革后,在市场经济大潮冲击下,优胜劣汰成为游戏的主导规则。而部分厂商选择以短期行为换取暂时生存。地域品牌作为公共物品的特性在一定程度上也纵容了机会主义。南京盐水鸭、金华火腿、太仓肉松、山西陈醋、重庆火锅底料、龙口粉丝、平遥牛肉等产品相继被曝光,暴露出公共品牌的"公共地"悲剧。每一次质量问题的曝光,都刮起一次诚信危机风暴。

假冒伪劣的欺诈行为还包括知识产权侵权。在这方面景德镇的情况很有代表性。由于背靠景德镇老字号,大量小工厂不愿进行技术改造与产品革新,而是假冒伪劣产品泛滥。自景德镇中级人民法院知识产权审判庭成立以来,已审理较大涉及陶瓷知识

产权案件 120 余起，占全部案件的 70%以上，其中专利纠纷占 12%，商标纠纷占 18%，著作权纠纷占 26%。商业秘密及不正当竞争约占 5%，涉案金额达 5000 多万元。

二、松散的行业管理与错误的营销方式损害了消费者对产品价值的信任基石

消费者对商品价值的信任是品牌社会资本的最终表现形式。因为消费者的购物决策建立在他对产品价值的估量与产品实际价格的比较之上。

由于当前传统区域品牌的产业常态是以小企业小作坊为主，规模偏小，投资不足，技术落后，工艺粗糙，众多企业良莠不齐，且由于大多深居内地，行业管理落后，行业规范缺失，没有形成良性的内部价格协调机制与营销合作机制，而是各自为战，营销策略落后，通常陷入恶性的内部价格战，最终结果是，一方面大家所能赚取的利润越来越微薄，另一方面消费者对产品的价值也产生怀疑。这既使得同品牌企业之间的合作关系恶化，又伤害了以产品为纽带的厂商与消费者之间的信任关系。

我们可以用最简单的市场均衡模型来说明消费者对产品估价下降所带来的消极影响。如图 5-3。

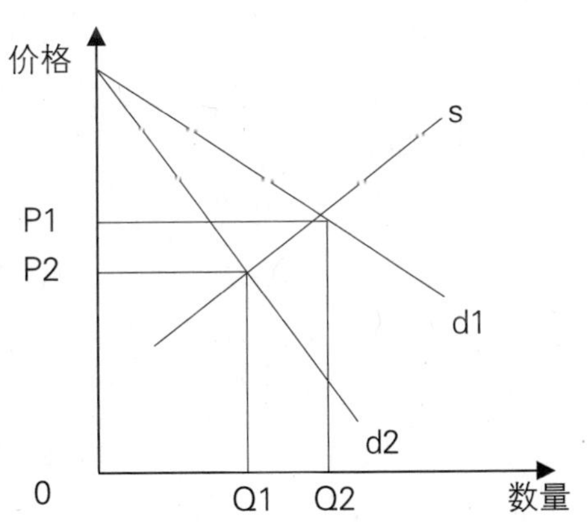

图 5-3 消费者对产品估价下降所带来的影响

S 表示产品的供给曲线，d1 表示消费者对产品的初始需求曲线，这条需求曲线表示消费者对额外一件产品的初始估价是多少。此时市场均衡价格为 P1，均衡产量为 Q1。但是，当消费者对额外一件产品的估价下降时，必然导致需求曲线向下摆动，由 d1 变为 d2。于是，原有的均衡被打破了。在新的均衡状态下，市场均衡价格为 P2，均衡产量为 Q2。显然，由于二者都下降，厂商必然受到损失。

以景德镇为例，由于行业主管部门在服务和规范管理上不到位，没能发挥好组织职能。在外出陶瓷展销中，多数情况是企业和一些经营户自发组织，或是依靠“会头”出面组织，二三十人一伙，货源多来自手工作坊，甚至有的瓷器不是景德镇的。这种展销一般多在露天摆放，“虎头蛇尾”，价格混乱，通常展会之初定价数千元以上，后期则降价至几百元，乃至几十元，甚至有人在展会结束后将卖不掉的瓷器当街砸掉。这些行为严重打击了收藏者对价值的信心，令人有上当受骗之感。近几年，景德镇陶瓷展销在青岛、秦皇岛、南非、赣州等地纷纷折翅，就说明景德镇品牌的社会资本存量在缩水。

三、不成熟的品牌共建的政企合作机制，加速了品牌社会资本的损耗

品牌社会资本与品牌一样，属于损耗品，若过度开发，也会加速它的折旧。即便处于闲置状态，也会像固定资产一样发生自然折旧。其原因如前文所述，社会资本存在于人的社会关系网络之中，而人对社会关系的印象会自然淡化，新记忆会覆盖老记忆，更何况现代社会人们每时每刻都会接收到大量信息。所以，从资产管理的角度，为了使品牌社会资本保值增值，就应进行经常性的维护与重置投资。这一点正如亲友关系也必须依赖于不间断的交往才能得到维持一样。

由于区域品牌是公共物品，收益与成本都具有外部性，所以品牌共建的成本难以实现合理分配。而政府作为公共管理者，在组织、权威、信用等方面具有企业无法比拟的优势，因此它理应在公共品牌建设方面发挥主导作用与组织协调功能。

从现实看，一些地方政府经常对地域老品牌攫取过度，而维护不足。许多地域老字号被地方政府注册了，却一直没有作为，既没有开展积极的媒体宣传，也没有实施产业扶持。

一般认为，有规划的事件或活动推广、持续的媒体宣传与广告投放都是维持消费者对品牌关注度的可选方式。以景德镇为例，自2004年以来，由市政府主办的陶瓷博览会连续召开，密切了中外客商的交往与友谊，促进了广大陶瓷研究者的联系，振作了景德镇品牌，不仅推动了陶瓷业逐渐复苏，还带动了相关产业的发展。这是一个成功的经验。

四、非理性的品牌危机应急机制，进一步侵蚀了维持消费者忠诚的最后的信用屏障

政府信用是社会信用的最后屏障。当品牌危机事件发生时，公众对品牌的信心必

然下降。这时作为地方政府最重要的工作应是开展正确的危机公关，以迅速、果决、坦诚、正面的行动挽回消费者的信任，挽救品牌声誉。

信息时代对政府公关提出了更高的要求。电子网络承载着社会资本，将社会资本推进到革命性上升时代。互联网作为新兴的传媒，使人们之间的社会关系与社会联系更紧密、更复杂，它对品牌社会资本的影响如同一把双刃剑：一是正面资讯加速品牌传播，使信任的社会网络更快扩张，使社会资本更快增值；二是负面资讯更具有轰动效应，使社会资本更快贬值。

北京佳创易人顾问公司对一系列危机事件做了实时监测，数据表明：互联网对一般性危机事件的响应周期在10天左右。初期，信息量以几十倍的速度增长，10天左右达到高峰期后会进入一个稳定的持续期。以白洋淀红心鸭蛋事件为例，该事件于11月中旬被曝光后，互联网的信息量在11月25日基本达到传播的巅峰期，此后进入较长的持续稳态。如图5-4。

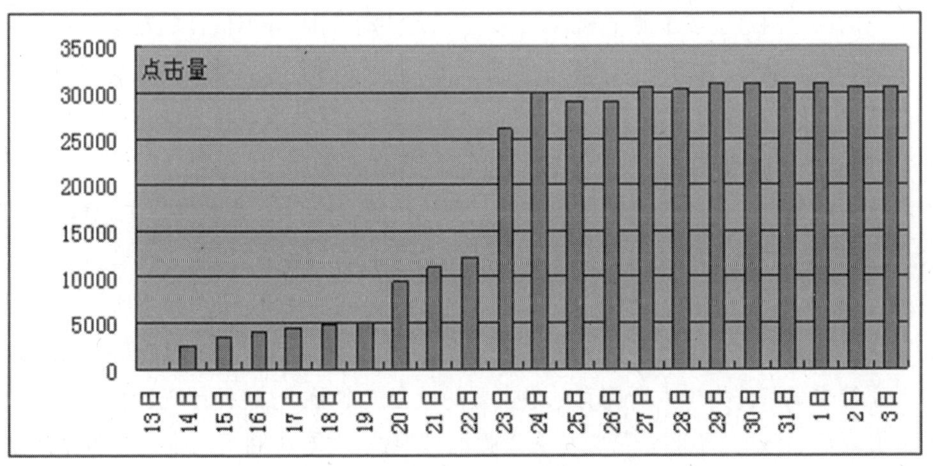

图5-4　白洋淀红心鸭蛋事件网络传播速度图

这表明，危机发生的10天左右时间是危机应急处理的最佳时机。如果政府在这个时间段内无法采取有效的应对策略，舆论传播将达到巅峰期，此后政府无论对媒体进行如何引导都难以挽回负面影响。

然而，无论是金华火腿的农药事件还是永康“每年吃掉千根手指”的报道，或是太仓病死猪肉的肉松事件，都难以看到政府正面而积极的姿态与动作，要么是麻木迟钝，要么是百般掩盖。但在无孔不入的信息时代，欲盖弥彰的抵赖与谎言是对以诚信为核心的社会资本最大的侵蚀。因为政府信用是社会信用的最后屏障，试想一下，如果百姓认为连政府的话都不可信了，还有什么承诺敢让人信任呢？

5.5 景德镇地区小企业社会资本的困境

当前，景德镇地区以中小企业为主导。而中小企业社会资本的总体特征是以关系资本为主导，关系资本在社会资本构成中过密，制度资本尚未成熟，品牌资本贫乏。主要有以下三种表现：

第一，以关系资本为主导的表现是中小企业被主流官方视为"能人经济"而大力推许，寄予厚望。在这种状况下，企业家个人的社会资本是企业社会资本的主要表现，企业家个人的社会网络占有量是获取生产要素、承担风险、推进企业发展的关键。而企业家的社会网络主要来源于家族、亲友与私人活动范围，外界信任的对象是企业家个人而非企业本身。由于缺乏严格的制度保障，企业全评企业家或一两个高层的运作与决策，所以非常规的人事变动轻则使企业蒙受重大损失，重则将企业拉入毁灭的陷阱，中国中小企业通常陷入"一人兴业、一人败业"的怪圈。

这一点是由中国的传统国情决定的。中国传统社会以关系本位为主，费孝通教授用"差序格局"概念表述中国社会关系网络的特征。在差序格局中，"社会关系是逐渐从一个个人推出去的，是私人联系增加，社会范围是一根根私人联系所构成的网络"①。社会资本的主要载体是家庭、单位、学校等。其中家庭、家乡所体现的血缘、地缘关系等先赋条件为个人所拥有的最主要的社会资本形式。这种传统社会资本形成相互独立的封闭的"小圈子"，它具有很强的排他性，只对小圈子内部的成员产生信任，而很难对"陌生人"产生普遍信任，相对封闭，延伸的半径小，多为纵向，难以形成相互之间的最大认同和接纳，难以整合为整体社会资本②。

对人际关系的过度强调和个人在建构社会资本时的广泛介入，在一定程度上造成了制度的软化，成为企业管理制度完善的障碍。关系资本在社会资本构成中过密既

---

①费孝通:《乡土中国》,人民出版社,2008 年版,第 132 页。

②童志锋:《信任的差序格局:对乡村社会人际信任的一种解释 —— 基于特殊主义与普遍主义信任的实证分析》,《甘肃理论学刊》. 2006 年第 3 期,第 34 页。

不利于企业规模的扩大，又损害了企业信用机制的建立。这种社会资本的传统构成形式是整个华人世界的普遍现象，所以，全世界的华人企业也最容易走上家族化陷阱。“富不过三代”成为中国文化格言对此现象的最好注解。

第二，制度资本不足的主要表现是中小企业诚信危机频发。如上所述，由于在社会资本构成中关系资本过密，所有企业所处的社会网络相对是封闭的，企业信任关系主要依赖于私人关系。由于熟人关系的确可以节约交易成本，出现商务纠纷也经常通过熟人解决，以规避市场契约的司法成本。熟人关系与传递的熟人关系被中国小企业视为开展业务的最可靠的资源，这就是中国经济被称为“熟人经济”的来源。由于陌生人之间很难达成信任，陌生的客户在价格谈判中经常处于劣势地位，很难获得竞价优势，在出现纠纷时，由于制度资本不成熟，司法维权的制度成本过高，多数中小企业经常被迫选择放弃，因此，许多没有长远规划的中小企业在商务交往中经常隐瞒信息，以获取非诚信的收益。

诚信危机最典型的表现是制假售假。近年来，有南京毒盐水鸭、金华敌敌畏火腿、太仓病死肉肉松、山西假陈醋、重庆火锅底料、龙口粉丝、平遥牛肉等问题产品相继被曝光，暴露出中小企业在制度资本配置上的缺乏。名家名瓷、专利产品是仿制的经常对象。由于制度资本不健全，维权制度成本太高，又由于被侵权者与侵权者通常都是乡里乡亲，就私人关系而论，关系纠葛，盘根错节，被侵权者通常被迫放弃维权。这些都是中国关系资本过密，制度资本不足的表现。

第三，品牌资本贫乏的主要表现是中小企业缺乏自主品牌，中国中小企业在生产能力与质量保证方面没有获得全球范围内的信任，导致在全球价值链中处于末端。我国产业区经常充当世界生产与加工制造基地，生产总量大，市场份额高，成本与价格优势明显。但是，我国的中小企业处于国际分工体系的低增值环节，产业层次低，自主研发与创新能力有待加强，产品同质化竞争严重，长期处于贴牌生产与模仿生产阶段。

这说明海外市场对中国中小企业的信任还没有普遍建立，中小企业在契约经济中成为海外知名品牌的附庸与打工仔。这是中国企业社会资本的显著缺陷。

5.6 加强中小企业社会资本建设的对策

不断加强中小企业的社会资本管理,促进社会资本的优化与进步,是当前中国业界的重要任务,也是学界研究的重要领域。

首先,抛弃关系本位,建立企业管理的制度本位。革新企业人才管理与激励政策,建立稳定的企业核心队伍,变企业家个人管理为经理人集体管理,将企业家的个人社会资本转变为企业的集体人力资本。我们应更新观念,即企业家不仅指创业者,更包括高素质的企业职业经理人。当前中国中小企业人力资源管理失败有两方面:一是企业家个人管理,个人决策,没有形成经理人的集体管理,这是中国民营企业"各领风骚三五年"的重要原因。二是高素质人才招人难、留人更难。企业招进人,却留不住人。人才与客户资源是最核心的资产。一个重要客户经理的流失,就带走一大群客户。

摆脱上述困境的办法,就是在企业内加强管理制度革新,抛弃关系本位,打破血缘与乡缘对社会网络的条块分割,改善私人关系网络的狭隘性。在人才政策上,抛弃在用人绩效上急功近利的近视行为,加大中长期的人力资本投资,以股份分配与期权激励制度建立稳定的核心经理人队伍,使商务关系网络的结点由个人转变为集体,使企业信用以个人信用为主导转变为以集体信用为主导,最终实现企业社会资本由以关系资本为主导转变为以制度资本为主导。

其次,以 OEM→ODM→OBM 之路加快嵌入全球价值链的步伐,探索创建品牌资本。OEM(original equipment manufacturing)的基本含义是贴牌生产,俗称"代工"。本地供应商承担了更多的制造环节与职能,甚至包括投入要素的外包和物流职能,但主要从事贴牌生产,并受到产品设计专用性的限制;此时采购商负责产品设计、品牌管理,控制销售渠道。目前国内大部分的中小企业处于这个阶段,这是必经阶段。在这个阶段,中小企业应积极积累一定的产品外观设计能力,积极构建自己的行销组织。ODM(original design manufacturing)即"原始设计制造商",是指制造商根据采购商的规格设计和生产产品。本地供应商除了制造环节外,开始参与产品设计,采购商只负责品牌管理。多数情况下是在本地供应商设计和制造的产品上贴上它们的品牌与商标,产品价格就翻数十倍。在这个阶段,担任供应商的中小企业应积极积累产品设计能力,从而在一定程度上自行调控产品范围、销量、客户开发与价格。OBM(original brand manufacturing)即“原始品牌制造商”，指制造商自行创立品牌，设计、生产、销售拥有自主品牌的产品，掌控了终端市场①。从OEM到ODM再到OBM的演化路径，是推动中小企业嵌入全球价值链的有效途径，是中小企业在制度资本成熟后进一步发展品牌资本以获取信任的最高形式。这时，消费者认同的对象是知名品牌，对制造企业的关注已经淡化。此时商务关系网络的关键点是以知名品牌为主导，知名品牌提供商在价值分配关系中取得支配地位。

再次，政府也应为企业社会资本管理提供制度环境，应强化社会规范与秩序，培养企业法人意识。主要通过科学的制度设计、制度供给来形成有效社会整合机制，以提高人们之间的交往效能、降低交往成本，将经济社会关系以契约与法的手段规定下来，使人们形成理性的心理预期，进而做出理性的行为选择，使民主法治和公平正义成为全社会追求的目标②，把企业法人的权利落到实处，保护企业与消费者权利，使企业与个人在经济交往中实现利益均衡，形成普遍化互惠机制。政府还应积极发展行业组织，建立行业自治机构，以民间社团为结点形成一个企业自我监督、自我完善、互惠互利的社会支持网络，促进企业彼此交流、相互影响、促进合作、增强信任，自主参与公共事务，提高企业之间的合作精神与诚信意识。另外，政府自身也要加强诚信，为人垂范，为社会个人与企业加强诚信意识树立榜样，间接促进社会资本的演化与进步。

可见，中小企业社会资本的递进是一项长期任务，既有赖于自身的努力，也有赖于社会整体环境的渐次改善。所以，我们每个普通公民都应共同关注，共同参与。学界对这一问题加强研究，因而很有必要。对于景德镇陶瓷行业而言，加强社会资本的规范化经营与管理，也是提升自身品牌价值的重要手段。对于整个景德镇区域品牌而言，提升社会资本的附加值，更是必不可少的经营路径。

5.7　加强国民社会资本建设的对策

中小企业社会资本状况只不过是中国国情的一个缩影。中国自古是一个农业社会，长期的农业文明造就了今天的国情。笔者再以农村合作经济为例分析中国社会资

①张明龙:《产业集群与区域发展研究》,北京:中国经济出版社,2008年版,第313-316页。
②李曼一:《我国现存社会资本的状况》,《职业时空》,2008年第7期,第8页。

本的特殊性，以佐证前面的观点。

当前，在我国农村，合作经济广泛开展，形式多样。如农户加农户形成合作组，或农户加能人组成合作社，或农户加企业结成合作联盟。但是，当前农村合作经济的发展却是非常不成熟的。主要表现在，合作经济组织内部往往纠纷频发，导致做不大，难以持久。究其原因，就在于在当前的中国农村，社会资本的总体特征是以关系资本为主导，关系资本在社会资本构成中配置过密化，制度资本不足，品牌资本贫乏。这使中国农村合作经济组织或合作制企业的存在范围表现出狭隘性。合作关系多只发生于同村同族或亲友邻里等关系较好的农户之间；即便是熟人之间，合作关系也是不固定的、临时性的。信任关系建立的不易，决定了一些合作者的合作关系难以持久。而在非同乡、非同族的陌生人之间，合作的机会主义盛行，违反契约的诚信事件时有发生。

从社会资本视角分析，当农村社会资本存量中的关系资本过密时，中国民间契约制度的供给必然极其缺乏，信任关系只存在于熟人之间，而在陌生人之间缺乏普遍的信任。在这种环境下，个人理性广泛存在，但社会理性普遍欠缺，个人理性必然会诱导个人产生美国新制度经济学家道格拉斯·诺思所说的机会主义的天性，做出机会主义选择。这一点我们可辅之以简单的博弈模型加以说明。假设市场上只有甲和乙两个交易主体，每个交易主体的策略选择有两种：诚信和失信，并获得相应的支付。建立如下支付矩阵，如图 5-5：

甲 / 乙	诚信	失信
诚信	7,7	8,0
失信	0,8	2,2

图 5-5　机会主义行为的机理

从上面的支付矩阵表可以看出，失信是双方的最优均衡选择，是个人理性的正常反应。

以合作经济中的换工为例，它实质是有价劳动的延期互换，必定有其中一方先支付劳动，另一方延期支付，从而双方形成债权关系与信用关系。在小农社会的陌生人之间，由于信息不畅，获取信息的成本较高，交易成本也较高，出自对未来预期的担忧，任何一方都不愿意先支付劳动，换工必然难以达成，因此，民间合作的换工多只发生在基于血缘、姻缘、地缘的熟人之间。这一点反映了费孝通先生所说的熟人社会“差序格局”的特征[1]。这说明当前农村的合作仍然是一种传统的民间合作关系。

这种民间传统的合作制度具有相当的路径依赖性。老百姓对它们有较高的心理认同度和较强的心理惯性。而且,当合作在熟人之间开展时,双方合作得越多,操作性越强,交易成本越低,具有报酬递增效应。这使传统合作制度具有一种自我强化的机能,存在路径依赖陷阱。如果没有外界强有力的干预,人们很难走出这种陷阱的禁锢。

笔者认为,解决这一问题的路径,就是加速社会资本变迁,建立农村新合作机制。

新时期我国的合作经济制度创新要适应建设社会主义新农村的内在要求,根据目前的农村现状与新农村的建设目标,必须推进社会资本变迁,打破狭隘合作制度的陷阱,促进制度创新。应从以下几点着手:

第一,要打破民间传统合作制度的路径依赖性,必须以地方政府为主导,加强契约与监督等各项规范与约束制度建设,尤其要加强透明的法人信用制度建设,以制度建设规范旧合作的自流性与散漫性。

美国制度经济学家道格拉斯·诺思曾说,不确定性是人类制度创新的根源,化解不确定性是人类制度创新的动力,人们通过改变制度框架以减少不确定性所可能带来的风险,改变合法行为的收益,例如,可通过创设司法体系降低契约的执行成本与市场的交易成本。[2]因此,本文认为,中国新农村建设中的合作制度创新可以适用于诺思的这一分析。

以各类监督约束制度为例,它们其实就是各种声誉惩罚与契约规范机制。我们以一个简单的重复博弈模型加以说明。例如,在合作农户之间的换工中,如果劳动的延期支付方不能如约按质按量支付劳动,其后果必将如图 5-6 所示。

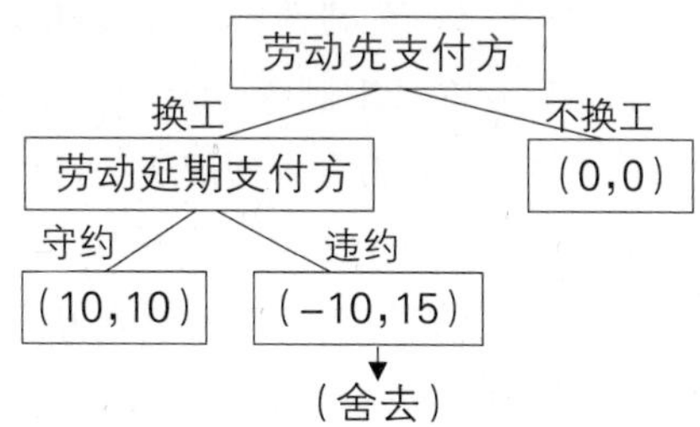

图 5-6 重复博弈下声誉机制的作用机理

①费孝通:《乡土中国》,人民出版社,2008 年版,第 132 页。
②[美]道格拉斯·诺思著,厉以平译:《经济史上的结构与变革》,商务印书馆,2009 年,第 16、17 页。

从图中可知，若违背契约，劳动延期支付方必然声誉受损，将在未来与他人的合作中受阻，将不能享受合作的福利。因此，透明的信用制度等各类约束机制有助于加大契约制度供给，促使农民改变不合时宜的理念，增强信用理念，从而降低合作的交易成本。

第二，加强法制化建设，以法制化巩固合作参与者的主体性，确立市场行为选择的独立性。专业合作组织如果想成为真正市场化的行为主体，必须以法制形式明确多重法律关系与权责关系。一是明确入社社员与非社员的关系。在不少地区由政府行为组建的合作组织里，由于政府行为带有明显的公益性质，政府主导的合作组织在推动产业化发展所要求的各项服务时不具备排他性，会员与非会员之间在经济利益上无明显区别。公共行为的过度参与客观上鼓励了普遍的“搭便车”现象和机会主义行为，其结果是入会会员对自己的权利义务关系及合作组织的运营持漠视态度，导致产生合作的集体化动力下降。因此，必须以法制性的创新为切入点，建立起支持农民合理选择集体行动的动力机制。二是明确入社普遍会员与主导会员的关系，完善内部治理结构，明确普遍会员的事务参与度，明确必要范围内的事务透明度，参与度应与股权大小密切相关，避免少数人的内部操作。三是明确合作社与各类农业协会的关系。前者是企业法人，在工商部门登记，追求利润最大化。后者是社团法人，在民政部门登记，一般不建立经济实体。前者不承担政府委托的管理职能，代表本社社员的利益；后者是服务性松散机构，代表全行业的利益。四是明确合作社与政府的关系。既不依赖于政府，也不附属于政府。资产产权关系明确，既非国有，也非集体，等等。

以法制化强化合作者的主体性，明确了各种的权利与义务，确定了各自的权利边界，只有这样，声誉惩罚等各类约束与监督制度才会有明确的指向，才能发挥作用。随着这一法制化进程的深入，农村合作经济中制度资本在社会资本中的比重也会加强。

第三，必须发挥地方政府在威权、信用等方面的优势，推进品牌资本建设，妥善处理农民经济理性内部的矛盾。这一点也是农村关系资本过密所提出的要求。

农民经济理性内部的矛盾给经济合作造成了若干障碍。一方面，农民存在合作的内在动力。合作是一种集体行动，可以为入社社员以相对于非社员较低的价格使用仓储、农机具等设施提供组织基础，可以使社员采取集体行动大批量少批次地购买生产资料和销售农产品，提高议价能力，降低交易成本，构成有利于农户集体行动的利益机制。但是，另一方面，中国农民天生具有的自发的风险规避意识妨碍了合作组织的发生。过去中间商和收购大户操纵市场价格而导致“谷贱伤农”的惨痛经验在他们的心中记忆犹新，使农民很难建立起对中间商和收购大户的信任关系。长期以来的小农经营习惯也使农户出自“不愿意把鸡蛋放在同一个篮子里”的思想而更愿意采用兼业的经营方式，不愿意在某一商品化的农产品上投入太多。将有限的资源分散经营必然不利于农业经营的专业化与区域化，不利于农业产业带与较高市场化水平的形成。而且，长期以来，农民对看不见的前期持续投资通常持警惕心理，而习惯于一次性交易。农民通常认为熟人之外的市场交易意味着看不见的投资风险。看得见的投资成本与看不见的市场风险的比较，使农民宁愿选择风险最小化的保守经营方式，更愿意选择在他认知之内的“熟人”，更愿意在确认存在成功范例之后再采取仿效的策略。对合作初期的龙头企业来说，他们也愿意与农户保护松散的联系结构与一次性交易的市场行为，因为这样可以避免因联系过密而造成的过高的管理成本与沟通成本，以及因沟通不够而带来的利益与决策纠纷。这样就形成了一个社会学悖论：被认为化解风险的集体行动反而因为农户的风险规避意识而难以发生。

这一矛盾的解决在当前农业产业化水平不高的条件下，在合作经济推动初期，需要政府作为外部资源大力介入。政府应发挥在威权与信用方面的优势，先在税收、财政等方面有选择性地扶植某些效益较好的重点示范合作企业，以产生信用的示范效应，打造品牌企业，增强农户对龙头企业的信任度，巩固合作关系。政府介入的程度应随着市场化水平的提高而渐次降低。并注意充分发挥非政府组织的作用。

品牌企业是品牌资本的具体化。随着品牌资本的增多，合作经济组织内部的信任也会日渐深入，社会资本存量的构成必然也会发生变化，农村合作机制也必将日渐成熟。

第六章

地区金融环境建设
——以银行卡认知和办理为例①

社会资本在当代金融社会的一个重要体现是信用制度的建设水平，直接体现为一个地区金融环境发达的程度与水平。这直接制约地区经济社会产业的发展，影响地区品牌的塑造，反映的是全国农民对现代金融工具与金融知识的普遍隔绝，说明社会信用制度从城市向农村的推广，不是一件一厢情愿的事情，既有赖于农民自身文化知识与认知能力，又有赖于整体社会信誉发展水平。这是社会一体化的直接表现。由于资料数据来源的关系，笔者在本章节以景德镇市外出务工农民对银行卡的认知与利用的情况为例，分析景德镇市的金融环境状况，并提出若干建议。

为给农民工提供方便、安全、快捷的汇款渠道，彻底解决农民工汇款

①本章节内容来源于中国人民银行景德镇市中心支行和笔者，以及原同事张铁耀一起所开展的一项课题研究报告，由中国人民银行景德镇市中心支行赞助。由研究报告摘取部分内容形成的文章已以中国人民银行景德镇市中心分行课题组的署名发表。在收录本书时笔者对原研究报告稍有增删修订。在此谨对当年一起从事研究的同仁和赞助单位，表示谢意。

本章节参考文献除正文中已有述及的之外，还有，中国人民银行支付结算司：《春节前后农民工银行卡特色服务情况分析》，《支付结算工作简报》，2007年第3期。李飞，王玉芝：《农民工金融服务状况调查》，《金融理论与实践》，2007年第3期。袁国红：《对农民工银行卡特色服务的调查与思考》，《湖南社会科学》，2006年第6期。赵卫东，陈义华：《对巴东县推广实施农民银行卡特色服务的调查》，《武汉金融》，2006年第5期。车岳：《农民工银行卡，想说爱你不容易》，《中国信用卡》，2006年第9期。赵欲飞，董清峰，兰树伟：《农民工银行卡特色服务情况调查》，《金融理论与实践》，2007年第5期。平狄克，鲁宾费尔德：《微观经济学》，中国人民大学出版社，2004年版。

难、取款难的问题，中国人民银行会同有关部门陆续在13个省市组织、开通了农民工银行卡特色服务业务，并取得了一定的效果。近日，人民银行景德镇市中心支行对景德镇市农民工银行卡服务的推广情况进行了专题调研，以此了解农民对金融工具的认知与使用状况。

6.1 工资性收入情况

一、景德镇地区农业人口比重与城市化水平分析

景德镇属内地欠发达地区。在行政区划上，景德镇市下辖一市、一县、两区，直辖县市少，总人口有限。虽然面积大，但是大都是山区，人口稀少，人口聚集的大镇和卫星城镇很少，城市化水平比较低，城市化水平在1991年到2006年发展速度很慢。从1991年的33%到2005年的37.5%，10年中城市化水平出现过倒退的现象，这反映了景德镇市最近10多年经济发展水平缓慢，与我国最近10年城市化发展速度有很大的差距，远低于全国平均水平。2006我国城市化水平为43.9%，远高于景德镇地区的38%的水平。

2006年年末，景德镇全市总人口为154.5万人，比上年年末增加0.66万人，全市人口出生率为13.37‰，死亡率为5.62‰，自然增长率为7.25‰。农业人口96.3万。城市化水平的偏低说明景德镇市在最近10多年发展速度在全国的位置，也说明近些年农业人口向非农人口的转变率降低。历年农业人口占总人口的比例变化情况如表6-1，图6-1。

表6-1　农业人口比重变化

年份	总人口(万)	自然增长率(%)	农业人口(万)	农业人口比重(%)
1992	133.86	6.02	88.96	66.46
1993	135.78	7.03	89.92	66.22
1994	136.59	6.67	90.16	66
1995	137.64	6.06	89.99	65.38
1996	139.38	5.49	91.01	65.3
1997	140.49	6.78	91.44	65.09
1998	142.30	6.72	92.39	64.93

续表 6-1

年份	总人口(万)	自然增长率(%)	农业人口(万)	农业人口比重(%)
1999	142.23	6.93	91.80	64.54
2000	143.78	20.16	92.75	64.51
2001	145.61	8.15	93.34	64.10
2002	150.64	8.17	96.25	63.9
2003	151.77	8.21	95.61	63.1
2004	152.83	8.10	95.71	62.3
2005	153.84	7.94	96.17	62.5
2006	154.5	7.25	96.3	62.3

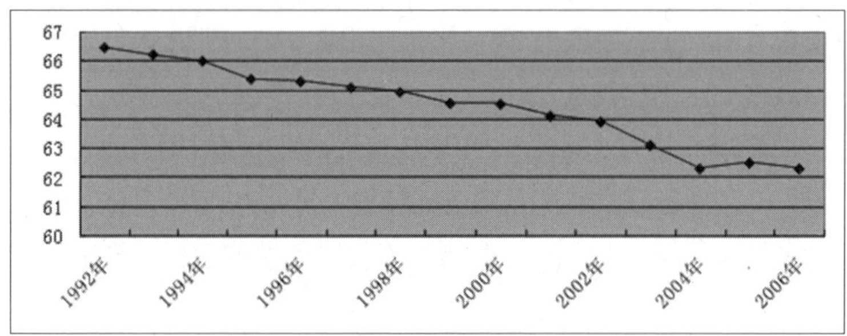

图 6-1　历年农业人口比重变化曲线图

二、景德镇地区农业产值与农民人均收入分析

近几年,景德镇市在生产总值方面,连续出现了比农业人口转化好得多的成绩。我们可考察 2003 年至 2007 年的连续数据。据官方统计公报显示,2003 年,景德镇全市实现生产总值达 140.69 亿元,按可比价格计算,比上年增长 15.6%,比全国、全省平均增速分别快 6.5 和 2.6 个百分点,创下了自 1995 年以来的最好增长水平,较 1995~2003 年年均增速高 3.9 个百分点。其中第一产业实现增加值 12.38 亿元,比上年增长 3.6%,第二产业实现增加值 76.11 亿元,比上年增长 18.1%,第三产业实现增加值 52.20 亿元,比上年增长 15.1%;全市人均生产总值达 9304 元,比上年增长 14.7%,以上年末汇率换算达 1123.7 美元,首次突破 1000 美元,标志景德镇市经济发展进入一个新的发展阶段。2004 年,景德镇全市实现生产总值 165.12 亿元,按可比价格计算,比上年增长 15.8%。其中,第一产业实现增加值 14.03 亿元,比上年增长 9.0%;第二产

业实现增加值 89.04 亿元，比上年增长 17.4%；第三产业实现增加值 62.05 亿元，比上年增长 15.0%。全市人均生产总值达 10 842 元，比上年增长 15.0%，以上年年末汇率换算达 1311 美元，突破 1300 美元。2005 年，全市实现生产总值 193.61 亿元，按可比价格计算，比上年增长 14.9%，其中，第一产业实现增加值 18.95 亿元，增长 4.2%；第二产业实现增加值 101.67 亿元，增长 15.6%；第三产业实现增加值 72.99 亿元，增长 17.1%。全市人均生产总值达 12 629 元，比上年增长 13.9%，以上年年末汇率换算达 1557 美元，突破 1500 美元。2006 年，全市实现生产总值 224.78 亿元，按可比价格计算，比上年增长 14.6%。其中，第一产业实现增加值 20.84 亿元，增长 6%；第二产业实现增加值121.58 亿元，增长 17.9%；第三产业实现增加值 82.36 亿元，增长 12.1%。全市人均生产总值达 14 582 元，比上年增长 13.9%，以上年年末汇率换算达 1869 美元。

在农业总产值方面，2003 年，全年全市农业总产值达 17.56 亿元，同比增长 3.9%，增速比上年加快 2 个百分点。2004 年，农业实现增加值 14.03 亿元，同比增长 9.0%，增速比上年加快 5.4 个百分点。2005 年，全市完成农业总产值 30.64 亿元，在上年较高基础上增长 6.0%。2006 年，全市完成农业总产值 32.98 亿元，比上年增长 5.7%。

因此，总结起来看，景德镇全市经济发展快速稳定。如表 6–2、图 6–2 所示。

表 6–2 近 4 年景德镇市生产增长情况

年份	生产总值增长率(%)	第一产业增长率(%)	第二产业增长率(%)	第三产业增长率(%)	人均生产总值增长率(%)	农业总产值增长率(%)
2003 年	15.6	3.6	18.1	15.1	14.7	3.9
2004 年	15.8	9.0	17.4	15.0	15.0	9.0
2005 年	14.9	4.2	15.6	17.1	13.9	5.4
2006 年	14.6	6	17.9	12.1	13.9	5.7

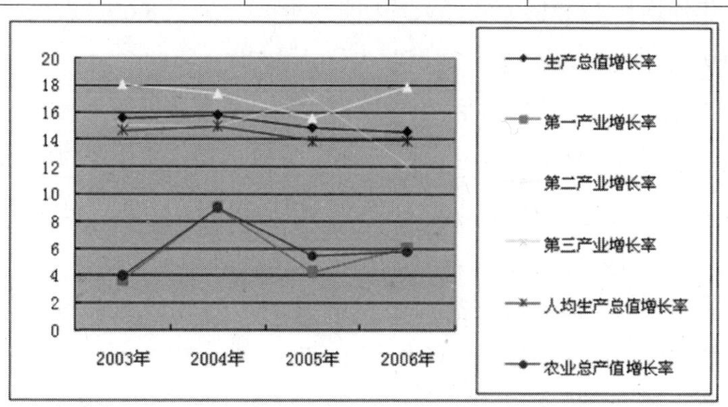

图 6–2 近 4 年景德镇市生产增长率变化曲线

在农民人均年收入方面，2003年，农民人均纯收入为2666元，比上年增长6.1%。2004年，农民人均纯收入为3226.98元，增长21.1%，增收总量和增长速度均创近7年来新高。2005年，农民人均纯收入为3589.43元，比上年增加362.45元，增长11.23%。2006年，景德镇市农民人均纯收入为3954元，比上年增长11.2%。综合看，农民收入增长很稳定。如图6–3所示。

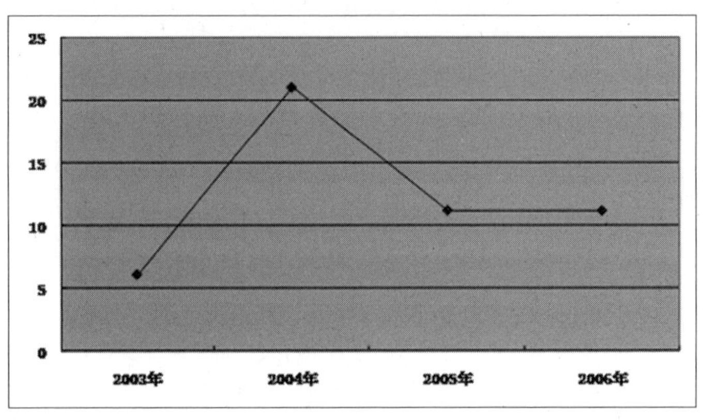

图6–3　景德镇市农民人均纯收入增长率变化曲线

三、城乡居民人均收入的比较分析

然而，要强调的是，虽然农民人均纯收入有比较快的增长，可是与城镇居民人均可支配收入的增长比较起来，还是慢得多。城乡收入差距呈扩大趋势。如，2006年，城镇居民人均可支配收入9962元，比上年增长13.5%；2003年全市城镇居民人均可支配收入6993元，比上年增加642元，增长10.1%。在整个“十五”期间，城镇居民人均可支配收入年均增长13.8%，而农民人均纯收入年均仅增长8.6%。农民收入的增速长期慢于城镇居民收入的增长，城乡居民收入之比由2000年的2.14∶1扩大到2005年的2.45∶1。以上仅为名义上的差距，由于城镇居民享受了各种福利和补贴，加上此因素，实际的城乡差距应为3~4倍。由于收入较低，农民消费水平也难以提高。2005年景德镇市农民人均消费水平为2772元，仅为城镇居民的31.6%，大致相当于城镇居民1996~1997年的消费水平。目前，城镇居民已进入万元级消费阶段，而农民仍然停留在千元级消费阶段。全市6%左右的农村家庭缺少彩电，30%~50%的农户还没有购买影碟机和手机，73%~90%的农户没有电冰箱、洗衣机和空调，90%以上的农户家中没有计算机和热水器。因此，推进新农村建设，采取各种措施促进农民收入水平的提高，统筹城乡发展，缩小城乡收入差距，已经成为各级景德镇地方政府的迫切任务，也为农民朋友们自己所认识。

由于景德镇地区农村受耕地资源减少、土地流转制度不完善、农产品价格下降以及农村非农产业发展落后的制约，农民家庭经济收入很难实现新的突破。因此，加大农村劳务输出，创造并扩大农民工资性收入，是农民增加收入最有效的出路。这是政府与农民朋友不约而同采取的共同举措，是景德镇农民大量外出务工的根本原因。目前，八成以上的农民靠外出务工来增收。

四、景德镇农民外出打工人数分析

在外出打工人数方面，近几年，景德镇全市的外出打工人数增长幅度很大，连创新高。我们考察2003年至2007年的连续数据可知这一特点。2003年，市统计局统计公报显示："景德镇市非农经济发展迅速，农村劳务经济取得较快发展。全年外出打工人员达18万人，比上年增加2万人，加上在本市城里务工2万人，共有20万农村劳力从事劳务经济，成为景德镇市农民收入的主要来源。"

2005年，景德镇市统计局发布统计公报："近几年来，我市乡镇党委、政府积极抓好"阳光工程"项目的实施，加大农民职业培训力度，提高农民职业技能，增强外出就业，稳定就业的能力，提高农民外出务工工资水平，使农民外出务工人员逐年增多，从而保持农民收入的持续增加，为农民回家创业，建设新农村夯实良好的经济基础。据统计，2005年，我市农村外出务工人员达20万人，占农村从业人员的比重由2001年的35.2%上升到41.7%，提高6.5个百分点。在全市38个乡镇中，外出务工人员占从业人员比重达到50%以上的乡镇有9个。"

2006年，景德镇统计局在统计公报中说："预计1~9月份，全市外出务工农民达到21.3万人，占农村总劳动力的47.3%。同比增加2.2万人。增长幅度为11.5%"，"据统计，景德镇市农民工总收入达到9.15亿元，同比增长17%，促进农民人均增收147元，占人均纯收入总增加额的56.1%"。

2007年4月，景德镇市统计局发布统计公报："在劳务输出工作中，全市各地成立了农村劳务输出机构，完善劳务输出信息网络，加强农村劳务输出引导。一季度，全市农村外出务工人数达到21万人，同比增长1.5万人，增长8%，其中跨省输出的人数达到17.5万人。"

因此，比较2002年至2006年的数据，全年外出打工人数9.77万增长到21.3万，增长幅度为 118.21%，翻了一倍多。

五、景德镇农民各类工资性收入分析

农民人均收入在外出打工人数增加的推动下出现了大幅增长。景德镇统计局发布统计公报，2005 年，农民住户调查资料显示，景德镇市农民人均纯收入为 3589.43 元，比上年增加 362.45 元，增长 11.23%。从分县（市、区）情况来看：浮梁县农民人均纯收入为 3218.42 元，比上年增加 303.05 元；乐平市农民人均纯收入为 3738.02 元，比上年增加 372.03 元；昌江区农民人均纯收入为 3888.41 元，比上年增加 404.43 元。从报表情况来分析，工资性收入稳步增长。农民的工资性收入由三部分构成，从其构成部分分析，一是农民家庭来自非企业组织中得到的收入增加。2005 年，景德镇市农民人均来自非企业组织中得到的收入为 394.65 元，比上年增加 27.46 元，增长 7.48%。二是农民来自本地企业中得到收入为 582.16 元，比上年增加 117.72 元，增长 25.35%。三是农民人均来自外出从业得到的收入为 687.79 元，比上年增加 45.25 元，增长 7.04%。

2006 年，农民住户调查资料显示，农民人均纯收入为 3954 元，比上年增加 364.76 元，增长 10.12%。收入结构内部有了新变化。其中工资性收入 1843.44 元，比上年增加 178.84 元，增长 10.74%，占农民人均纯收入的 46.62%。工资性收入占据主导地位。从其构成部分分析，农民的工资性收入由三部分构成，一是农民家庭来自非企业组织中得到的收入增加。2006 年我市农民人均来自非企业组织中得到的收入为 426.19 元，比上年增加 31.54 元，增长 7.99%。二是农民来自本地企业中得到收入 639.06 元，比上年增加 56.9 元，增长 9.77%。三是农民人均来自外出从业得到的收入为 778.19 元，比上年增加 90.4 元，增长 13.14%。如表 6-3、图 6-4、图 6-5 所示：

表 6-3　景德镇农民各类工资性收入表

年份 收入来源	2005 年	2006 年
从非企业组织所得收入	394.56 元	426.19 元
从本地企业所得收入	582.16 元	639.06 元
外出从业收入	687.79 元	778.19 元

2005 年农民各类工资性收入比重

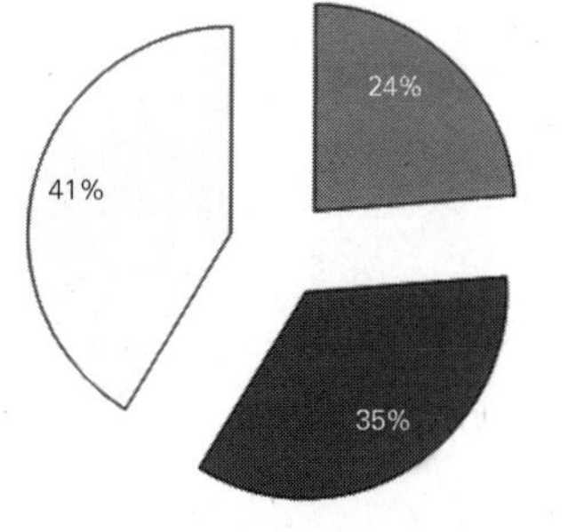

■ 从非企业组织所得收入 ■ 从本地企业所得收入 □ 外出从业收入

图 6-4 2005 年景德镇农民各类工资性收入所占比重图

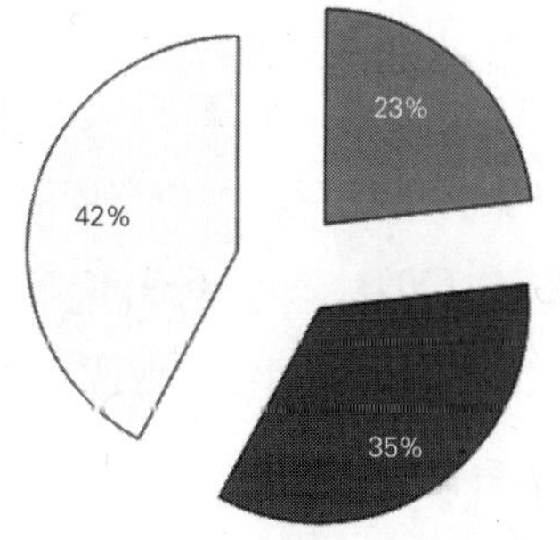

■ 从非企业组织所得收入 ■ 从本地企业所得收入 □ 外出从业收入

图 6-5 2006 年景德镇农民各类工资性收入所占比重图

从图 6-4、6-5 中，我们可以看到近两年在农民各类工资性收入中，外出打工收入占最大的比重，并且略有增长，占主导地位。总而言之，归纳起来一句话：工资性收入占农民人均纯收入的最大比重，是农民人均纯收入的主导；外出打工收入占工资性收入的最大比重，是工资性收入的主导。可见外出打工收入对景德镇农民增收的重要性。从总值上看，全市农民的工资性收入总额约 17.75 亿元，离开本市外出打工创造的收入总额约 7.5 亿元。

全市农民的工资性收入 = 农民人均工资性收入 × 农业人口总数

= 1843.44 元 × 96.3 万

= 17.75 亿

外出打工创造的收入总额 = 农民人均外出从业收入 × 农业人口总数

=778.19 元 × 96.3 万

=7.5 亿

6.2 银行卡特色服务推广情况多元比较分析

一、景德镇农民工银行卡特色服务推广概况及其与全国普遍水平的比较分析

为切实贯彻落实党中央、国务院关于“三农”工作和建设社会主义新农村战略部署，改善农村金融服务，拓宽农村支付结算渠道，方便农村外出务工人员异地存取款，景德镇各级相关单位根据人民银行的统一部署，于 2006 年 9 月 29 日起，在全市 106 个农村金融网点柜台相继开通银行卡跨行取款和查询业务。截至当年年底，全市农村信用社营业网点的开通率实现了 100%。如表 6–4：

表 6–4 景德镇市农村信用社营业网点的开通情况表

受理地区	辖内农信社县级以下地区营业网点总数(个)	已开通的营业网点数量(个)	覆盖率(%)
乐平市	39	39	100
浮梁县	29	29	100
昌江区	22	22	100
合计	90	90	100

人民银行景德镇中心支行制定并设计了宣传材料，利用在农民工春节集中返乡时期，加强了宣传工作，努力增加业务交易量和交易金额，提高交易成功率，工作取得了明显的成效。农民工银行卡业务从无到有地开展起来，交易量稳中有升。如下表 6–5、图 6–6 所示：

表 6–5 景德镇全市农民工银行卡特色服务 2007 年 1~6 月交易情况

月份	交易笔数（取款 + 查询）	交易金额（万元）	成功交易笔数	交易成功率(%)
1 月	266	46	253	95
2 月	316	58	303	96
3 月	365	64	345	95
4 月	366	34	353	96
5 月	423	38	410	97
6 月	521	64	511	98
合计	2257	304	2157	96.17

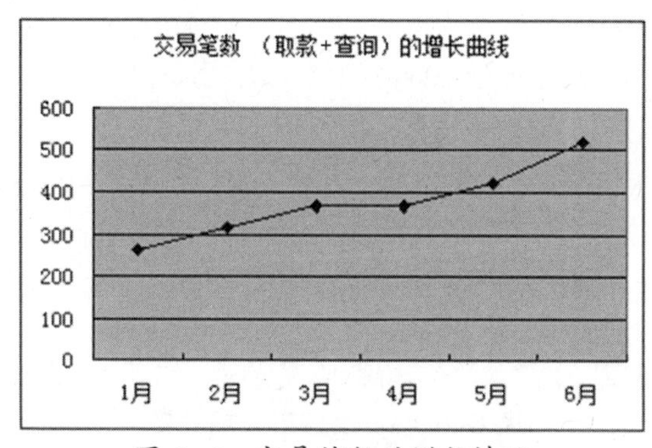

图 6–6 交易笔数的增长情况

从图 6–6 中可以看到，虽然农民工银行卡特色服务的交易情况有很强的季节性，但是交易笔数仍然稳中有升。可见这项服务在农民心目中的印象在逐渐加深。尽管这个过程很缓慢。

从每笔交易的具体情况看，平均每笔交易金额为 1346.92 元。交易成功率是 96.17%。这个数值与江西全省 2007 年 1 月 1 日至 2 月 25 日的情况相当。江西全省在此期间的交易笔数（取款 + 查询）是 36 038 次，成功交易笔数是 34 804 次，交易总金额是 24 592 284 元，平均每笔取款金额是 1546.59 元，交易成功率是 96.58%。

与全国平均的交易水平进行比较可以发现，景德市农民工银行卡交易水平也是很不错的。全国截至 2007 年 2 月 25 日，贵州、湖南等 13 个省市交易总笔数为 66.8 万笔，取款交易金额为 3.15 亿元，平均每笔交易金额为 471.56 元，其中 2007 年 1 月 1 日至 2 月 25 日，交易笔数为 31 万笔，取款交易金额为 1.77 亿元，平均每笔交易金额为 377.42 元。以上是景德镇全市农民工银行卡特色服务推广情况中值得肯定的一面。

下面我们来分析通过农民工银行卡实现取款总金额占全市农民工外出打工收入总额的比重。在前面的分析中，我们已经知道景德镇全市2007年上半年农民工银行卡服务交易金额总数为304万元，我们大概可以推算全年交易金额总数为304万元×2。而全市农民工所创造的外出打工收入总额为7.5亿元，就可以发现，通过农民工银行卡实现取款金额总数只占其中的微不足道的0.81%。

景德镇市总取款金额占比＝(304万元×2)/7.5亿元

这个比值说明农民外出打工收入的返乡流动绝大多数采取了其他途径，也说明对农民工银行卡特色服务的推广普及是一件持久的工作。

但是，我们不能简单地否认景德镇各级部门的工作力度。因为0.81%这个比值单方面地看是比较低的，但是，如果把这个比值与全国普遍水平相比较，还是大致相当的。自农民工银行卡特色服务于2006年下半年开通以来，截止到2007年2月25日，贵州、湖南等13个省市的取款交易金额也仅为3.15亿元。由于我们目前难以准确推算这13个省市农民工外出打工创造的全部收入，但是，试想一下，像景德镇这样一个总人口只有154万的地区，农民工外出打工创造的一年全部收入就有7.5亿元，可以想象得到13个省市的农民工外出打工一年创造的全部收入数值是何等庞大。为了大致地说明这个问题，我们可以粗略地用13个省市人口总数(见表6-6)来进行推测。

表6-6　13个省市人口总数

山东	福建	重庆	江苏	湖南	江西	四川	陕西	云南	河南	广西	贵州	湖北	合计(万)
9214	3511	2774	7432	6164	4217	8750	3705	4415	9717	4850	3904	6031	74684

已知景德镇市总人口数与13个省市人口总数，又已知景德镇市农民工外出打工总收入，可以粗略推算13个省市农民工外出打工总收入：

13个省市农民工外出打工总收入＝13个省市人口总数/景德镇市总人口数×景德镇市农民工外出打工总收入＝3637亿元

进一步，我们又已知自开通以来截至2007年2月25日，贵州、湖南等13个省市的取款交易金额为3.15亿元，于是我们可以得知总取款金额占比：

13个省市总取款金额占比＝3.15亿元/3637亿元＝0.86%

将景德镇市与13个省市总取款金额占比相比较，发现基本持平，略微弱势。说明景德镇市的推广工作还是可以的。

二、对农民工银行卡特色服务推广程度的问卷调查与横向比较分析

反映农民工银行卡特色服务推广情况的参考指标除了网点覆盖率与实际交易等各项数值外，我们还可以用农民对农民工银行卡特色服务的认知程度来进行横向比较，以加深我们对现实情况的了解。

为了解该项业务的进展情况，人民银行景德镇市中心支行于近期对基层信用社、农民工、农民居民进行了调查走访，对百户农民工进行随机抽样调查，参与调查的农民工基本情况是：男性约65%，女性约35%；初中以下文化程度约55%，高中文化程度40%，高中以上文化程度5%；30岁以下约42%，30～40岁约38%，40岁以上约20%。打工地区结构是：上海和江浙地区约40%，珠江三角洲地区约30%，中部地区约15%，北部地区约10%，西部地区约5%。务工性质结构是：制造业企业工人约45%，建筑业劳工约30%，商业及其他服务业雇工约15%，个体或其他自主经营业约10%，其他行业约5%。结果显示，53%的农民工全然不知该项特色服务的存在，39%的农民工知道有该项特色服务，但不知该项服务究竟是干什么的，仅有8%农民工对该项特色服务了解。另外，超过72%的农民工携带大量现金返乡，23%的农民工选择传统邮政或银行汇兑，仅有5%的农民工携卡返乡享受该项服务。这一情况说明广大农民工对金融知识的淡薄。

在其他欠发达地区，如，在陕西华阴市，从2006年11月1日华阴市农村信用社在全辖23个营业网点全部开办了此项业务以来，截止到2007年3月15日，全辖共办理该项业务5笔，金额约3万元，全部是联社营业部办理，其他22个营业网点未办理1笔业务，特色服务备受“冷落”。在农户调查中发现，农民工对特色服务的认知度低：对持银行卡到什么地方取款才能享受特色服务以及特色服务如何收费等有所了解的仅18人，不了解的76人，办理过特色服务的仅3人。

我们可以比较将景德镇市与华阴市进行横向比较，如下表6-7，图6-7、6-8所示：

表6-7　两地农民认知调查情况

地区 不同认知程度	景德镇地区（人）	华阴市（人）
完全不了解的人数	53	76
有一点了解的人数	39	18
比较了解的人数	8	3

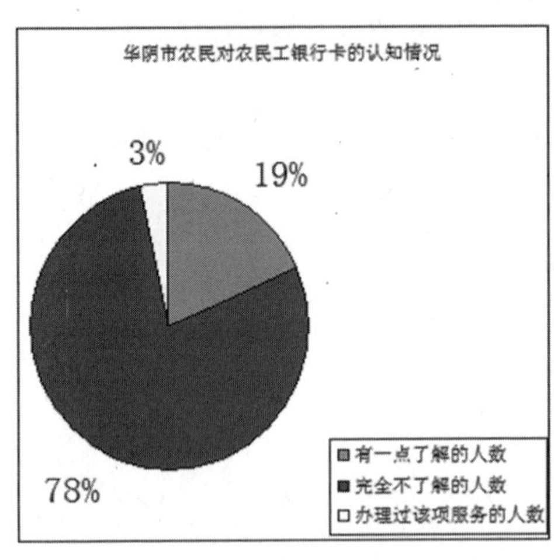

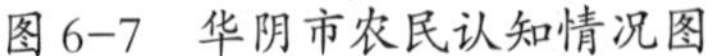
图 6-7　华阴市农民认知情况图

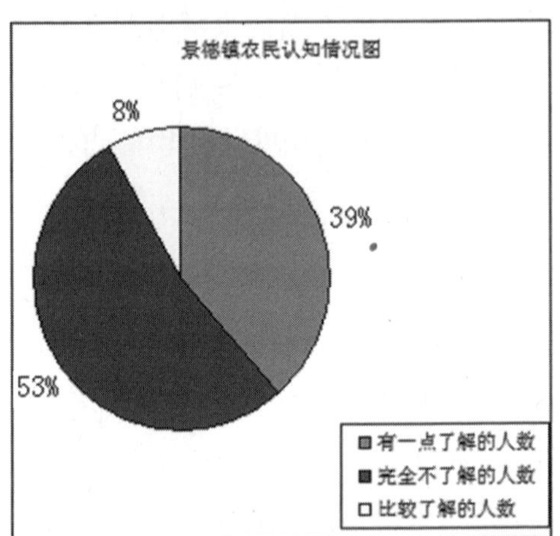

图 6-8　景德镇市农民认知情况图

比较两地的情况，可以发现，景德镇的情况虽然在绝对认知人数上很不理想，但是，如果与华阴市进行比较，相对而言，情况还略好一些。

我们进一步扩大比较区域。

在陕西省最近进行的一次抽样调查显示，对这项服务，受访者 23%听说过，77%没听说过；12%知晓办卡程序和使用方法，88%对操作规则和安全用卡知识不知道。

在苏南某市农村，受访者 23%听说过农民工银行卡特色服务，77%表示没听说过，88%对操作规则和安全用卡知识不知道。苏南发达地区尚且如此，可想而知其他欠发达地区此项业务的开展情况。

以陕西凤县唐藏镇曹家庄村为例，全村现有村民 376 人，去年外出务工人员 136 人，年收入近百万元，全部是通过邮局汇款或随身携带回家乡。在接受调查的 31 位农民工中，有 29 位不知道农民工银行卡特色服务，有 2 位是在回乡后看到农村信用社的宣传横幅才知道，但没当回事。

在苏北宿迁市，调查显示，约 34.2%的被调查者从未使用过银行卡；仅有 25%的被调查者自认为“比较了解农民工银行卡的服务内容、收费标准”；而 28%的被调查者不知道已开通农民工银行卡特色服务，对相关信息一无所知。

河南省开封市杞县于镇是一个相对繁华的乡镇，但它距离县城却有 30 多公里，商业银行也没在此设立机构，农村信用社是当地唯一的金融机构。但是，记者在采访中也了解到，众多的农民由于知识所限，对银行卡的功能和使用方法不甚了解，用卡意识不强。多数农民连一张商业银行卡都没有办过，更别说享受农民工银行卡特色服务。

在重庆彭水县，在接受问卷调查的 310 名农民工中，仅有约 28.06%的农民工表示知道有农民工银行卡特色服务，约达 71.94%的农民工表示不知道有农民工银行卡特色服务；仅有约 17.10%的农民工表示，当前或今后会选择使用银行卡特色服务功能，约10.97%的农民工知道农民工银行卡特色服务的具体内容，约 4.19%的农民工使用过农民工银行卡特色服务功能。当被问及"是否了解农民工银行卡特色服务操作规则及可能出现的交易风险时"，竟然 310 人全选择了"否"。

综合上述情况可知，景德镇农民对农民工银行卡特色服务认知水平的低下，不是某一地或几地的个案，而是全国的普遍现象，反映的是全国农民对现代金融工具与金融知识的普遍隔绝。说明社会信用制度从城市向农村的推广，不是一件一厢情愿的事情，不能仅用自上而下的方法来进行，其中的原因很复杂，有农民自身文化知识与认知能力的局限，也有整体社会信誉匮乏的消极影响。原因不一而足。

6.3 影响银行卡特色服务推广因素的经济模型分析

一、对农民工决策行为出发点的基本假设

西方经济学家指出，所谓的"理性人"的假设是对在经济社会中从事经济活动的所有人的基本特征的一个一般性的抽象。这个被抽象出来的基本特征就是：每一个从事经济活动的人都是利己的。也可以说，每一个从事经济活动的人所采取的经济行为都是力图以自己的最小经济代价去获得自己的最大经济利益。在经济学说史上，亚当·斯密明确地把自私自利的经济人确定为经济分析的出发点。正因如此，他才能够出色地描绘出通过市场配置资源的机制。后来，随着经济学理论的发展，经济人假设逐渐演化为理性人假设，强调经济主体总是追求其目标值或效用函数的最大化，并且取得了巨大的成功。虽然此观点受到了众多学者的怀疑甚至驳斥，但仍被大多数经济学家所认同。这是因为，理性人假设恰好描绘了日常经济活动及其他一些活动中大多数人的实际情况。据此可知，我们的农民工也是理性人，他们的行为是理性的行为，当然只有在农民工因这项服务所带来的效用超越其因这项服务所付出的成本时，农民工才会接受。这说明农民进行行为决策的出发点是他能不能获得切实的好处，或者说

获得了效用。为此,我们可以设计下面的简单模型,做一个简单的分析。

$$C(V,E,P)=\Sigma V*E-\Sigma P=(>或<)0$$

模型中 C(V,E,P)表示个人获得效用净值,ΣV*E 表示个人效用,它表示的是一个人心里对某个结果的价值的评估。该值的最小值是 0,在本文中,则表示农民工在接受农民工银行卡特色服务所能获得的效用总和。ΣV 表示个人效价,指的是个人对某种结果所感受到的满足程度,在本文指农民工银行卡特色服务的各项功能分别能给农民工带来的效用值。E 表示达到某种结果的可能性,在本文指农民工银行卡各项功能结果出现的可能性,它是一种主观概率,取值为 0~1。

ΣP 表示的是个人成本,包括个人付出的直接成本和个人的机会机会两个部分。个人付出成本指的是个人为得到某一结果所需要付出的个人努力水平,包括生理付出(生理付出指体力上的支出和脑力上的支出)和心理付出(心理付出包括:心理压力、情感、人际关系等),在这里指农民工因使用农民工银行卡所付出取款手续费用、因机器故障导致取款失败而带来的情感上的折磨以及因此而发生的交通费用等损失。机会成本指的是个人为了完成该结果而不得不放弃当期满足自己其他的需求的机会。这里指农民工因接受农民工银行卡特色服务,而放弃使用邮政汇款等其他类似服务机会所能带来的效用。个人机会成本的公式与个人效用类似,也可以用 ΣVp*Ep 表示。ΣVp 表示个人不得不放弃的结果的满足程度,Ep 表示个人预期的到达这个结果的可能性。当 $\Sigma V*E-\Sigma P<0$ 的时候,农民工会认为接受农民工银行卡特色服务这项业务是不划算的。只有当 $\Sigma V*E-\Sigma P\geqslant 0$,即效用净值大于或等于零的时候,农民工才有可能接受农民工银行卡特色服务这项业务。而事实上,农民工从农民工银行卡特色服务中获得效用或都说获得好处有没有呢?这是研究的出发点。

二、实证分析

春节期间是打工农民返乡高峰期,也是外出务工人员汇款量最大、刷卡次数最多的时期。这一时期的农民持卡交易情况,最能体现银行卡在基层农村是否给农民带来了便利,服务质量是否打折的问题。2007 年 2 月底,我们实地调查了两个乡镇的农行、农村信用社和邮政储蓄营业网点办理的农民工汇款业务情况,走访了部分打工人员或家属,并就打工人员支付结算业务情况发出和回收了约 100 份问卷调查表。同时,从市政府、市内各金融机构统计了全市农民工办理的银行卡、存折结算账户数量和 2006 年 9 月以来汇回的打工收入情况、打工存款支取情况等,基本上掌握了景德镇市农民工汇款结算方式运用和农民工支付结算业务应用情况以及其中存在的主要问题，对景德镇市农民工汇款数额、汇款方式及其与各大金融机构的交易情况做了调查分析，对全市农村金融资产的总体状况有了较为清晰的数据认识。以此为基础，我们进一步探究农民工素质、农民工银行卡特色服务的金融网点数量、参与农民工银行卡特色服务的银行数量及机器故障率与农民工银行卡特色服务交易金额的关系。只有弄清了这些关系，我们才能从中找出其固有的规律，这才是本文研究的核心问题。

1. 数据说明与变量选取

本部分将依据现有的中国人民银行景德镇市分行对农民工银行卡特色服务进行调查所积累的数据，从实证的角度对景德镇市农民工银行卡的各大影响因素与农民工银行卡特色服务的发展之间的关系，进行相关数理分析。考虑到选取变量的可行性、可比性的基本要求，经过初步筛选，在各大影响因素方面，选取高中以上文化水平的外出务工人员数量（□GW）、进行农民工银行卡特色服务的金融网点的数量（□JW）、邮政储蓄银行网点的数量（□YS）、机器故障率（□JL）、农民工银行卡特色服务受理机构的数量（□CS）作为研究变量；在农民工银行卡特色服务的发展方面，考虑到农民工银行卡特色服务的交易金额最能体现农民工银行卡特色服务的发展，所以我们选取交易金额（□JJ）作为研究变量。实证分析所需的相关数据均采用月度数据，样本期间为 2006 年 9 月至 2007 年 6 月，并根据需要进行了相关的计算和整理。同时，为了保证数据分析的平稳性和可用性，本部分对所有选取的变量均采取自然对数的形式。

2. 实证检验

(1)平稳性检验。以时间序列数据为依据的实证研究，都是假定有关变量为平稳序列，否则会导致谬误回归问题的出现，所以必须首先对各变量进行平稳性检验。通过滞后阶数的选取，采用可消除残差自相关的 ADF 单位根检验法，分别对变量□GW、□JW、□YS、□JL、□CS 和□JJ 及其一阶差分序列△□GW、△□JW、△□YS、△□JL、△□CS 和△□JJ 进行平稳性检验。上述变量的 ADF 检验结果如表 6-8 所示。

表 6-8　各变量的 ADF 检验结果

变量	ADF 检验值(C,T,N)	临界值			结果
		1%	5%	10%	
□GW	－1.5576(C,T,1)	－5.8462	－4.2865	－3.6521	有单位根
△□GW	－4.1511＊(C,0,1)	－4.3242	－3.3165	－2.7451	无单位根

续表 6-8

变量	ADF 检验值(C,T,N)	临界值			结果
		1%	5%	10%	
□JW	-3.7026(C,T,1)	-5.4891	-4.2054	-3.4152	有单位根
△□JW	-5.4532*(C,0,1)	-5.9856	-4.3516	-3.6015	无单位根
□YS	-2.5132(C,T,1)	-5.7326	-4.0161	-3.6057	有单位根
△□YS	-3.2535*(C,T,0)	-3.0121	-2.0236	-1.5984	无单位根
□JL	-3.4736(C,T,1)	-5.7894	-4.2321	-3.5864	有单位根
△□JL	-3.9564*(C,0,0)	-4.8526	-3.4562	-3.8645	无单位根
□CS	-2.5017(C,T,1)	-5.9612	-4.2554	-3.6014	有单位根
△□CS	-3.3015*(C,0,1)	-2.9516	-2.1023	-1.6012	无单位根
□JJ	-2.4547(C,T,1)	-5.7645	-4.3015	-3.6543	有单位根
△□JJ	-3.2634*(C,0,1)	-2.9546	-2.2356	-1.6489	无单位根

说明:检验形式(C,T,N)分别表示单位根检验方程包括常数项、时间趋势和滞后项的除数,△表示差分算子,*表示在5%的置信水平下无单位根。

由 ADF 检验结果可知,在 5%的显著水平下,变量□GW、□JW、□YS、□JL、□CS和□JJ 绝对值均小于 5%临界值的绝对值,这表明变量□GW、□JW、□YS、□JL、□CS和□JJ 均存在着单位根,也即说明这些序列都是非平稳时间序列。但是对于它们的一阶差分而言,ADF 绝对值均大于 5%临界值的绝对值,这表明变量□GW、□JW、□YS、□JL、□CS 和□JJ 的差分序列均不存在着单位根,也即是说明这些序列都是平稳时间序列 I(0),因此变量□GW、□JW、□YS、□JL、□CS 和□JJ 都是一阶单整时间序列 I(1)。

(2)因果关系检验。为了进一步研究变量之间的因果联系,本文采用 Granger 双变量因果关系检验法,通过建立二元自回归模型以讨论模型中各变量之间的影响大小。检验结果如表 6-9 所示。

表 6-9　关于影响农民工银行卡特色服务的各大因素与农民工银行卡特色服务发展(交易金额)之间的 Granger 因果检验

零假设 HO	最优滞后期	F－统计量	概率值 P	是否因果关系
□GW 不是□JJ 的原因	2	19.8546	0.0192	是
□JJ 不是□GW 的原因	2	4.3514	0.1851	否
□JW 不是□JJ 的原因	2	5.9854	0.0361	是
□JJ 不是□JW 的原因	2	1.9586	0.3658	否
□YS 不是□JJ 的原因	2	10.2354	0.0431	是
□JJ 不是□YS 的原因	2	0.3778	0.7018	否
□JL 不是□JJ 的原因	2	5.0954	0.0484	是
□JJ 不是□JL 的原因	2	0.0664	0.7984	否
□CS 不是□JJ 的原因	2	11.5682	0.0354	是
□JJ 不是□CS 的原因	2	0.3946	0.6972	否

说明:表中的概率值是零假设成立的概率值;判别标准是当确定 5%的显著水平后,概率值大于 5%的接受零假设,否则拒绝零假设。

从表 6-9 可知,在 5%的显著性水平下,检验结果分别接受了高中以上文化水平的外出务工人员数量(□GW)、进行农民工银行卡特色服务的金融网点的数量(□JW)、邮政储蓄银行网点的数量(□YS)、机器故障率(□JL)、农民工银行卡特色服务受理机构的数量(□CS)是农民工银行卡特色服务的发展(□JJ)的主要原因。这表明,高中以上文化水平的外出务工人员数量、进行农民工银行卡特色服务的金融网点的数量、邮政储蓄银行网点的数量、机器故障率、参与农民工银行卡特色服务的银行数量的变化均能显著影响农民工银行卡特色服务的发展。

(3)协整检验。单位根检验的结果已经表明,所有变量都是一阶单整序列 I(1),意味着它们都具备构造具有某种长期均衡关系的协整方程。因此,我们接下来将利用 Johansen 协整检验方法来验证□JJ 与□GW、□JW、□YS、□JL、□CS 之间是否存在协整关系,并进一步确定相关变量之间的符号关系。其检验结果如表 6-10 所示。

表 6-10 □GW、□JW、□YS、□JL、□CS 与□JJ 的 Johansen 协整检验

假设的协整关系	特征值	迹统计量	5%临界值	概率值
0*	0.9910	64.6679	35.1927	0.0000
最多 1 个 *	0.9637	50.0590	30.2416	0.0005
最多 2 个 *	0.8819	40.5637	25.3468	0.0007
最多 3 个 *	0.8498	30.6071	20.2618	0.0013
最多 4 个 *	0.7293	22.1821	15.2456	0.0223
最多 5 个	0.4337	5.1182	9.1645	0.2707

说明:* 表示在 5%的显著水平下拒绝零假设。

表 6-10 的检验结果表明,在 5%的显著水平上,变量□JJ 与□GW、□JW、□YS、□JL、□CS 之间存在协整关系,通过对具有协整关系的变量进行进一步估计,可以建立如下标准化的协整方程:

□JJ=-9.8457+1.4538□GW+1.0351□JW-0.8413□YS-0.4262□JL+1.2534□CS

(-2.7546)(5.5842)(3.9846)(-2.2346)(-1.5313)(4.5816)

协整方程(1)表明在农民工银行卡特色服务中,高中以上文化水平的外出务工人员数量、进行农民工银行卡特色服务的金融网点的数量、邮政储蓄银行网点的数量、机器故障率、农民工银行卡特色服务受理机构的数量与农民工银行卡特色服务的发展存在着期稳定的均衡关系。从长期来看,高中以上文化水平的外出务工人员数量每增加 1%,会导致农民工银行卡特色服务交易量增加 1.4538%,说明农民工的个人素质的提高,直接影响着农民工银行卡特色服务的推广。同样,进行农民工银行卡特色服务的金融网点数量每增加 1%,会导致农民工银行卡特色服务交易量增加 1.0351%,农民工银行卡特色服务受理机构的数量每增加 1%,则会导致农民工银行卡特色服务交易量增加 1.2534%,说明金融网点的数量多少和参与农民工银行卡特色服务的银行家数,决定着给农民带来方便的多少及节约农民取款成本的高低。而邮政储蓄银行网点的数量每增加 1%,则会使农民工银行卡特色服务交易量减少 0.8413%,这说明由于邮政汇款费率较低,直接地影响了农民工银行卡特色服务的推广应用。最后,机器故障率每增加 1%,也会导致农民工银行卡特色服务交易量减少 0.4262%,说明机器故障率的高低,直接影响着农民工对农民工银行卡特色服务的信心。

6.4 政策建议

基于对农民工决策行为出发点的认识和上文对实地情况的调查以及对实地调查所进行的实证研究与分析，针对当前农民工银行卡特色服务推广过程中存在的现实问题与缺陷，我们认为，要将中央关于农民工银行卡特色服务的政策落到实处，实现农民工银行卡特色服务的迅速发展，必须从降低农民工实施成本，提高农民工实际效用的角度出发来采取相关的措施，以促进农民工银行卡特色服务的健康发展。

第一，增加农民工银行卡特色服务受理机构，将邮政"绿卡"纳入农民工银行卡特色服务受理机构之列，以扩大农民工银行卡的受理面。从我们的实证研究结果可以看到，农民工银行卡特色服务受理机构的数量每增加1%，则会导致农民工银行卡特色服务交易量增加1.2534%，这说明农民工会因农民工银行卡特色服务受理机构的增加，而增加取款的便利性以及降低取款的成本。而我们还应看到，邮政储蓄银行网点的数量每增加1%，则会使农民工银行卡特色服务交易量减少0.8413%，这说明由于邮政汇款费率较低，比农民工银行卡更能为农民工带来切实效用。更何况农民工一直使用邮政汇款，对邮政业务有着特殊的感情，觉得邮政"绿卡"显得更亲近。更容易被接受，而且在农村地区也具备一定的规模。"绿卡"的加入，必将对农民工银行卡的推广使用起到积极的促进作用。

第二，降低农民工银行卡收费标准，使农民工能切实感受到农民工银行卡所带来的好处。农民工银行卡的承办机构，要真正看到农村及农民工是银行卡最广大的市场，合理制定收费标准，不断壮大农村银行卡市场。

第三，完善其技术设计，减少机器故障率。从上文的实证研究可知，机器故障率每增加1%，也会导致农民工银行卡特色服务交易量减少0.4262%，说明机器故障率的高低，直接影响着农民工对农民工银行卡特色服务的信心，所以，从技术上完善农民工银行卡特殊服务的网络运行环境，提高交易成功率，必将有力地促进农民工银行卡特殊服务的发展。此外，目前推出的农民工银行卡，既没有全面满足农民工的实际需求，也无法辨别农民工的身份，使一些非农民工的持卡者，享受的也是农民工的优惠收费，从而挤占了金融机构的利润，影响了金融机构现行的收费空间。为此，政府应当设立一个较为完善的标识系统，以实现对农民工身份的识别，增加金融机构实施农民工银行卡特色服务计划的决心。

第四，加大金融知识下乡宣传力度，组织必要的简单培训。从实证研究的结果我们知道，从长期来看，高中以上文化水平的外出务工人员数量每增加1%，会导致农民工银行卡特色服务交易量增加1.4538%，说明农民工的个人素质越高，越容易理解农民工银行卡特色服务的含义，并越容易学会去利用它，为自己增加效用。而事实上，农民工素质普遍较低，他们不热心甚至不愿意过多地了解金融知识，普遍认为金融知识离他们的生活很"遥远"，知不知道都无关紧要。调查中，我们深刻地感受到，金融知识匮乏，是制约农村经济发展的一个重要因素。金融知识下乡，刻不容缓。当然要提高农民的素质，是要靠大力发展教育来实现的，但这不是一天两天就能解决的问题，而是一个长期的过程。所以从目前来看，只有加大金融知识下乡宣传力度，组织必要的简单培训，以增加农民工对金融产品的认知能力。

第五，加快农村信用社联网通兑，解决农村汇兑畅通问题。我国农村信用社点多面广，服务着农村经济和千家万户，只有尽快解决农村信用社的全国通存通兑，让农民工切实感觉到农民工银行卡特色服务的方便性，才能从根本上解决农民工汇兑的问题，促进农民工银行卡特色服务的发展。

第六，酌情提高农民工银行卡取款上限，以方便偏远农民的取款。特色服务的宗旨是让农民工享受优惠的金融服务，因此，提高每天累计取款的限制，还特色服务之"真谛"，让农民工真实享受农民工银行卡特色服务的实惠。

第七，适当增加农民工银行卡特色服务的金融网点，配置ATM自动柜员机，为农民工提供更大的方便。从实证研究中我们知道，进行农民式银行卡特色服务的金融网点数量每增加1%，会导致农民工银行卡特色服务交易量增加1.0351%，进行农民工银行卡特色服务的金融网点数量每增加1%，会导致农民工银行卡特色服务交易量增加1.0351%，农民工银行卡特色服务的金融网点数量的增加，和农民工银行卡特色服务受理机构的数量一样，可以增加农民工取款的便利性以及降低取款的成本。当然，配置ATM自动柜员机也可以收到同样的效果。这说明通过多方努力，真正使得农民工一卡在手，在家乡地可以"享受无限"，无论存款、取款、查询、挂失还是转账，也无论是在信用社柜台，还是在商业银行柜台，或者在任意柜员机上，都可以使农民工沐浴到特色服务的"阳光"。

本章虽然讨论的是农民工对银行卡的认知和使用的情况，但是调研反映了一个事实：景德镇的金融环境并不佳，整体社会对金融常规服务利用率不佳。其原因可总结为:①农民的整体文化水平不高;②整体社会信誉度比较低,影响到农民对金融工具的信任。这也暗示到一个问题,区域品牌作为一个没有产权归属的品牌,谁愿意为它承担责任?谁愿意为它的后果买单?这令消费者难免心中存疑。这说明,社会环境存在的相互不信任才是区域品牌发展最大的敌人。这一点结论与前面社会资本分析一章的观点具有异曲同工之妙。

第七章

品牌系统建设①

区域品牌是一个复杂的系统,包含了若干个子品牌,共同构成一个完整区域品牌体系。区域品牌价值受到子品牌价值的密切影响。在区域品牌经营的过程中,要求科学地评价其经营绩效,要求准确地考察区域品牌资产价值的变迁,而且,要求经营绩效的评价能做横向比较,因为只有比较,才能判断优劣。这些都要求对区域品牌经营建立起有效的动态评价机制,为制定区域产业集群的协同发展对策提供参考依据。

7.1 区域品牌构成的系统模型

区域品牌是产业集群发展到高级阶段的表征。波特教授(2002)认为,产业集群作为在某一领域内互相联系的,在某一地域内相对集中的关联产业、企业和机构的联合,其形成机制通常是某一核心产业先得到较大发

①本章节参考文献除正文中已有述及的之外,还有:[美]迈克尔·波特《竞争论》. 中信出版社,2003 年版。卢杰:《产业集群竞争力评价的理论基础与模型构建》,《统计与决策》, 2008 年第 19 期。于正东:《基于比较优势的长沙市区域品牌体系构建》,《统计与决策》. 2007 年第 7 期。张春明:《产业集群品牌力的模糊灰色评价》.《西安科技大学学报(社科版). 2008 年第 9 期。刘善庆:《基于 AHP 的特色产业集群竞争力分析》.《中国软科学》. 2005 年第 8 期。

展，在周边地区形成比较明显的产业优势，以此为基点，带动关联产业的发展与集聚。因此，区域品牌的形成，通常是首先形成核心产业的原始地域品牌，尔后，依循公共品牌的扩散效应与晕轮效应，辐散到其他产业，形成关联产业的地域品牌，最终建构起一个相对完整的品牌体系。例如，景德镇区域品牌包括景德镇陶瓷制造业品牌、陶瓷文化品牌、陶瓷旅游业品牌等。上海城市品牌包括上海制造业品牌、金融业品牌、航运业品牌，以及海派文化品牌等。因此，区域品牌实质上是一个品牌体系，区域产业品牌是区域品牌体系的基石，区域品牌是关联区域产业品牌协同发展的结晶，二者都属于公共品牌。

由于产业不是社会经济活动的主体，产业自身不能实现集聚，企业作为社会法人决定了产业集聚必须依赖于企业才能实现。根据企业与产业集群的关系，学界对产业集群有多种分类方式，如，Markusen（1996）将产业集群分为马歇尔式、轮轴式、卫星平台式、国家力量依赖式等；Alex（1997）将产业集群分为创新链式与产品链式；张明龙（2008）等将产业集群分为核心企业主导型、区位优势主导型、科技创新主导型等。综论各种产业集群，不容否认的是，其一，企业是产业集聚的活动主体，先有企业集聚，后有产业集聚；其二，区域品牌是建立在企业品牌与企业产品品牌之上的品牌体系，私有品牌的逐利行为是构筑公共品牌的基石与动力。对此于正东（2007）教授也有类似的观点。

因此，本文试描绘区域品牌系统模型如图 7–1。

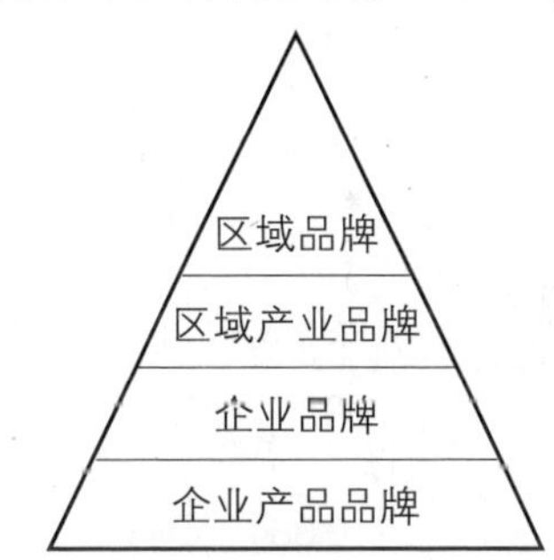

图 7–1　区域品牌的金字塔系统模型

7.2　区域品牌经营绩效的动态评价

当前，海内外还没有人提出专业的区域品牌经营绩效的评价方法，相近似的关于产业集群竞争力的评价方法有层次分析法(AHP)、熵值法及组合赋权法，以及 Padmore 和 Gibson 的 GEM 模型法，张春明（2008）的模糊灰色综合评价法，卢杰（2008）的集群协同竞争力评价法等。其中许多方法或者随意性大，或者指标定性，计算烦琐，难以操作，或者不能横向比较，没有现实意义。

本文综合考量、借鉴前人成果，认为，科学评价区域品牌的经营绩效，必须以系统论为指导，必须以产品品牌、企业品牌、区域产业品牌的表现为主要指标，将模糊评价与定量评价相印证，建立起区域品牌评价指标体系。因此，本文以于正东教授的模型为基础，建立 4 个大类 8 个小类的区域品牌评价指标体系，如表 7–1。其中“国家级名牌”包括“中国名牌”“中国驰名商标”“中国出口名牌”和“国家免检产品”等，“省级名牌”内涵也一样。表中所有的指标数值都是同类的增长率，都是相对值，都可从调查中获取。权重表示各指标对区域品牌的影响力，其数值由专家组打分予以确定。最后得出的综合评价结果反映的是该区域品牌的经营绩效，即品牌资产是在升值还是在缩水，变化的幅度是多少，若结果数值大于零，即表示该区域品牌资产在升值。这个数值也是一个相对值，而不是绝对值，这样它就可以直接与其他同行业的区域品牌进行横向比较，以衡量该区域品牌经营的好坏。

表 7–1　区域品牌评价指标体系

大类指标	权重	分层指标	权重（对于上层）
企业品牌力	0.245	省级名牌销售增长率	0.39
		国家级名牌销售增长率	0.61
产品品牌力	0.187	省级名牌销售增长率	0.36
		国家级名牌销售增长率	0.64
核心产业品牌力	0.364	国内市场占有率增长率	0.607
		创汇率增长率	0.393
外围产业品牌力	0.194	产值增长率	0.510
		创汇率增长率	0.490

根据这个指标体系，本文课题组对景德镇、德化、佛山陶瓷品牌做了实证调查，并经过 15 位专家对权重打平均分，最后得出综合评价结果，三地依次是 0.187 分、0.214 分、0.438 分。这个排名与当前的现实基本一致，与刘善庆（2005）运用层次分析法的调查结果也相似，说明这种评价方法是有一定可取性的。在实际操作中，这种评价方法还可根据实际情况对分类指标做适当增加，有一定灵活性。

7.3 区域品牌体系的系统模型协同发展建议

比较评价区域品牌的经营绩效，其目的是认清现状，了解差距，为制定区域品牌体系的协同发展战略提供参考依据。区域品牌体系的构成反映了区域品牌是建立在各子品牌之上的，专家对指标权重的打分则进一步说明子品牌发展对于区域品牌经营的重要性。因此，区域品牌经营必须妥善处理好以下两组关系：

一是要妥善处理好产品品牌、企业品牌与区域品牌的关系，即私有品牌与公共品牌的关系。私有品牌的所有者才是真正的社会经济主体。没有产品品牌与企业品牌作为支撑的区域品牌是不能持续发展的。因此，政府作为公共管理者，作为公共品牌的所有者，首先，应鼓励产业资源整合，培育龙头企业与名牌企业，并以龙头企业与名牌企业为支柱，整合产业链条，形成较完整的产业集群。其次，各企业应根据自身条件加大创新投入，积极创建自有产品品牌，扩大品牌线，不能满足于贴牌生产，应积极以OEM→ODM→OBM之路加快嵌入全球价值链的步伐。再次，政府要加大对制假贩假的打击力度，加大对无形产权的保护力度，为创建企业品牌与产品品牌提供良好的环境。例如，“景德镇”是一个公共的金字招牌，外部收益巨大，因此机会主义行为严重，无序陶瓷展销、涉瓷知识产权侵权案频发，这些行为靠市场机制自身是不能解决的，地方政府不能手软。

景德镇区域创意产业集群要想打造不可仿制的、具有核心竞争力的区域品牌，必须以创意为核心，塑造一批强势的产品（商品）品牌与企业品牌，实现区域品牌、企业品牌、产品品牌三者的协同发展。在市场经济环境下，一个区域品牌没有强势的产品品牌与企业品牌作为支撑，其发展是不可能持久的。另一方面，没有一个强势区域品牌的扶持，产品品牌与企业品牌的市场之路也会格外吃力。这三者是荣辱与共的关系。这是因为三者之间都具有外部性，既有外部经济的特性，也有外部不经济的特性。目前，景德镇的区域品牌较强，企业品牌与产品品牌较弱，世人只知道有景德镇而不知道景德镇有哪些知名的企业与产品品牌，这是景德镇产业集群在品牌体系构建上的失误之处。将来在文化创意产业中要规避这个陷阱。三大品牌的关系如图 7-2。

二是要妥善处理好核心产业品牌与外围产业品牌的关系。以景德镇为例，景德镇品牌至少包括三个子品牌：景德镇陶瓷制造业品牌、景德镇陶瓷旅游业品牌、景德镇

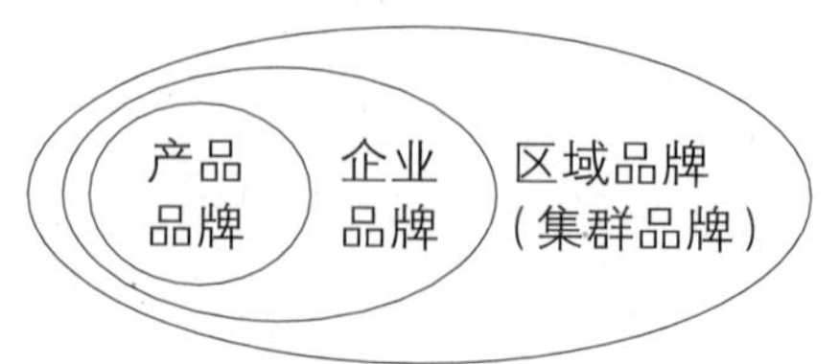

图 7-2　产品品牌、企业品牌、区域品牌关系图

陶瓷文化品牌。其中，陶瓷制造业品牌是核心产业品牌，是主业，是筋骨，品牌渗透力最大，专家对权重的打分也说明了这一点。如果陶瓷制造业衰败了，其他产业的市场说服力就会下降。20 世纪 90 年代以来，景德镇品牌的缩水主要就在于陶瓷主业相对于佛山等地败落了。因此，发展陶瓷制造业是景德镇产业集群兴衰的根本，是地方政府工作的侧重点。当然，陶瓷旅游业品牌相当于产业集群的"血肉"，陶瓷文化品牌相当于神韵，没有这些外围产业的支持，核心产业发展的外部成本会加大，产业集群的号召力也会下降。总而言之，三者相互依托，荣毁与共。景德镇区域品牌体系的协同发展有赖于各产业的相互支持，景德镇城市魅力的绽放也有赖于各行各业的共同繁荣。

关于品牌建设的难点。因为产品品牌、企业品牌、区域品牌三者都具有外部性，但是三者产权所属上又不同。产品品牌与企业品牌是私有品牌，区域品牌是公共物品。产品品牌与企业品牌具有竞争性与排他性，其收益与成本由所有者个人负责。区域品牌作为公共品牌，在收益与成本的分配上难以通过市场机制自发地解决，往往形成没有人负责的局面。在利益着眼点上，私有产权的经济实体为了现实生存的需要往往以追求短期利益为先，而品牌的培育，尤其是区域品牌的培育往往要求以长远利益为第一考量。

政府作为公共管理机构，在信用、公正资源等方面具有私有经济实体不具备的优势，因此理应在区域品牌经营中承担起主导职能。具体措施可以采取英国经济学家庇古提出的有关修正性税的主张，对没有负担集群品牌经营成本的企业征收使用税，以税收筹集区域品牌经营费用。在景德镇地区，政府可以对景德镇文化品牌收取使用税费。当然，前提是必须保证能把它们用到实处。

第八章

公共物品建设[①]

公共物品是区域品牌的特殊品牌内涵。作为一种公共物品,区域品牌具有正反两方面的外部性。作为一种公共物品,区域品牌的经营与维护是一项公共工程,需要多方共同参与。在区域品牌经营中,政府应在宏观制度领域,发挥组织、公正、信息、制度安排等方面的优势,发挥主导性职能;企业必须以高科技实现传统产业改造升级,培育产品品牌与企业品牌;行业协会应发挥规范发展、服务会员、协助政府等职能,共同推进区域品牌创新。正确认识区域品牌的特性与各方利益相关者在其中的决策机制,全面辨析各类社会主体在区域品牌经营中应持有的角色与功能定位,对于景德镇区域经济社会的发展,意义非常重要。

8.1 纳什均衡模型分析

区域品牌是一种公共产品,具有很强的外部性。这种外部性有正反两

①本章节参考文献除正文已有述及的之外,还有,谢立新:《传统技术型产业集群成长与地区竞争力提升——德化与景德镇陶瓷产业创新模式比较研究》.《发展研究》,2006年第9期。张屈征:《区享品牌的产权特点与政府作用》.《经济师》,2003年第8期。刘善庆,叶小兰《基于组织生态环境的景德镇陶瓷产业集群》.《经济纵横》,2005年第8期。江振娜:《区域产业品牌策划——以福建省德化县为例》.《发展研究》,2006年第2期。刘善庆等:《基于路径依赖的景德镇陶瓷产业集群》.《企业经济》,2005年第11期。林云达,郑垂勇:《从博弈论看区享品牌的培育》.《江苏商论》,2005年第3期。陈方方,丛凤侠:《地域品牌与区域经济发展研究》.《山东社会科学》,2005年第3期。胡大立.《区域品牌机理与构建分析》.《产经论坛》,2005年第4期。杨虹:《品牌建设要注重提升品牌的文化价值》.《经济导刊》,2008年第5期。

方面。积极外部性是它具有区域内利益共享的特点,能产生搭载效应、聚集效应、人才聚集效应与学习创新效应。搭载效应可以使企业取得外部收益，推进企业品牌的成长,有助于培育中小企业。聚集效应可以在该地域聚集相关产业的生产者和消费者,优化产业资源配置,发挥产业的自我发展功能和辐射功能。

消极外部性是区域品牌作为一种公共物品,产权边界模糊,因此会导致"搭便车"现象。"智猪博弈"模型为此做了很好的注解。如表8-1。猪圈有一大一小两头猪,食槽和开关分别在两边，按一下会有10单位的猪食，按的成本都是2，同时按，成本为-4=-2-2。因此会有四种可能性:一是两猪同时按,减去成本,大小猪得到5和1;二是都等待,大小猪得到0和0;三是大猪按,大小猪得到4和4;四是小猪按,大小猪得到9和-1。若小猪按,它的收益是1和-1,若它等待,收益是4和0,理性的小猪当然选择等待。而大猪若是理性的,一旦它知道小猪会选择等待后,它会无奈但是别无选择地选择按。因此,"纳什均衡"解是大猪按、小猪等待(4,4)。

表8-1 "智猪博弈"分析表

厂商B(小猪) 厂商A(大猪)	按(塑造品牌)	等待(搭便车)
按(塑造品牌)	A5=7－2；B1=3－2	A4=6－2；B4
等待(搭便车)	A9；B－1=1－2	A0；B0

同理,同区域内同质的大小企业之间也相当于不同程度的博弈。如果区域品牌价值降低,各个企业都会受到消极影响,但是同质大企业的损失会更大一些。因此,某些大企业总是被迫投资塑造公共品牌,产品收益率降低。而由于经营规模、资金等原因,小企业一般都缺乏开拓市场的热情或能力,总是希望"搭便车",而不会参与建设公共品牌。另外,更有少数不法厂商甚至会采用违法行为来降低产品的生产成本,获得高额利润。所以最终的纳什均衡点为B(塑造品牌,"搭免费车"或不诚信)。

因此,在市场经济条件下,经济个体在进行经济决策时,为追求利益最大化而希望"搭免费车",却不考虑自己的行动是否造成额外的社会成本。一旦人人都这么想,众多个人理性的聚集最终必然导致非理性的结果,机会主义、诚信危机与"公用地困境"现象便会出现,最后的结局必然是区域品牌被滥用,甚至被某些企业的机会主义行为所伤害。

8.2　公共品牌外部性问题的实证检验

我们以景德镇为例对上述分析做实证检验。景德镇大多数陶瓷企业由于是小作坊式生产，规模小，各自为战，在决策机制上，由于背靠“景德镇”金字招牌，可以“免费搭车”，因此大量小工厂不用投入技术改造与产品革新也能赚到钱，产品粗制滥造，仿造假冒。例如，江西省玉风瓷厂的玉风系列茶杯获得设计专利后供不应求。然而，仅仅红火了半年，仿冒产品就大量涌现，且价格低廉，玉风瓷厂业绩一落千丈。

名家名瓷是景德镇陶瓷的灵魂，身价不菲，屡遭仿冒。工艺美术大师刘远长创作的雕塑瓷名作《哈哈罗汉》在20世纪90年代被仿制得最为严重，最终使真品被彻底淹没。

在对外陶瓷展销中，大多数情况是一些经营户自发组织，成分复杂，无序混乱，二三十人一伙，货源多来自于手工作坊，甚至很多瓷器不是景德镇的，而是外地仿制的。这种展销一般多在居民区或露天摆放，“虎头蛇尾”，价格混乱，不仅搞乱了价格市场，更砸坏了景德镇的牌子。

由于机会主义盛行，引发了大量的涉瓷知识产权侵权案件。自景德镇中级人民法院知识产权审判庭成立近5年来，已审理各类涉瓷知识产权案件120余起，占全部案件的70%以上，其中专利纠纷占12%，商标纠纷占18%，著作权纠纷占26%，商业秘密及不正当竞争约占5%，涉案金额5000多万元。

我们可以用相关回归分析考察知识产权侵权对陶瓷出口的影响。假设知识产权侵权案件数与陶瓷出口额存在负相关关系。设定如下基本模型：

$$Y(i) = a + b X(i) + u(i) \qquad (1)$$

其中，Y(i)为i年陶瓷出口额，X(i)为i年知识产权案件数，b 表示知识产权案件数对陶瓷出口额的影响系数。数据来源于景德镇司法部门，时间为相隔的5年。

我们用SPSS对方程(1)做了估计，回归结果用表8–2和图8–1表示如下：

表8–2　知识产权侵权对陶瓷出口的影响

年份	1998年	2000年	2002年	2004年	2006年
知识产权案件数	23	25	45	15	20
陶瓷出口总值	1827	1265	1491	2143	1601

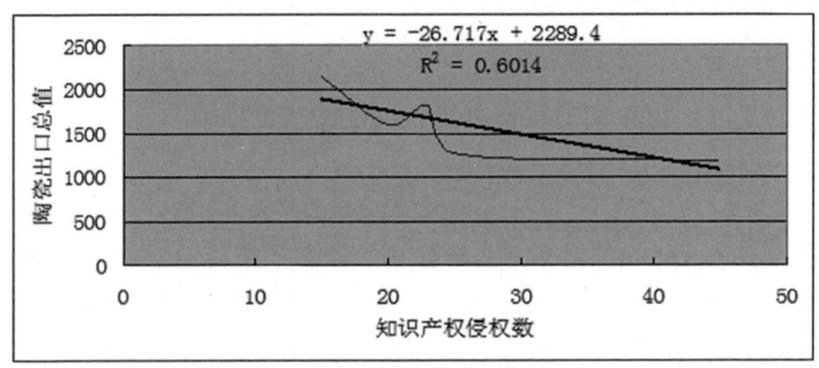

图 8-1　知识产权侵权对陶瓷出口的影响

从结果可以看出,X 对 Y 具有显著的线性关系,b 为负值,说明二者负相关,即知识产权侵权对陶瓷出口具有消极影响。

8.3　区域品牌经营的宏观制度安排

如上文所述,区域品牌作为一个公共品牌,具有产权模糊及利益共享的特点,所产生的某些问题不是市场自发所能解决的,因此在区域品牌经营中,需要社会各个层面的参与,包括政府宏观层面、企业微观层面、行会中观层面、民众广泛层面等,其核心任务是从各个角度充分发挥它的正的外部性,防范负的外部性。而政府在组织、公正、信息、制度安排等方面具有独到的资源优势,因而在区域品牌经营中它应发挥主导作用。

由于政府是公共事务管理机构,政府决策追求的目标是社会福利的最大化,因此它的决策机制是实现社会各类资源的最优配置,创造最大效益。根据曼昆、罗默和韦尔的定义得出区域总量生产函数:

$$Y(t) = K(t)^{\alpha}H(t)^{\beta}[A(t)L(t)]^{1-\alpha-\beta}$$

其中, t 为时间,Y(t)为 t 期的区域最终产出,K 为区域资本存量,包括有形资本与无形资本, 包括区域品牌资本,H 为人力资本存量,L 为劳动力数量,A 为资本与劳动的生产力效度,包括技术水平、制度因素等。可见,区域最终产出取决于上述各项资源及其发挥的效度大小。因此,政府在区域品牌建设中的对策应包括如下几方面:

第一，调查了解可供配置的区域资源总量，包括自然资源、人力资源、物质资本、无形资本等。政府尤其要掌握区域禀赋性资源现状，了解资源优劣势，盘活资源存量，发挥资源效度。具体任务应包括：完善区域基础设施、保护区域生态环境、优化区域软环境、挖掘区域特色资源禀赋。

第二，加大区域品牌资本投资，构筑以品牌宣传、推介、品牌咨询、运营、人才培训等为主要内容的品牌发展服务体系。从注册商标法看，区域品牌表达的是市场对一个地区某种商品的信任，它的所有权只能是政府。政府应积极创造出新的机制，将地方品牌这笔无形资产真正当作有价资产来监督、管理，使其产权关系明确化。

区域品牌形象推广应作为地方政府的一个重要公共工程，应集中资源集中推介，投入资金进行媒体宣传和公关活动，广告、直邮手册、公关、其他商业与外交相结合的手段都可以利用。例如，招商洽谈会、博览会、展销会等活动。视觉形象识别系统设计、形象推广与媒体策略可以选择专业的公司来设计，以保证设计思路与区域品牌策略的一致性和连贯性，以准确通过视觉元素，将区域品牌信息带给目标受众。设计应注意：一是承载理念，吃透区域文化的精神实质；二是要讲求美感；三是要展现个性，易于辨识，能帮助公众轻易记忆区域产品的独特品质。

第三，以组织建设提高品牌经营的组织协调力度，由经济主管部门与国资部门、工商、技监等职能部门建立长效的品牌协调机制与工作例会制度，统筹协调区域品牌建设。

第四，以制度建设促进不同资源的优化配置，提高资源的生产力效度。内容包括：首先，完善有关法规制度，加大对知识产权的保护力度；其次，加快推进社会诚信体系建设，加强知名品牌、驰名商标、著名商标的保护执法力度，完善行业自律、舆论监督、群众参与相结合的市场监管体系；再次，引入多层次的有效惩戒机制，如行政处罚、司法判决等，严厉打击制假售假、商业欺诈等违法行为，以增加企业博弈的不合作成本，从而改变同质企业博弈的基本结构。

8.4 其他社会层面的区域品牌制度决策

企业应建立将短期利益与长期利益相结合、个体发展与区域整体发展相统一的决策机制，以诚信为企业之间合作的基石，共同规避外部成本，共享外部收益。因此，企业微观层面的对策应包括如下方面：

首先，企业要强化区域品牌意识，要认识到区域品牌虽然是公共资源，不归某一个人所有，但是如果这个资源受损，大家都会受损。巩固区域品牌，就必须切实重视自身企业的产品质量，优质产品是诚信交易的前提，诚信交易是节约交易成本，保证收益稳定的基础。诚信交易具有乘数效应，如果消费者认为产品物有所值，就会产生正面的乘数效应，反之则会引发负面的乘数效应。前有"三株"，后有"三鹿"，都是明证。

其次，要求企业合理分工、密切协作，使区域产业形成从投入到产出以致流通的各种相关行为主体的完备的经济组织系统，使得能将生产环节与流通环节联系起来，能从产业链的各个环节控制产品质量，提高产业效能。

再次，根据自身实力尝试性地建立自有品牌，这是行业价值差异化的价值战略。在同一地域内，同行企业之间既有合作，也有竞争，这是一个辩证关系。利用同一个区域品牌，实现对其他区域的竞争，是在区域整体差异化战略下的合作；既冠以区域品牌，又冠以自有品牌实现产品销售，就是企业个体差异化战略下的竞争。

对行业协会而言，它的决策机制应依循规范发展、服务会员、协助政府这三大职能，协助或接受主管部门实施行业管理，维护行业利益，加强会员单位的联系，保护会员的正当权益，帮助会员提高管理水平和服务质量，督促会员维护客户利益，树立本行业的良好形象。具体工作包括：开展市场调查与技术培训，交流市场信息，提供资讯服务；以行业代言人的形式通过人大、政协和工商联等渠道参政议政，把分散的经营者的利益诉求传送到地方政府的决策机制中，同时，积极协助政府职能部门制定行业发展规划。另外，还要采取措施打破市场壁垒，维护行业利益。开展维权活动也是行会的必然工作，根据有些区域品牌产品技术简单，容易被同行仿冒的实际情况，积极开展新产品维权，抑制仿冒行为，促进新产品开发。

民众是区域品牌经营的广泛层面。广大民众不仅构成了区域发展的软环境与土壤，同时也是区域发展的受益者。因此，民众应确立保护区域发展环境、共谋区域发展的决策机制，使得区域整体福利与个人福利趋于统一。区域生态系统包括自然生态内涵与文化生态内涵。后者又包括区域法制环境、治安环境、政策环境、政府效率、民众素养、区域文化等内容。法制保证区域内的自然人和法人享有平等权利，治安确保区域稳定和安全，优惠的政策环境和高效的政府办事效率可以吸引外来投资者，吸引对区域有利的资源和要素。民众的思想道德素质直接影响区域形象。这些共同构成了区域软环境的内容。

第九章

地方政府推进区域品牌建设的对策[①]

景德镇品牌既是以特定产业为依托的区域品牌，又是具有长期历史沉淀的城市品牌。区域品牌与城市品牌作为公共权力的外部性特征极其明显，权力边界模糊，尤其是在产业集聚建设的低端阶段，诚信问题与搭便车现象更易泛滥。而政府作为公共管理部门，在权威、组织、公共资源等方面具有明显的优势，因此，区域品牌与城市品牌的经营必然要求政府角色的强势介入，担负主体作用，以抑制非市场因素对公共资产带来的消极影响。由于地方政府角色在区域品牌与城市品牌经营中的特殊性，本章特对政府角色与功能再做论述，以作为第八章的补充。

9.1 强化质量监管职能

我们引入产品质量的无限次博弈模型以解释质量监管的必要性。表9-1为标准形一次博弈。博弈在厂商与消费者之间进行，消费者可以选择

①本章节参考文献除正文中已有述及的之外，还有，约翰·福斯特著，贾根良等译：《演化经济学前沿》，北京：高等教育出版社，2005年版。张明龙：《产业集群与区域发展研究》，北京：中国经济出版社．2008年版。Edward J Feser, Kyojun koo alet. Incorporating spatial Analysis in Applied Industry Cluster Studies, 2001。Elisa Giulianli，Martin Bell. The micro-determinants of meso-level learning and innovation：evidence from a chilean wine cluster, Research Policy 34,2005。[美]Michael R. Baye：《管理经济学》，北京：机械工业出版社，2008年版。

购买或不购买，厂商可以选择生产低质量或高质量的产品。在一次博弈中，纳什均衡是不购买低质的产品。其原因是如果消费者选择购买产品，厂商就会选择销售低质量产品。因为生产低质量产品的 10 单位利润高于生产高质量产品的 1 单位利润。对于既定的低质量产品，消费者就会选择不购买，因为购买会损失 10 单位。既然消费者选择不购买，厂商生产高质量产品就是不值得的。所以，在一次博弈中，消费者选择不购买，因为他们知道厂商会拿钱就跑。

表 9–1 产品质量博弈

	厂 商		
消费者	策 略	低质量	高质量
	不 买	0,0	0, – 10
	买	– 10,10	1, 1

但是，在现实市场交易中，对于具有区域品牌的产品，情况有两点不同。第一，在现实市场交易中，从市场整体看，买与卖的博弈不会是一次博弈或有限博弈，而是无限重复博弈。对于消费者来说，他们的博弈是反复试错学习并提炼形成经验的过程。在现代信息社会，一个人的经验往往被广为流传，被许多人共享。第二，一件产品拥有一个知名的区域品牌会强化消费者的购买意愿。如果消费者的购买策略对厂商来说是已知的，那么厂商所能做的最佳选择就是通过销售劣质产品，获得当期利润是 10 而不是 1。这就是欺骗的收益(销售劣质产品)。在某个缺乏监管的区域品牌体系内，只要有一个厂商选择这种机会主义的短视策略，就必然导致将来的利润是零。因为在无限次博弈过程中，消费者获得了反复学习试错的机会，必然引发连锁“株连效应”，最终的结果是区域品牌被劣质产品毁了。

景德镇的情况正如上述分析。景德镇品牌属于以特色历史文化资源为依托的地域品牌。由于背靠景德镇老字号，大量小工厂不用投入技术改造与产品革新也能赚到钱，而且假冒伪劣泛滥，侵犯知识产权案件层出不穷。例如，江西省玉风瓷厂的玉风系列茶杯获得设计专利后供不应求。然而，仅仅红火了半年，仿冒产品就大量涌现。玉风瓷厂销售量当年就下降了五六成，并被彻底挤出了杭州、上海等地市场。名家名瓷是景德镇陶瓷闻名于世的灵魂与基石，由于身价不菲，也遭到大肆仿冒。工艺美术大师刘远长创作的雕塑瓷名作《哈哈罗汉》在 20 世纪 90 年代被仿制得最为严重，为数不多的真品被彻底淹没。假冒伪劣泛滥使景德镇瓷器的声誉受到严重伤害，以前外国人谈到景德镇瓷器，必然伸大拇指:“这就是艺术！”现在则通常是:“景德镇也不过如此。”

可见,市场机制自身不可能杜绝区域品牌体系内的机会主义与短期行为。区域品牌管理必须有政府威权的介入,必须以政府为主导,制定行业质量标准,严格质量监管,对违规者实施严厉制裁。这是区域品牌信誉的保障。

9.2 以政府为主导的组织协调职能

区域品牌经营要求加强区域内各企业之间的联系,协调立场,组织本行业科技成果和专业技术技能鉴定和推广应用,推荐申报名、优产品和著名商标;组织制定行规行约与行业标准,制定行业生产的标准化格局,组织开展行业生产、技术、营销、管理和市场调研，研究制定行业发展规划；要求通过谈判协商以统一区域内各企业的意愿,达成合作合约,协调行业内部价格,制止低价倾销及价格垄断行为,维护行业信誉,鼓励公平竞争,以减少内部的无序竞争;对外则拓展对外交流,开展与其他行业协会或国际有关组织及其成员之间的交往,加强进出口产品质量控制,协助应对国际贸易纠纷,组织开展倾销和反倾销应诉工作,建立和发展经贸合作关系,开展有规划的统一的营销推广与媒体宣传行动,等等。

这些工作要求区域内企业相互之间开展大量的经常性的协商、协调与交流,要求企业之间建立一个常态的合作对话机制。如果该区域市场是寡头格局,则相互之间的合作谈判没有成本压力。但若是一个以中小企业为主导的原生型产业集聚,问题则产生了:即为了寻求统一行动以获取区域品牌外部收益的谈判,首先要求各企业支付不菲的沟通成本。如图 3 所示。在某区域内若共有 N 个企业,则任意两个主体要就合约达成一致,每个企业都需要进行 N(N－1)／2 次谈判。谈判成本越高,则企业独立行动的离心倾向就会越强烈,区域品牌的建设则越难。

科斯的交易成本理论认为,组织的引入可以有效地节约交易成本,常规性长期性的组织关系大大加强了人际关系的确定性,减少了交易的数量和每一次交易的变量,从而有效地节约交易成本。如图 9–1、图 9–2。

一般观点认为，由企业自发组织的行业协会可以视为一种区域内企业合作的契约安排,可以解决上述问题。但是,如果问题发生在原生型初级产业导聚区,情况将有

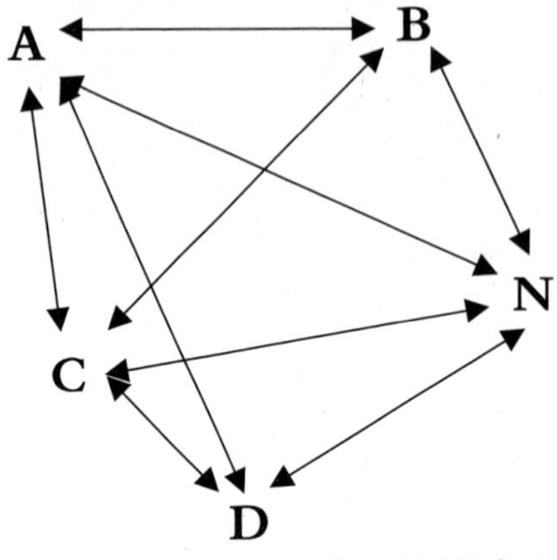

图 9-1　无公共组织时企业间协商图

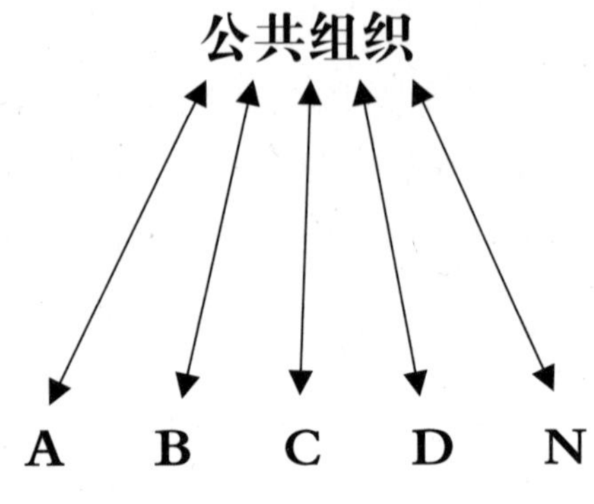

图 9-2　有公共组织时企业间协商图

所差异。第一,由于产业还处于产业集聚的低级阶段,缺乏有影响的龙头企业,行业格局以小企业为主,所以,为了节约谈判成本而自发组织协会本身就需要支付不菲的协约成本,这是处于初级阶段的企业所不愿意承受的。第二,即使行业协会能够由企业自发地建立起来,由于在组织权威、经费等各种资源方面先天不足,它将难以有效地开展工作,从而陷入行会工作的低水平陷阱。如图 9-4 所示。短期内这个低水平陷阱在没有强大外力干预的情况下是不可能被打破的。因此,在原生型初级产业聚区要构建区域品牌,必须形成以政府为主导的行业协调机制,即政府牵头组建行业协会,由政府注入优势资源,或由政府自身充任行业组织者,以政府威权性资源打破行会工作的低水平陷阱。如图 9-3、图 9-4。

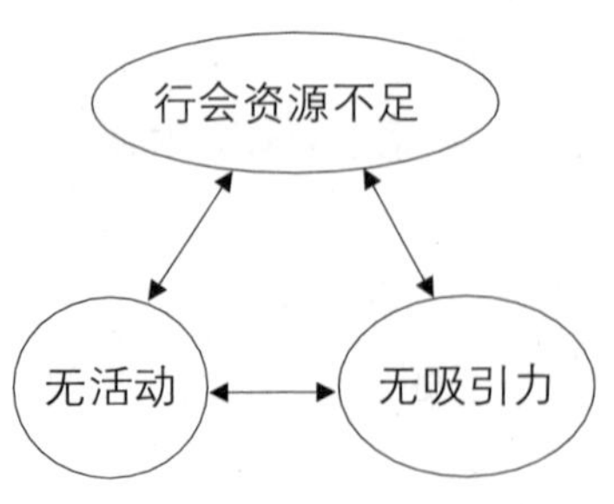

图 9-3　行会工作的低水平陷阱

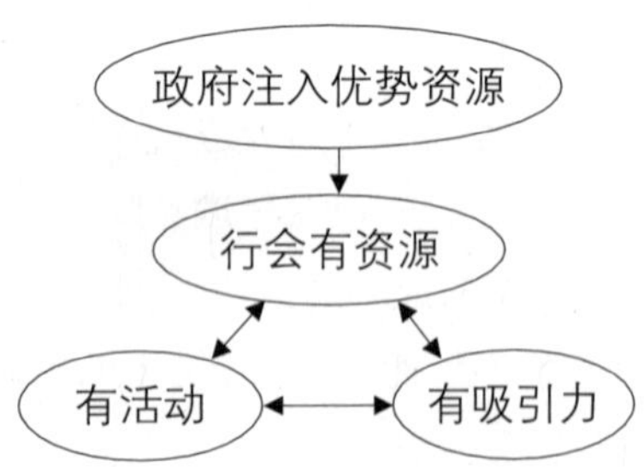

图 9-4　行会走出低水平陷阱

现实是最好的实证。景德镇虽然不是一个纯粹的原生型产业聚集，但是就目前产业发展的阶段而言，就其在同类行业竞争中所处的位置而言，它还处于产业发展的低级阶段。景德镇陶瓷产业以传统生产方式为主，缺乏龙头企业，绝大多数为小作坊，产业层次低，产品低价恶性竞争，自主创新能力差，缺乏核心技术与核心竞争力，在国际贸易中经常遭遇技术壁垒与环境壁垒。企业之间也较少开展合作，没有形成成熟的区域内产业分工与产业链条。

1997 年景德镇成立陶瓷协会后，由于政府财政投入不足，众多本地企业由于无力支付入会费用，而没有入会，导致陶瓷协会运作困难，难以发挥区域品牌建设的组织协调功能。

2005 年在陶瓷博览会上，课题组做了一次关于景德镇陶瓷协会的调查，调查企业 305 家。结果显示，不知道景德镇有陶瓷协会的有 32 家，知道景德镇陶瓷协会但未入会的有 62 家，已入会但近 1 年未参与活动的有 121 家，如图 9–5。业内人士对行业协会也有许多议论。他们认为，景德镇陶瓷协会在地区品牌保护、行业内部竞争规范、行业协作等方面存在许多不足。他们说，“景德镇” 商标已经被景德镇市陶瓷协会注册了，但至今没有得到较好的开发。调查者提出景德镇陶瓷产业能否像浙江乐清低压电器或温州打火机那样使作坊配套成龙组建大型联合企业时，业内人士纷纷抱怨：“没有领头的，也许要过几年”，“他们的行业协会比我们强”。由于规范的缺失，景德镇陶瓷产品还经常陷入了恶性的内部价格战。他们说：“这种无序竞争对于景德镇而言是毁灭性的！”

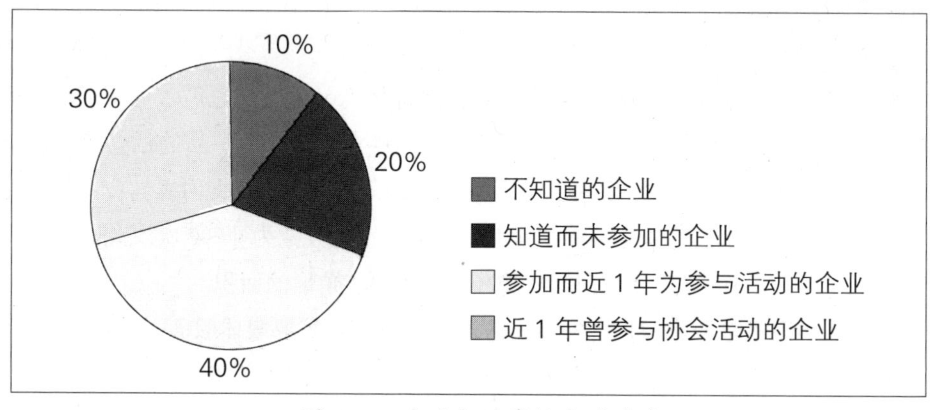

图 9–5　企业与陶瓷协会的关系

总结上述分析可见，在景德镇这种还处于低级阶段的产业集聚区，虽然它以特色文化资源为依托，但是它以前的地域品牌不是市场形成的，而是官僚与计划体制给予的。因此，在当前市场竞争日益激烈的条件下，景德镇若要形成成熟的区域品牌建设机制，必须有政府威权组织的强势干预，形成以政府为主导的组织协调机制，规范行业发展，推进区域品牌建设。

9.3 强制公共物品的供给职能

区域品牌建设中要求有足够的公共物品供给，如基础设施、区域品牌原产地保护、原产地标识注册、品牌宣传推广，等等。如果没有政府威权机构的介入，即使有民间行会团体的存在，公共物品也很难形成由市场供给的有效机制。图 9-6 引入公共物品供需模型分析如下：假设有 A、B、C 三个企业，每企业对区域品牌媒体推广服务产品（以下简称媒体产品）都存有需求，需求曲线反映的是每个企业对额外一次媒体产品的估价。曲线函数为 P(A)=30 - Q；P(B)=30 - Q；P(C)=30 - Q。

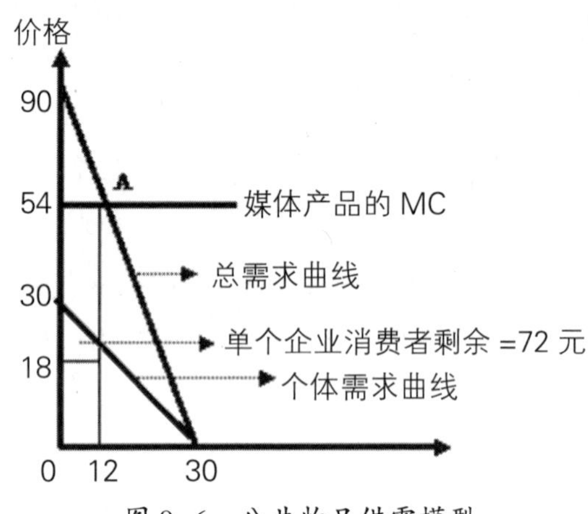

图 9-6 公共物品供需模型

由于区域品牌媒体产品是公共物品，具有外部收益，收益可以共享，因此，对媒体产品的区域总需求等于上述三者需求曲线的垂直相加，即 P=P(A) + P(B) + P(C) = 90 - 3Q，设媒体产品的社会有效水平是图中的点 A，在该点媒体产品的边际成本正好与需求相等。设此时媒体产品的边际成本为 54 元，则有等式：54=90-3Q，得到其社会有效的数量为 Q=12 次。此时每人只用支付 18 元，人均可得 72 元的消费者剩余，即图中三角形的面积。

但是，如果某企业隐瞒自己的真实需求而宣称他不需要媒体服务。这样，则只有另两家企业出资购买。假设 A 宣称不需要媒体产品，则 B、C 两企业须各自支付 27 元，且购买媒体产品的次数下降为 3 次，如图 9-7(a)。而 A 则可以免费搭车，可以获得

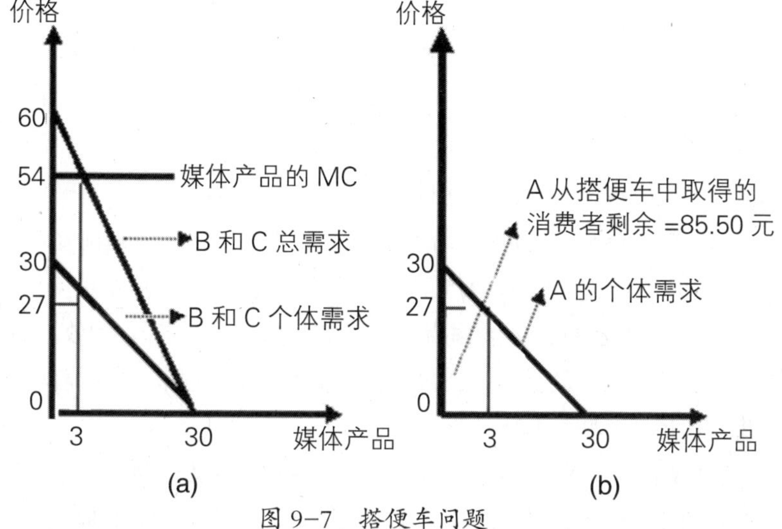

图 9-7　搭便车问题

85.5 元的消费者剩余，如图 9-7(b)中所示部分面积，显然大于共同购买时所能得到的福利。

因此，部分企业在公共物品集体购买中的非合作的不诚实行为会产生两个后果。一是使公共物品的获得总量下降；二是如果大家都企图隐瞒自己的真实意图而搭便车，以获取更多的消费者剩余，那么最后必然导致公共物品供给的市场失灵。因此，政府在公共物品供给方面必须强行介入。它不必考虑每个厂商的真实意愿，而可以通过强制缴税，而迫使每个企业共同参与购买公共物品。政府则在其中担任集中统一购买的代理人或供给中介。从另一角度看，税收也是为购买公共物品融资的有效途径。

景德镇作为原生型低级产业集聚区，业内调查显示，它的陶瓷产业以小作坊、小工厂为主体，是一个聚集了近 5000 家小作坊与小企业、10 余家中等企业和 30 余家外资企业的行业格局。此外，还有 80 余家个人工作室，其性质不同于企业。之所以注册为工作室，是为了规避税收，其产权所有人通常是工艺师，有娴熟的工艺水平，产品附加值很高。但是，由于维持基本的手工制作，产能较低，难以承担较大的社会责任。

本土 4000 余家小企业基本上都是几间屋子，十几个工人，维持原生态的陶瓷作坊生产方式，其中正式工商注册的只有 3400 余家，另有 1000 余家没有登记注册。它们中相当一批是企业改制的产物，是由以前的国企改制裂变而成的租赁、承包或股份合作形式的生产经营体。因为它们名义上还是原国企内部的一个车间或一条生产线，对外不具备法人资格，工商部门也不可能核发工商执照。但事实上，这些承包体经济上完全独立、生产上自主经营、核算上自负盈亏。这一状况使纳税主体的确认考量成为难题,制造出企业负担的不公平。一方面,相当一部分小企业长期以来偷税漏税,逃避本该承担的在公共物品上的责任。而另一方面,少数具有一般纳税人资格的陶瓷企业均担负着高达10%以上的税负,承担了过多的责任。

数据显示,自1995至2005年,在景德镇全市财政总收入中,全市陶瓷税收比重逐年减少,陶瓷产业上缴税利的比重由1/3下跌到1/5。2005年以前陶瓷税收增长率长期在3%左右徘徊。另一方面,1995至2005年的景德镇,也是城市形象与城市建设黯淡褪色的10年。陶瓷税收与公共物品供给具有相似的发展走向。税收影响财政,财政影响在各类公共物品上的支出,公共物品建设的迟缓反过来又影响陶瓷产业发展与税收增长。这是一个恶性循环。

因此,地方政府要介入公共物品的供给,要以税收筹集发展资金。当然税收的征管与使用要做到公平公正,要确保政府威权资源的信用价值。这是政府履行公共管理职能的前提。2003年后,景德镇地方政府积极寻求对策。税务部门在征管上细化了责任,加强纳税人资格认定,仅2006年全市就有近1000余户从事陶瓷生产经营的纳税人补办了税务登记。他们还强化了纳税评估,优化了纳税服务,提高纳税人的纳税意识。通过简化办税流程、送政策上门、印制陶瓷名人个性化发票、开展陶瓷税收座谈会等工作不断优化纳税服务,提高工作效率。

这些举措已经初见成效。自2005年起景德镇陶瓷业税收摆脱了以往长期徘徊的3%的增长率,开始有了两位数的增长,此后连年创新高。财政收入的改进,使公共品的供给得到很大的改善。例如,自2004年起,景德镇连续召开四届博览会,规模越来越大,档次越来越高,为陶瓷企业搭建发展平台,宣称区域品牌。根据2007年本课题组调查显示,本地陶瓷企业认为经济发展环境"有明显改善"的占87%。这说明只要用得其所,税收增长与公共物品的有效供给是正相关关系。

产业集聚的发展有它客观的规律。在其不发达阶段,由于企业自身实力与观念的限制,由于行会资源的局限,由于公共物品供给的市场化机制难以形成,所以,政府威权应该介入,以充分发挥政府在公正、信用、组织等方面的资源优势,形成以政府为主导的区域品牌建设机制,这是现实条件的客观选择。

第十章

区域品牌评价机制建设[1]
——兼论这一理论发展的后续问题

由于区域品牌的组织生态型构要素复杂,导致影响区域品牌核心竞争力的因素较多,难以取舍,因此学界在其评价问题上的争议较多。在本章节,作者再以三螺旋理论为指导,侧重引用政府、产业、大学三者相互渗透、支持与合作的因素,构建全新的区域核心竞争力的评价指标体系,再次论述各类社会主体的决策行为对区域品牌建设的影响。

10.1 研究综述与本章节论点的提出

随着区域经济竞争的日益激烈,区域竞争力一直是国内外研究的热点问题。而在相关的问题中,区域核心竞争力又是这一热点中的热点问题。多数学者都认可区域核心竞争力是区域经济不断创新与持续发展的源泉。但

---

①本章节参考文献除正文已有述及的之外,还有,蔡德林:《区域核心竞争力中核心要素探析》.《新西部》,2007 年第 4 期。李仁安、徐丰:《区域核心竞争力评价指标体系研究》.《武汉理工大学学报》,2005 年第 2 期。赵强强等:《区域创新型科技人才系统结构演化模型研究》.《科学学与科学技术管理》,2010 年第 3 期。赵修卫:《关于发展区域核心竞争力的探讨》.《中国软科学》,2001 年第 10 期。鲍永安:《区域核心竞争力研究综述》.《江海学刊》,2005 年第 4 期。吴玉鸣:《区域核心竞争力理论研究》.《改革与战略》,2006 年第 1 期。李小金等:《珠三角产业集群发展中的技术创新与扩散》.《经济与管理》,2009 年第 9 期。Henry Etzkowitz,Magnus Klofsten. The Innovating Region:Toward a Theory of Knowledge- Based Regional Development[J].Research and Development,2005,35(3):243-255.刘善庆:《基于 AHP 的特色产业集群竞争力分析》.《中国软科学》,2005 年第 8 期.

是，对于什么是区域核心竞争力存在严重分歧。

如蔡德林（2007）认为，制度是核心竞争力中的核心要素，区城核心竞争力通过政府提供的制度环境所产生的外部和内部效应表现出来。李仁安等(2005)则将区域核心竞争力理解为能将区域的独特资源转化为竞争优势的一组政策、知识、技术或技能的有机综合体。赵强强（2010）等认为，创新型科技人才是整个经济系统演化的主导者，是核心竞争力。赵修卫（2001）认为，区域核心竞争力由比较优势和竞争优势共同组成，必须从要素、技术和产业三个基本层面进行讨论。鲍永安(2005)从竞争优势理论变迁中找寻区域核心竞争力研究的逻辑起点，他认为，核心竞争力的管理包括识别、规划、培育和维护五个环节，其中识别、培育与维护属基础性环节。

由于学者们对什么是区域核心竞争力的认识不一致，所以在区域核心竞争力评价指标的设定上，也存在很大争议。如李仁安等（2005）在设计区域核心竞争力评价指标体系时，概括了区域优势、创新能力、文化理念和资源聚集能力四大准则。吴玉鸣（2006）提出区域核心竞争力由核心资源、企业核心竞争力、产业核心竞争力、核心区竞争力等方面依次构成。李小金（2009）等认为，技术创新与扩散以及政府对技术创新的制度保障是评价区域核心竞争力最有效的指标。

本文课题组综合学界的既有研究，认为，上述争议与分歧之所以存在，根本原因在于影响核心竞争力的因素较多，学者们难以取舍，难以比较孰轻孰重。比如李仁安强调技术与知识，蔡德林强调制度创新，赵强强强调人才。本文认为，这些因素都是不可或缺的，是产业积聚的基本要素，但是，仅强调某一个或几个要素都是不全面的，不能概括一个区域核心竞争力的全貌，而应该引入三螺旋理论，对产业发展要素做出综合比较。

三螺旋理论由美国社会学家亨利·埃茨科威兹和罗伊特·雷德斯多夫教授在 1995 年提出。他们认为，政府、企业与大学是知识经济社会内部持续创新发展的三大要素，政府代表了制度环境与资源组织能力，企业代表了产业创新基础，大学代表了技术培养与人才开发。这三者共同构成区域核心竞争力的基本元素。但是，这三方面仅仅存在仍是不够的，政府、企业与大学还必须根据市场要求而部分联结，功能渗透，形成了三种力量交叉影响的三螺旋关系，共同构成区域发展与创新的基础结构。其模型如图10–1：

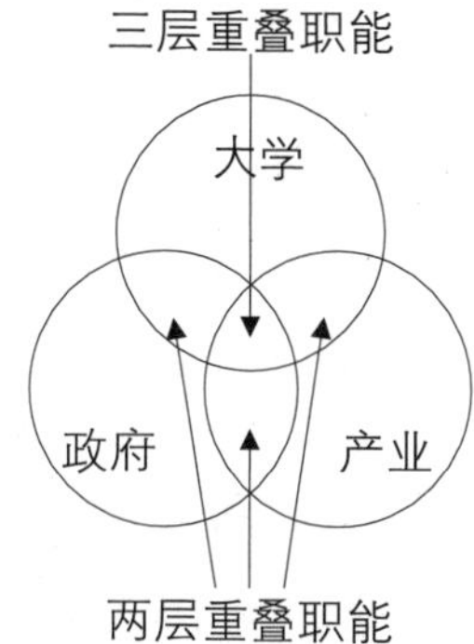

图 10-1 三螺旋模型

三螺旋理论创建以来，引起国际学术界的兴趣。截止到 2007 年，国际"三螺旋"大会已经召开了 7 次。最近一次于 2007 年在新加坡召开。学者云集，政商各界响应。

三螺旋理论也符合我国建设创新型国家的需要，2002 年以后逐渐受到我国学界的关注。根据中国期刊全文数据库以"三螺旋"为主题关键词检索，2003 年相关论文为1 篇，2004 年为 1 篇，2006 年为 4 篇，2007 年为 6 篇，2008 年为 7 篇，2009 年为 11 篇。文章数目逐年增加。从文章研究的涉及面看，学者们主要围绕发展创新、产学研结合的孵化器功能、创业型大学建设等方面，研究面在不断扩展。如资武成(2009)等 4 篇文章都是研究三螺旋模式所要求的产学研结合对区域发展的价值。刘元芳(2007)等 7 篇文章都是阐述三螺旋模式指导下的创业型大学对地区发展的价值以及建设构想。

因此，本文课题组认为，构建区域核心竞争力的评价指标体系，必须以三螺旋理论为指导，不仅要考察该地域政府的制度执行力与组织力、产业基础力、大学人才培养与技术创新竞争力，而且更要考察三者相互渗透、支持与合作的力量。

10.2 评价指标体系与评价公式的构建

本文依据上述分析，并参考相关研究成果，认可三螺旋理论的观点，即科技创新是知识经济时代的核心竞争要素，政府、企业与高校三大社会主体组织科技资源，开展科技活动是区域创新发展的主要表现，是区域核心竞争力的最基本决定力量。因此，本文课题组特选取若干项初始指标，举例如下：

(1)政府研究机构科技经费内部支出总额；

(2)大中型工业企业科技经费内部支出总额；

(3)高等学校科技经费内部支出总额；

(4)政府研究机构从事科技活动人员；

(5)大中型工业企业从事科技活动人员；

(6)高等学校从事科技活动人员；

(7)政府为高校发放科研立项支出总额；

(8)企业与高校合作科研立项支出总额；

(9)高校为政府培训总人次；

(10)高校为企业培训总人次；

(11)政府、企业、高校合作办学培养人数；

(12)企业为高校提供实习人数；

(13)政府为高校提供实习人数；

(14)政府为高校学生提供创业资助总额；

(15)企业为高校学生提供创业资助总额；

(16)政府为高校学生提供创业贷款总额；

(17)政府为企业发放助贷总额；

(18)政府为企业专利发明减免税费总额；

(19)政府与企业联合科研立项总额；

(20)政府为高校专利发明奖励总额；

(21)政府、企业在高校设立定点专项奖学金总额。

这些指标在调研实践中，可以根据数据的获取情况酌情增加或删减。

根据上述各项指标所指科研活动的分工归属，本文课题组将它们进行了归类。如下图10–2：

从图中可见，有的初始指标所指的科研活动，如1、4，3、6，2、5等属于单层职能，一个社会主体即可完成，我们称之为单层指标；有的科研活动，如7、9等属于双层重叠职能，需要其中两个社会主体合作完成，我们称之为双层指标；而第12、21两项初始指标所指的科研活动则属于三层重叠职能，需要政府、大学、企业三者共同合作完成，我们称之为三层指标。

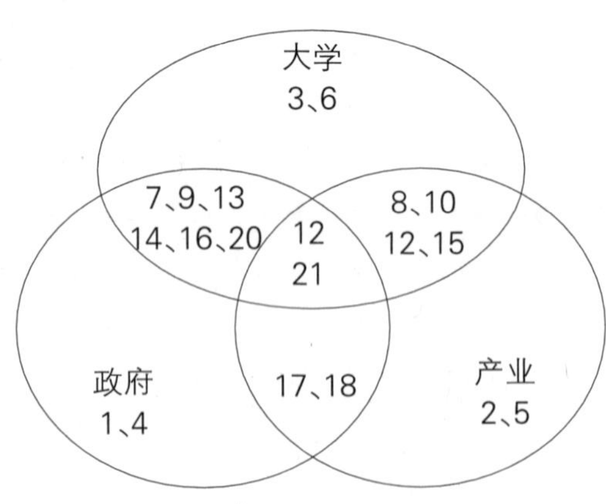

图10–2　科研活动分工图

本文课题组采用综合评价法，即通过计算区域核心竞争力综合指数，判断其竞争能力的高低。区域核心竞争力综合指数是反映一个地区一定时期核心竞争力的综合值,综合指数越高,则竞争能力越强。它具有时间和空间的可比性。在空间进行比较,可分析不同地区核心竞争力的相对强弱;在不同时间进行比较,可以反映该地区核心竞争力的变动情况。在评价分析中,首先,对各地区的各项评价指标数据均以相应的全国各地区数据的平均值为标准,进行标准化处理,如下式:

$$I_{ij}=Xij/\overline{Xj}\ ;\overline{Xj}=\sum_{i=1}^{n}Xij/n$$

式中,X_{ij} 是第 i 个地区第 j 个变量值, $\overline{Xj}$ 是第 j 个变量的全国平均值,I_{ij} 是第 i 个地区第 j 个变量相对于全国平均水平的标准化值。若 I_{ij} 大于 1,则表明 I_{ij} 高于全国平均水平,反之,则低于全国平均水平。n 为变量个数,表示共有 n 个地区。

然后,在此基础上,再得出 i 地区核心竞争力的综合指数 RCC(Regioncorecompetitiveness)的公式:

$$RCCi=\sum Ii(1)+\sum 2Ii(2)+\sum 3Ii(3)$$

式中,RCCi 是 i 地区的综合竞争力指数,Ii (1) 是 i 地区的单层指标(如上文的 1、4,3、6,2、5 等指标)的标准化值。$\sum$ Ii(1)则指所有单层指标标准化值的总和。同理,Ii(2)和 Ii(3)分别是双层指标与三层指标的标准化值;$\sum$ 2Ii(2)是双层指标标准化值的总和乘以 2 的权重;$\sum$ 3Ii(3)是三层指标标准化值的总和乘以 3 的权重。之所以乘以权重,是因为根据三螺旋理论,重叠性能越高的指标,在区域创新发展中的作用越重要,所以权重也越大。当然,在实际研究中,这个权重值的设定,研究者还可以根据实际情况酌情调整。

根据这个指标体系,本文课题组以刘善庆(2005)一文的数据为基础,对潮州、德化、景德镇三个地区的核心竞争力做了实证检验,选取了其中的 12 项初始指标,并经过专家对权重打平均分,最后得出综合评价结果,三地依次是 13.2 分、12.1 分、10.7 分。这个排名与当前的现实基本一致,与刘文运用层次分析法的调查结果也相似,说明本文的评价方法是有一定可取性的。在实际操作中,这种评价方法还可根据实际情况对分类指标做适当增删,有一定灵活性。

10.3 三螺旋理论发展带来的后续问题

随着实践的发展，三螺旋理论也在不断地丰富完善，进而给区域核心竞争力的评价带来了更多的挑战。

三螺旋理论创始人埃兹科威兹在原有的基础上，在《大学与全球知识经济》一书中提出了"三螺旋——创业型大学"理论。他认为，随着知识经济时代的进一步深入，知识变成了最重要的创新资源，在区域竞争力中的作用是不可替代的；而培养知识，培养人才，首先要创建为地区发展服务的创业型大学，创业型大学是积累知识资源的主要阵地。他对创业型大学的性质界定是：这种大学经常可以得到政府政策的鼓励，其组成人员对从知识中收获资源的兴趣日益增强，这种兴趣和愿望又加速模糊了学术机构与公司的界限，它能够引发公司这种组织对知识的兴趣，并总是将知识和经济应用与回报紧密相连在一起；这种创业型大学在未来的地区竞争中处于核心位置。

这一理论提出后，学界与业界纷纷响应。在 20 世纪与 21 世纪之交，在欧美、亚洲和拉美各地，逐渐涌现出一些出色的研究型大学，它们利用自己的知识创新成果，整合各方面资源，引资创办高技术公司，加速原创性科技成果的转化，在当地孵化、催生、兴办新的产业集群，并从衍生企业、专利、授权使用金等学术创新行为中获得更多的收益。同时，大学为"社会服务"的职能进一步深化，"创业"特色凸显，逐步形成了一种新的创新型教育模式，即"创业型大学(Entrepreneurial University)"模式。

美国著名的高等教育学家伯顿·克拉克通过实地考察欧洲 5 所创业型大学，总结归纳出创业型大学的五大特征：强有力的驾驭资源核心、拓宽的发展外围、多元化的资助、激活的学术心脏地带以及整合的创业文化。

由此可见，创业型大学作为一种新的创新型教育模式，它以知识资源带动、积聚、整合社会各方面的资源，以促进区域经济发展与核心竞争力的提升为目标，以提高自主创业能力为主导，以加速高技术成果转化为核心。例如位于加州的斯坦福大学就是如此。本文根据三螺旋模型图的引申，大致绘出"三螺旋——创业型大学"的模型图。如图 10-3。

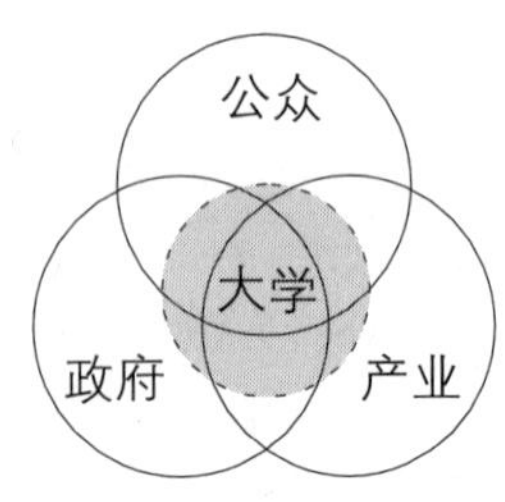

图 10-3　三螺旋——创业型大学模型图

这一模型表示：一方面，大学处于政府、产业、公众三者的中心地带，它以三色网络为核心，政府、产业、公众共同构成了大学所处的外部环境。很显然，成功的创业型大学，应不断扩大自己的圆形区域，以整合更多的资源。另一方面，大学与政府、产业，或是大学与政府、公众仍然可以形成一个三螺旋模型，因此，图 10-3 所示模型没有改变三螺旋模型的特质。

这一理论发展给地区核心竞争力的评价带来了更复杂的问题。它要求我们将大学积聚、整合资源的能力，尤其是大学服务产业的能力，放在评价的首要位置。也就是说，不仅要考虑公众（即市民社会）、政府、产业、大学等四方面的资源实力，要考察四者相互渗透的能力，更要把大学整合资源的能力放在首位。在构建地区核心竞争力评价指标体系的过程中，则要分别考虑不同的权重以示区别。这些因素的变化使地区核心竞争力的评价更加复杂。这是学术界亟待解决的问题。本文权作抛砖引玉，希望引起学界同行的更多关注。

下　篇

区域人才竞争战略

第十一章

未来陶瓷行业经管类人才的能力要求与素质结构①

上述章节从不同的方面和不同的角度论述了景德镇陶瓷区域品牌变迁与发展的过程,影响其变迁和未来发展的各种因素。这些都说明,区域品牌是一个复杂的动态的系统。区域品牌不是一个单一性的文化符号,而是包含着若干子品牌的品牌体系,是一个文化公共产品。区域品牌组织生态与型构要素的复杂性,决定了区域品牌的经营是一件系统工程,涉及政府、企业、行业组织、科研院所、家庭居民户等各类社会主体,涉及产业经济学、生态工程学、制度经济学、管理学等各个领域。而景德镇陶瓷区域品牌经营的复杂性更强,还涉及陶瓷材料、陶瓷工程、工艺美术、考古挖掘、美学鉴赏等庞大的领域,跨越工学、美学、历史学、经济学、管理学等庞大的学科体系。这些都导致在景德镇陶瓷区域品牌经营与振兴工作中,高级别的经管类人才成为亟须。可以说,在景德镇市未来若干年的发展中,稀

①本章节参考文献除正文已有述及的之外,还有,李正安:《国外陶瓷设计教育之启示》,《装饰》,2005 年第 10 期。[英]丹尼斯·费尔(Dennies Farrell):《装点江山(Shaping Earth)》,胡佛汉顿大学(The University of Wolverhampton),1999 年。[英]休伯特·克塔(Hubert Kittel):《通达英国的桥梁(Bridges to England)》,斯塔福夏大学艺术与设计学院,1999 年. 吴兆颐:《国外政府如何辅导中小企业培训》,《社科》,第 730 期。徐谷明:《千年瓷都——景德镇正逐渐被人们淡忘》,《中国经济时报》,2006 年 10 月 23 日。贺盛瑜:《中小陶瓷企业网络营销策略》,《中国陶瓷工业》,2003 年第 4 期。赵琼:《广东珠三角企业创新能力分析》,《广东经济》,2005 年第 10 期。胡钰:《调研报告:大力提升我国企业自主创新能力》,《科技日报》,2006 年 8 月 3 日。

缺的人才不是陶瓷美术或工艺大师,也不是陶瓷材料与工程研究员。因为这些人才的培养,在景德镇已有几十年乃至数百年的历史积淀,人才底蕴深厚。只有复合型、跨学科、宽口径,并且熟谙品牌运作的经管类人才,才是最稀缺的人才。因为此类人才的培养是一件前所未有的事,无先例可循,还有待我们在实践中探索。

11.1 海内外陶瓷行业发展的最新趋势分析

要振兴景德镇陶瓷,就要培养一批经营管理人才,而行业发展的未来趋势决定了未来人才建设的要求与方向。今年,业界与学界从宏观陶瓷产业、陶瓷企业、陶瓷产品营销等不同角度对陶瓷行业的未来发展趋势做了全面的探讨与展望。

在2007年初的中国唐山第一届陶瓷文化研讨会上,中国轻工业联合会副会长杨自鹏、景德镇陶瓷学院艺术设计学院院长何炳钦等专家分析认为,在未来十几年甚至几十年,我国整体陶瓷产业发展将呈现五大趋势。一是陶瓷产业发展空间加大,老产业面临新生机。未来人们对陶瓷的需求必将不断增加,特别是对高档日用陶瓷和艺术陶瓷的需求量将迅速增长。二是产品个性化趋势将主导市场,要求日用陶瓷越来越具有收藏价值,艺术陶瓷越来越具有日用价值。生活需求的个性化决定了人们对陶瓷需求的个性化。婚庆、节日等专用陶瓷需求将有所增长。三是高科技产品引领国际市场。欧洲等陶瓷产业的高科技化趋势,必将促进我国陶瓷产业走科技兴业的路子,企业生存对科技的依赖度越来越高,高科技产品成为主流,高科技产品将走俏大众市场。四是民族文化品位不断提升。中华民族悠久的历史文化是陶瓷产业发展的基石,陶瓷产品将在不断吸收民族文化积淀的基础上不断提升文化品位。无论是日用陶瓷还是艺术陶瓷,文化品位将越来越高,陶瓷产品将在不断吸收民族民俗文化中更新换代。五是国际竞争更加激烈, 国内国际两个市场优胜劣汰的步伐加快。在世界经济一体化中,国外陶瓷产品将大量进入我国大中城市的高档商场,我国企业面临的竞争压力加大,企业生存周期缩短。陶瓷市场在竞争中将逐步形成国外以中高档陶瓷为主,我国以中低档产品为主的格局。国内外高档陶瓷产品的竞争更加激烈。

在由潮州市政府主办2007年潮州陶瓷发展论坛上,专家与业界精英从应对挑战出发研讨了陶瓷企业的发展策略。他们认为,近两年,陶瓷产业发展遭遇到前所未有的挑战,生产原料提价,油气价格持续走高,人民币升值,陶瓷出口退税率降低,欧美发达国家的反倾销等措施，等等。这些使我国陶瓷企业遭受到重创。因此，未来陶瓷企业的发展趋势首先是转变观念，坚持以人为本，以人性化创新产品设计，提高产品质量，加强创新型人才的培养。其次是要推广欧盟的技术标准并采取积极的应对措施，努力从做贴牌转向做自有品牌，最后是学习国外著名品牌与著名企业，陶瓷企业要实现从做大向做强转变，要从企业转型、企业定位、企业创新上下功夫，向管理要效益，通过创新提高产品附加值。

在近日举办的“中国陶瓷行业发展前景暨‘闽龙现象’高峰论坛”上，业内人士共同探讨了陶瓷产品的未来市场营销新趋势。他们认为陶瓷营销有四大趋势。

一是交易形成整合场所。国务院发展研究中心市场经济研究所所长任兴洲表示，陶瓷交易向大型专业市场和综合市场的专业市场群集中，市场上会出现一些经营大户与专业化的贸易公司。北京闽龙陶瓷集散地就体现了这种陶瓷交易集中化的趋势，代表了新的营销手段。

二是厂商一体化加快。在越来越激烈的市场竞争中，陶瓷市场的销售格局会不断发生变化，市场销售模式也会随竞争而改变。陶瓷行业已进入了大流通、大整合的品牌时代。现在的竞争，是厂商一体化的联合竞争，陶瓷企业市场渠道的好坏，取决于拥有多少优质的经销商的总和。只有把企业和经销商捆绑在一起，有利同享，有难同当，经销商才会全力推广你的产品，才会把市场通路建立成一个健康的渠道。

三是市场竞争全球化。陶瓷市场档次多种多样，从低级、中级到高级，无论哪个档次，都必须是环保的、节水节能的。因此，企业必须提高产品的“含金量”，才能有竞争的能力。

四是与装修公司的捆绑营销模式将大行其道。作为家庭装修中不可或缺的重要产品，陶瓷必然会与品牌家装公司进行捆绑营销，建立起优质的服务流程，推广集成家装，强化终端服务。

因此，综合中国陶瓷业应走的道路，可以概括为12个字：集团(群)化、专业化(个性化)、品牌化、国际化。这是陶瓷企业与陶瓷产品的共同发展策略。也是创新型人才培养的未来方向。未来创新型经管人才的培养都以适应这个方向为核心。

11.2 未来陶瓷行业经管类人才的能力要求与素质结构

陶瓷行业集团(群)化、专业化(个性化)、品牌化、国际化的发展趋势决定了未来陶瓷行业的竞争是规模、产品、渠道与服务的竞争,但是,归根结底是人才的竞争。因为无论是企业管理的创新,还是产品开发与品牌营销的创新,都必须依靠人才的运作才能实现。对于景德镇陶瓷行业来说,不缺乏科研与艺术创作人才,缺少的是创新型的企业经营管理人才,其中包括熟悉市场运作的高端人才。这一点前文已有述及。因此,本文研究认为,景德镇创新型经管人才队伍的建设方向应着眼于培养宽门径的复合人才,应使他们具备多方面的学科知识与能力:

一、具备企业经营管理知识与产业整合能力

只有具备了企业经营管理知识才能掌握企业经营与商品市场的一般规律。陶瓷企业虽然是特殊门类的企业，但是在企业经营管理中，也要遵循企业共同的游戏规则,陶瓷商品虽然是一种特殊的商品,但是在市场竞争中也要遵循一般的市场规律,这是成功驰骋陶瓷市场的基本点。要求具备产业整合能力,则是景德镇陶瓷产业现状的特定要求。景德镇陶瓷产业的落后是横向的，靠大量的手工作坊是难以形成产业的,也不可能得到政府有力的支持,就更不要说与佛山、淄博以及泉州那样规模化、机械化的陶瓷产地竞争,因此,景德镇陶瓷产业的振兴首先应该依据现实条件实现跨越式发展,依靠产业整合,培育出规模企业,把散兵游勇式的数千家中小作坊配套成龙,将艺术陶瓷日用化,把市场前景空间广阔的日用陶瓷和建筑陶瓷做大做强。只有实行产业整合,才能实现区域性的企业转型、企业定位与企业创新的根本改变。这是景德镇陶瓷产业振兴的唯一通道,是基本前提。

二、具备品牌创新与市场运作的知识与能力

在日趋激烈的市场环境下,拥有市场比拥有工厂更重要,而拥有市场的重要途径就是拥有强势品牌,现代市场经济更注重追求品牌附加值。景德镇陶瓷产业振兴在品牌方面的任务有两点:一是如何运作景德镇区域品牌,二是如何打造陶瓷企业品牌与陶瓷产品品牌。中国建筑卫生陶瓷协会副会长、广东欧神诺陶瓷公司董事长鲍杰军曾

说，景德镇现在的落后是横向的，缺乏一批大企业、强势品牌，但“景德镇”就是金字招牌，它的历史文化积淀和号召力是无人可比的。可惜的是近年来本地企业的短视与机会主义行为损害了“景德镇”这个区域品牌。因此，龚循明先生说：“‘景德镇’就像千年老字号，需要保护和运作，而不是闲置、埋没了。”据了解，“景德镇”商标已经被景德镇市陶瓷协会注册了，但至今没有得到较好的开发。

三、具备陶瓷制作与陶瓷工艺的一般知识

陶瓷产品是一种特殊的商品，要求创新型经管人才掌握陶瓷商品的特殊规律，应掌握陶瓷商品因制作工艺的特殊性而产生的特殊价值，以及特殊的市场推广途径。而且，由于陶瓷制作工艺具有很大差异性，从而导致不同陶瓷产品之间也有很大差异性，这要求市场运作人员根据自身产品的差异性而采取不同的市场策略。虽然企业经管人才不必具备很高深很专业的陶瓷制作工艺知识，但是一般的知识是必备的。现在陶瓷市场上有很多市场运作与销售人员由于来自其他行业，导致他们不能发掘自身陶瓷商品的差异性，不能根据自身的资源条件拿出独具特色的市场营销方案，制定出差异化的品牌创新方案。这是陶瓷市场上大多数品牌面目雷同、平庸俗套，甚至沦为贴牌商品的根本原因。

四、具备陶瓷文化与民族传统文化的一般知识

陶瓷商品的特殊性还在于它是一种文化产品，具有深厚的民族文化内涵与积淀。这是许多陶瓷商品具有很高附加值的重要原因之一。不了解这一点，陶瓷品牌的打造工作就难以深入，就不可能打造出高端品牌。另一方面，国际陶瓷文化的交流，还承载着宣传民族文化，巩固民族情感，开拓国际关系的重要功能，也就是说，国际陶瓷交流还担负着社会责任。目前，由于陶瓷企业经管从业人员或出身于纯粹技术领域，或来自于其他行业。所以很多企业不注意建设企业文化，不注重文化营销。景德镇陶瓷行业的市场经营人员的平均学历远低于其他行业。这一点在全面很具有代表性，与佛山市、泉州市情况都极其相似，说明中国陶瓷行业经管层的整体人才素质现状堪忧。这大概也是中国陶瓷行业与海外相比整体局势下滑，只能徘徊于低端市场的原因之一。

五、具备信息化、电脑多媒体、互联网科技等方面的知识

随着现代营销观念和信息化、电脑多媒体、互联网科技等方面的进步，海外陶瓷

企业与国内其他行业的知名企业在市场开发上普遍大量利用电子商务、网络代理等现代科技,以改良现代营销方式。但是,目前景德镇市的工业陶瓷企业还停留在等顾客上门看样购货、组团展览等传统的销售方式上,很少利用互联网进行与顾客的互动营销,也很少利用三维图像进行产品的整体效果展示。众多的企业更是缺乏国际营销的经营经验,对一些国际贸易的操作方法和规则比较陌生,在体制和运作等方面也不适应国际贸易的需求。因此,对现代科技的跟踪能力也是人才的必然要求。

人力资源革新理论认为,现代企业人才必须是宽门径的复合人才,必须是能力素质、专业技能、工作经验三位一体的综合体。其中,能力素质是阐述的重点,它代表一个人的发展潜能,要求一个人才之所以能成为人才必须掌握包括专业理论知识、商务知识、市场知识、跨文化经验、创新意识与能力、推动能力、专注能力、影响能力、指导能力等多方面的素质。这是对现代人才概念的重新定位,也是现代陶瓷市场竞争环境下对人才队伍建设的要求。

景德镇陶瓷区域品牌的颓败根本上在于创新型经营管理人才的缺失,因此它的振兴也取决于创新型人才的培养。本文以景德镇陶瓷行业经管类人才队伍的现状与现行培养机制分析为基础,剖析了其中所存在的问题,探讨未来创新型人才建设策略与思路。

第十二章

景德镇陶瓷行业经管类人才的供需机制分析[①]

中国陶瓷产业面临的竞争环境自 20 世纪 90 年代末以来发生了根本性的变化,反映在人才市场上,全行业急需复合型、跨学科、宽口径经管类人才。但是中国陶瓷经管类人才的供给机制在各方面存在着许多问题,表现出严重的滞后性。因此,要求包括常规教育机构、地方政府、行业性公共组织、企业在内的各类社会主体加速教育职能的更新,建立长效合作机制,改善人才供给,建立应用型职业化的人才培养模式。

12.1 经管类人才的市场需求

近十几年来,中国的陶瓷业已经由过去的卖方主导市场转为买方主导市场。以建陶市场为例,容量大约为 40 亿平方米,产能则有 75~80 亿平方米,另外,还有近几年来已投产的约 40 亿平方米的抛光砖生产线,产能过剩率近 2/3,产销矛盾严重突出。在成本管理方面,生产领域的成本略有

①本章节参考文献除正文中已有述及的之外,还有,秦夏明等:《产业集群形态演化阶段探讨》,《中国软科学》,2004 年第 12 期。[美]迈克尔·波特:《国家竞争优势》,华夏出版社,2002 年。[美]迈克尔·波特:《竞争论》,中信出版社,2003 年。方虹:《企业管理》,高等教育出版社,2005 年。蒋东仁:《政府环境与产业集群成长》,江苏人民出版社,2005 年。

下降,但经营领域的成本却大幅上升。在国际贸易方面,近十年来,国外陶瓷"巨鳄"纷纷在国内抢滩登录,在他们强势品牌的冲击下,国内陶瓷行业整体利润空间大幅下降。民族品牌们在经历了自相残杀的价格营销与模仿营销之后,已经进入了产品同质化、价格平等化的竞争时代。现代市场竞争已经由以前追求技术附加值转变为更重视追求品牌附加值,要求营销创新与品牌创新,在保持技术特色的基础上更要求保持品牌特色与优势。日渐严峻的事实迫切呼唤着中国陶瓷业经营管理的创新与品牌管理的创新。

然而,令人痛心的是,目前国内陶瓷行业经营管理类人才,尤其是企业创新型管理与品牌营销人才严重缺乏。本文以佛山与景德镇为重点,对陶瓷行业做了一次深入的调查。佛山是当前国内业界商品化最成熟的陶瓷市场。即便如此,目前佛山陶瓷行业的营销人员的平均学历不及高中水平,远低于周边地域的家电等行业。陶瓷企业的经营管理从业人员约有52%出身于技术人员,是由技术人员升迁为中高层后再转入管理岗位,另有约31%是由其他行业的经管人员跳槽而来,真正来自相关专业院校并由基层经营岗位锻炼出来的人才微乎其微。出身于技术人员的经营管理从业人员普遍存在一种偏见,即往往都自视为"内行"而轻视营销与品牌管理,也藐视科班出身的年轻的经营管理人员。由其他行业跳槽而来的经营管理从业人员则往往由于缺乏对陶瓷商品独特制作工艺与文化理念的深入理解而拿不出个性化的营销策略。这些都深刻反映了专业人才教育的缺陷与滞后。

时间发展到2004年,景德镇陶瓷工业产值为20.5亿元,占该市GDP的15%左右,而广东潮州陶瓷业销售额却达到117亿元,山东淄博陶瓷工业总产值更是高达137亿元。在2006年10月景德镇陶瓷博览会上,时任景德镇市委书记许爱民坦诚地说:"景德镇陶瓷落后是不争的事实。"2007年,景德镇陶瓷产值40亿元,佛山614.45亿元,景德镇为佛山的6.5%。2012年,景德镇为215亿元,佛山为800亿元,景德镇为佛山的26%。此时淄博386亿元,潮州395亿元,德化县124.23亿元,醴陵(县级市)350.5亿元。2014年,景德镇陶瓷产业总产值291.6亿元,增长17%,增速很高,总体上与佛山、潮州的差距不断缩小,但差距仍然不可以道里计。

自20世纪90年代末以来,曾经显赫一时的景德镇十大瓷厂相继土崩瓦解,门庭不再,大部分有规模的企业也逐渐彻底瓦解,原先的一个车间被瓜分成几个或十几个小厂,7万名国营瓷厂从业人员下岗分流而自谋出路,由此构成了今天景德镇陶瓷产业由四千多家作坊型小厂,五六家中等规模企业以及十来家外资企业组合而成的产业格局。

景德镇错失了建筑陶瓷发展的最佳时期。在近年红火的建筑陶瓷行业，景德镇几乎是溃不成军，仅有一家上规模的企业。此外，还有两家墙砖厂共三四条生产线在生产，日用陶瓷成规模和体系的也不超过5条。目前，企业资金均严重不足、配套不齐，很多企业不是好不容易拿到订单就是产能不足。很显然，靠这些作坊是难以形成产业的，也得不到政府有力的支持，就更不要说与佛山、淄博以及泉州那样规模化、机械化的陶瓷产地竞争。

在大多数陶瓷中小企业中，其经营管理人员几乎全部来自于原国营瓷厂下岗分流人员。其中具有中等技术职称者占26%，高级职称者占5%弱。他们中的近70%是出身于技术人员或工人，经营管理专业出身者只有13%。调查结果显示，景德镇陶瓷行业的市场经营人员的平均学历远低于其他行业。这一点与佛山市的情况极其相似。

陶瓷产业的严重下滑，导致景德镇陶瓷人才的严重流失。"景德镇学"创始人陈雨前介绍说，人才本是景德镇最大的优势，但是，众多的人才外流了，现在其他地区的科研和创作人员半数以上都是从景德镇出去的。

目前，景德镇的人才结构严重不合理。景德镇并不缺少陶瓷工艺人才与科研人才，而是缺少高端的企业经营管理人才、品牌推广人才、市场运作人才。据调查，全国唯一的国家级陶瓷研究所在景德镇，景德镇还有省市级的研究机构5家，拥有陶瓷研究人员2000多人，占全国陶瓷科研人员的半数以上；中国工艺美术大师全国36名，景德镇就有12名。但是，景德镇的众多高档名瓷还停留在大师艺术作品上，艺术品未能适应市场，未能很好地转化为生产用瓷，科研能力未能较好地转化为市场能力，由此导致产业品牌一直树立不起来。景德镇在陶瓷品牌意识和名牌数量上的落后程度是令人难以置信的，目前景德镇的中国名牌在几大厂区中最少。在2007年初由中国陶瓷工业协会公布的日用陶瓷等8大类68个"中国品牌"中，景德镇仅有"红叶"获此殊荣。景德镇陶瓷企业大部分沦为贴牌企业，赚取微薄差价。

虽然景德镇的艺术瓷一枝独秀，但是，由于目前的业内人士对它的销售渠道开拓不足，没有做到公开和透明，因此没有实现充分的产业化与市场化，不能充分地释放产能。这是严重的产业资源的浪费。造成这种局面的主要原因是缺少产业资源整合人才与市场品牌运作人才。

外贸人才的缺失也是景德镇人才队伍的特点。景德镇环球陶瓷集团有限公司董克勤说："前几年，景德镇的外贸出口一直萎缩，反观国内其他诸如广西北流、福建德化等产区就是靠抓住出口大单崛起的。”

调查显示，景德镇现有企业的中高层队伍普遍经营思维因循守旧，不思进取，安于现状。江西省美术家协会陶瓷艺术委员会副主任龚循明评价说：“由于投入小，产出也还可以，本地的小作坊其实生存一般都过得去，一年好的话几十万也是常事。另外，景德镇瓷自古就是不计成本的贡品、精品发展模式，作坊型生产是这个城市的惯性。”在外界陶瓷产业一日千里的大发展环境下，惯性地延续往日的生产方式，不思革新，必然会使景德镇陶瓷产业在整体上不进则退。正是这种安于现状的自我满足使景德镇大多数企业经营者就好像温水里的青蛙一样，逐渐丧失了进取心与斗志，逐渐落伍。

迫于生存压力，错误的经营理念一度流行，短视行为严重。近年来，景德镇的陶瓷产品陷入了恶性的价格战，假冒伪劣产品猖獗，“景德镇”这个品牌逐渐被滥用。景德镇陶瓷商会副秘书长伍模科说：“这种无序竞争对于景德镇而言是毁灭性的！”为了能够说明问题的严重性，以前在旅游局工作的伍模科解释道：“1996 年之前，外国游客一见到景德镇瓷器就会伸出大拇指，‘beautiful!’，‘这是艺术！’，2000 年以后由于海外一些不规范的展销泛滥成灾，则变成了‘艺术不过如此！’，回想起来这多么令人可怕！”

专业产品市场要求配备专业的从业人员，中国陶瓷产业急需创新型经管类人才。此类人才必须具备两个条件：一方面，陶瓷商品不仅是一种日常耐用消费品，更是一种文化艺术消费品，其中的艺术瓷还是源远流长的民族文化特色遗产资源。因此，陶瓷商品较之于其他商品，内涵更深沉，外延更宽广。这决定了陶瓷产业的经管人员与营销人员必须是跨专业的文理兼备的综合型复合人才。另一方面，现代陶瓷产业的竞争方式日新月异，各种竞争手段与营销技巧层出不穷，信息化时代的交通通信与技术更新更加剧了这一点。因此，现代陶瓷产业急需的经营管理类人才必须具有高度创新意识与创新能力，对市场具有高度敏感。在江西历史瓷都景德镇，更是如此。景德镇区域品牌资产的严重缩水，陶瓷品牌欲振乏力的现实使从官方到民间社团到企业都心急如焚。然而此类人才奇缺是不争的事实，陶瓷业界对这一点已形成共识。

幸运的是，在调查中我们发现，有部分企业高层认识到创新型经营管理人才的重要性。作为有效而准确的市场信号，价格总是能及时地反映市场的供求关系。工资作为人才市场供求关系的信号，准确地反映了陶瓷产业市场对高素质经管人才的迫切需求。据本文课题组调查显示，景德镇的企业老板们越来越重视创新型经营管理人才的输入，对科班出身且具备一定经验的此类人才都报之以高薪厚酬，业内市场区域经理的年薪多在6位数以上,其中已不乏身家数百万者。与此相类似,佛山科学研究院经济管理学院与市人才资源开发服务中心共同发布了《佛山市制造业人才薪酬信息》调查报告。报告显示,受人才供求关系的影响,陶瓷企业中市场经营类与企业综合管理类人才的工资急剧攀升,分别位居各类岗位的第1位与第3位,而研发设计类大幅下滑,由以前的第1位退居第2位,技术类与生产类也大幅下降,退居第4位与第6位。

12.2 景德镇陶瓷行业经管类人才的现有供给与培养机制

景德镇陶瓷经管类人才的供给有三大类途径，一是由技术人员和其他行业的经管人员转化而来;二是由实践中自己摸索出来的民营企业的经管人才;三是由教育机构培养的专业人才。第一点前文已述及,这里不再赘述。第二类人才通常是自主创业者成长为中小企业经营管理者,这一点在全国各地非常普遍,德化、泉州、佛山、唐山、淄博,都是如此。无论是以陶瓷生产为主的企业,还是专营陶瓷销售的企业。在景德镇,经管类人才的供给大部分来自于自己创业的市郊区农民与基层市民百姓,文化学历有近50%未取得高中毕业。原因是:①由于中国没有形成成熟的职业经理人制度与社会认同机制;②中小企业也没有必要千篇一律地聘用职业经理人;③由实践中自己摸索出来的民营企业的经管人才的确有部分人是称职的; ④相当多的中国中小企业老板缺乏将企业创办成百年老店的野心。所以,由农民或基层市民自主创业而成长为企业经管者的人才供给机制可以概括为当前中国陶瓷经管类人才供给的主体部分。

人才供给的第三种途径，由教育机构培养专业经管人才。目前存在着很大的弊端:首先,在专业设置上,据本文课题组调查,我国目前的陶瓷院校教育还停留在窄门径的单科教育培养模式时代。陶瓷教育的专业设置与课程安排还在照搬计划经济时代的单科模式,只专注于理工技术教育与艺术创作教育,轻视现代市场经济所要求的专业型经管教育与营销教育,创新意识不强,对陶瓷市场竞争的发展走向认识不足,对企业已经由以前追求技术附加值转变为更重视追求品牌附加值认识不足，还没有认识到现代陶瓷企业经管人才,尤其是营销人才的特殊重要性。这一点无论是综合性大学的陶瓷教育院系,还是陶瓷本科院校,或是高职高专学校,都是如此。其次,部分院校出自建设综合性院校或扩大招生的需要,近几年相继设立了经营管理类专业,但是，由于经验不足等原因，在如何将企业经营管理教育与陶瓷企业管理教育有机结合的问题上，还没有探索出一条成功有效的道路，没有体现出与一般性高校经营管理类专业教育的区别，没有在教育方法与手段上体现出陶瓷企业经营管理的特殊性。陶瓷企业经营管理从业人员，尤其是中高层管理人员与市场经营人员不但要了解陶瓷商品作为一般商品的一般市场规律，更要掌握陶瓷商品作为文化艺术品的个性内涵与特殊价值规律，这一点决定了陶瓷企业经营管理人员培养的复杂性。

从景德镇地方各高校过去传统经管类各专业的教学状况看，在专业设置、课程设置、实践教学等各个环节上，存在脱离地方社会现实与地方经济现实的现象，盲目模仿重点大学，延续培养学术型人才的习惯路径，把教学重点放在追求升本考研升学率和为大型企事业单位输送人才等方面，忽略了教育要服务于地方建设和为基层培养创新型人才的办学导向。其结果导致不伦不类的课程安排，既没有形成重点大学的办学实力，又丧失了自己的办学特色。

在教育机构之外，我国的其他社会主体还没有形成有效的人才培养机制，还处在自发状态。这些主体包括各级地方政府、行业性公共组织与企业自身。地方政府在对常规教育机构的经费投入之外，普遍没有针对专门行业开展针对性的人才培养培训行动。行业组织如公会、行会等公共组织也没有体现相关职能。在研究中我们甚至可以得出这样的论断：我国的大多行业组织只是虚设机构，还没有形成真正市场经济条件下的人才培养培训职责。这一点我们与发达国家相比较，有很大的差距。我国企业自身在教育培训方面，普遍投入不足。一类是还没有产生人才培训的强烈意识，认为培训投入应该有员工自己承担；另一类是感觉有必要，但是企业小而无力负担。据本文课题组调查，在景德镇，因为普遍规模小，或经营效益不很理想，或机会主义思想与短视行为，使培训经费投入每年在 1 万元以上者，不到 5%；有 41%的企业从来没有开展专门培训。

在科研学术的智力支持与间接性人才供给方面，目前也存在很大的不足。科研学术工作者应该及时把握，乃至于提前预测市场竞争走向与趋势，为陶瓷产业发展与陶瓷教育革新出谋划策，为地方经济发展与陶瓷产业国际竞争提供智力与知识支持。这种支持可以是公益性的，也可以通过产学研相结合的方式转化为商业性的间接性的人才供给。但是，这方面我国表现出很大的滞后性，还基本停留在计划经济时代。笔者利用“中国期刊网”数据库，以关键词“陶瓷”检索查到最近五年的文献为 9500 多篇；利用“工程索引(EI)”的 Compendex 数据库以“陶瓷人才 / 教育 / 培训”为关键词检索到最近5年的文献39 400多篇,说明与陶瓷有关的研究是十分活跃的。但是几乎全部讨论的都是陶瓷艺术、陶瓷设计,以及理工科的材料工程生产技术等教育问题,对陶瓷企业应该如何革新经营管理与市场营销，教育院校应该如何革新陶瓷企业经管教育的几乎没有，说明科研学术界对陶瓷生产一流大国的中国沦落为陶瓷品牌三流小国的严酷事实没有足够的警惕之心，对现代陶瓷市场的竞争规律还没有足够的把握,表现出科研相对于现实的严重滞后性。

令人庆幸的是,有一部分陶瓷行业的一线从业者(不是专家学者)通过网络这种非官方渠道对陶瓷教育改革做出了大声疾呼。他们在中国陶瓷网、华夏陶瓷网、二十一世纪陶瓷网等网络论坛里对中国陶瓷经管类人才的素质要求与培养模式提出了要求与展望。虽然目前通过这些新式媒体发出的声音还较微弱,还没有引起主流教育界的足够重视,但是,笔者相信,这些来自一线从业者的声音有足够的事实根据,反映了中国陶瓷业与陶瓷教育业的发展未来。

12.3 解决供需矛盾的基本战略设想

通过上述分析，可以发现我国陶瓷行业经管类人才的市场供需存在着很大的矛盾,要解决这些矛盾,我们必须从多方面着手,扩大与改善相关人才的供给,培养能适应市场发展与变化的创新型经管类人才。

第一,以应用型、职业化为导向,加快陶瓷教育革新进程,培养科班出身,具有跨学科、宽口径的陶瓷企业经营管理人才。首先在陶瓷类教育院校要增设陶瓷企业经管类专业,条件不足的可以建立一般性的工商类专业,但是在课程设置上,要开设陶瓷企业经营管理课程，如果条件还不成熟，则至少应该在教学内容上增加相关教学内容,将一般性的企业经营管理规律与陶瓷企业的特殊规律结合起来,以体现陶瓷企业与陶瓷商品经营管理的特殊性。另外,还要对经管类学生开设关于陶瓷艺术与审美、陶瓷工艺与制造的基本课程,使学生掌握陶瓷商品的特殊内涵与个性。在条件成熟的情况下,可以组织经验丰富的教师根据地区经济实际情况编写教材,采颉相关案例,探索市场发展规律,明确高校人才培养为地方经济社会发展服务的主导思想,建立应用型职业化的人才培养模式。

在教育方法与手段上,要时刻关注、研究,并借鉴海外教育机构在专门人才培养方面的有益经验,拓展自己的教学思维,丰富自己的教学手段。本文课题组收集并研究了海外部分名校的资料,重点考察了著名的阿弗雷德陶瓷学院和华盛顿州立大学的陶艺系等,他们的教育方式与我们有许多的不同。首先是本科生的入学并不是太难,且一入学就开始接触与陶瓷学科有关的学科知识,使本科教育四年均与陶瓷相伴。学生的学习和实践有着令人羡慕的宽松环境。他们尤其重视市场实践与毕业实习,实践课学分占总学分的1/3。毕业论文必须以毕业实习与调研为根据,学生必须先拿出实习草案并说明自己的观念和意图,只要你的构思有独特的感受和表现,均会得到教授的支持。拒绝模仿和与他人作品类似已成为美国教育和艺术家创作上的一种自觉和人格尊严的象征。他们的研究生教育也值得我们学习。在硕士生的录取上较为严格,本院的本科生在毕业三年后才能报考本院的硕士,而本校的研究生一般来说也不能留校,要想获得本校的职位须在外面工作几年并取得成绩后才能申请。这些都有效地防止了师生之间的知识和观念的"同化"。在学习上,研究生通常作为教授的辅助教师,对本科生做一些基础知识的传授并管理设备和原料等,这样既有利于研究生系统整理专业知识,又有利于提高实践技能,培养理论与实践具备的专业高端人才。

第二,发挥各方面社会主体的积极性,建立陶瓷教育培训的立体化长效机制。这些社会主体主要指地方各级政府、行业性公共组织与企业自身。政府除了对常规教育机构的经费投入之外,还应该充分发挥作为国家公共主体在资源、公正、信用等方面的优势,担负起社会营利性组织所不可能具备的社会公益职责,配合地区经济社会发展的切实需要,定期开展针对性的知识传播活动与人才培训。公会、行会等行业公共组织作为业界的代言人以及政府与企业之间的桥梁,也具有行业发展研究与资源支持的公共职能。由于"大社会、小政府"社会管理格局的确立,许多地方政府将部分行业管理与服务的公共职能分解下放给各类行业组织,因此行业公会在现代市场经济中地位更加重要。我们应积极研究并学习发达国家行业组织的建设经验,建立起长效性的服务机制,一方面开展公共性的人才培训,促进业界的知识更新,另一方面,还要促进业界高管们培训意识的觉醒,督促地方企业加大常规培训的投入,加大人力资源的开发力度。对我国企业而言,重要的一点,是要使他们建立起企业的社会责任感,使他们认识到,企业在教育培训方面的投入,不仅仅是出于自身经济利益的追求,更重要的是在履行作为社会主体的社会职能,创造社会效益。

在瓷都景德镇,由于"小陶瓷"政策的实施,导致陶瓷中小企业占据绝大多数,中小企业人数少,资本规模小,人员培训的人均支出大。因此政府与行业组织更应该发挥主导作用，发挥行业管理者的聚合效应，以行业规模摊薄培训支出，减轻企业负担，同时还能以人才资源为导向，引导地区行业经济正确发展，规避企业个体发展的盲目性、功利性与短视行为。

第三，推进重要产瓷区的科研事业革新，从现代陶瓷市场竞争的现实出发，完善陶瓷科研的学科门类。在陶瓷研究中，增设陶瓷行业发展研究、陶瓷企业管理研究、陶瓷市场研究、品牌建设研究、陶瓷物流研究等门类，为陶瓷行业与企业的发展提供专业性建议。

第四，各类社会主体要在陶瓷人才培养中形成长效合作机制，以充分利用社会资源，发挥资源潜力，建立应用型职业化的人才培养模式。地方高校、企业、地方政府、行业组织在创新型经管人才培养中都担负着职责，但是，由于各自的利益导向不同，职能不同，社会角色定位不同，各自所掌握的资源优势也不同，因此四大主体应该建立合作机制，充分发挥不同利益主体的积极性，真正建立起人才培养途径的多元化与立体化。

本文课题组以景德镇为重点的调查发现，人才培养合作机制的缺失是创新型经管类人才稀缺的重要原因之一。高校的理论教学缺乏实践基础与实习基地。企业则缺乏高端知识的指导，不能及时总结经验与准确预测。政府与行业组织不具备师资力量。各类主体各自为战，造成资源浪费，产出效率低下。因此，各类主体应发挥各自的资源优势，建立深层次的合作机制。企业应以实践基地为依托，提供实践资料，提出初步的培养要求设想。地方高校应探索更灵活多样的实践教学与第二课堂教学途径，探索如何将实践教学及第二课堂教学与陶瓷职业教育相结合，以具体陶瓷企业为依托，实现实践教学的常规化与连续性，培养学生的实践动手能力，提高学生的职业素质与就业技能，同时为企业承担部分培训任务，真正建立应用型、职业化的人才培养模式。政府与行业组织则应该充分利用高校的教学资源，节约社会成本，花小钱办大事，不花钱也办事，共同促进地区经济的持续快速健康发展。

第十三章

探索应用型经管类专业教学改革

改变以往的学术型人才培养模式，建立应用型、职业化的人才培养模式，面向本地区行业和产业，面向本地区经济社会亟须解决的问题，调整学科专业结构，以产教融合、校企合作为主要路径，以专业设置与产业需求、课程内容与职业标准、教学过程与生产过程“三对接”为主要手段，打造特色，形成优势，培养能够服务地方经济社会发展的实践性人才。这是当前的大势所趋。

13.1 培养地方性、宽口径、复合型的实践型人才

从全国大环境看，当前中国经济社会发展进入了转型期，产业结构转型升级，经济发展方式正向创新驱动型转变，市场需求结构转换，新型城镇化大步推进。在人才供给市场上，人才需求结构也发生根本性变化，高端职业人才短缺，低端人才与普通学术人才过剩，就业结构性矛盾十分突出。这些反映在高等教育事业方面，新时期我国高等教育发展的阶段性特征更加明显，高等教育的矛盾结构已经根本改变。从教育需求看，高等教育正从资源约束型向需求导向型发展，市场需求呈现出多样化趋势；从教育发展的趋势看，让学生有学上的问题初步解决，上好学的问题成为突出

矛盾；从教育发展的方式看，高等教育的数量和规模问题初步解决，供给质量和结构问题成为突出矛盾，依靠内涵发展日益成为主导性发展方式。

因此，《国家中长期教育改革和发展规划纲要》明确指出，将“建立高校分类体系，实行分类管理”“重点扩大应用型、复合型人才培养规模”，下一步，高等学校设置将逐步实现由分级管理向分级分类管理转变；要求在科技研究方面，应以重大现实问题为主攻方向，加强应用研究，增强社会服务能力；应加速人才培养体制改革，创新人才培养模式，创立高校与科研院所、行业、企业联合培养人才的新机制，着力培养具备动手能力的学生，注重知行统一；坚持教育教学与生产劳动、社会实践相结合；开发实践课程和活动课程，增强学生科学实验、生产实习和技能实训的成效。全面贯彻《规划纲要》，学校转型发展面临十分难得的发展机遇。

十八届三中全会通过的《中共中央关于全面深化改革若干重大问题的决定》提出：加快现代职业教育体系建设，深化产教融合、校企合作，培养高素质劳动者和技能型人才；创新高校人才培养机制，促进高校办出特色，争创一流。

为了贯彻落实十八届三中全会决定，教育部出台了《关于地方本科高校转型发展的指导意见（征求意见稿）》，明确地方本科高校转型的目的就是为了加快现代职业教育体系建设，提高服务区域经济社会发展的能力水平，建立紧密对接产业链的专业体系。《意见》要求，应创新应用技术人才培养模式，制定符合应用技术人才成长特点的培养方案，全面推进模块化教学，高校必须引入用人单位直接参与课程设计、评价和国际先进课程的引进，推行基于实际应用的案例教学、项目教学和虚拟现实技术应用；专业课程运用真实任务、真实案例教学率要达到 100%，主干专业课程用人单位的参与率达到 100%。《意见》为高校转型建设提出了明确的任务和要求。

2014 年 2 月 26 日，国务院总理李克强主持召开国务院常务会议，部署加快发展现代职业教育。会议要求建立学分积累和转换制度，打通从中职、专科、本科到研究生的上升通道，引导一批普通本科高校向应用技术型高校转型。提升人才培养质量。大力推动“三对接”，即专业设置与产业需求对接、课程内容与职业标准对接、教学过程与生产过程对接，积极推进学历证书和职业资格证书“双证书”制度，做到学以致用。

3 月 22 日，教育部副部长鲁昕出席 2014 年中国发展高层论坛并做重要报告，指出，中国高等教育将发生革命性调整。2000 年后近 700 所“专升本”的地方本科院校将逐步转型，做现代职业教育，重点培养工程师、高级技工、高素质劳动者等。中国现有近 2500 所高等院校，改革完成后，将有 1600~1700 所学校转向以职业技术教育为核心。同时，在培养模式上，这些高校将淡化学科，强化专业，目标是面向生产一线培养以技术为基础的技能型人才。

以上这些资料都说明，现在中国高等教育进入了结构调整期和转型期。《国家十二五规划》强调，转型中蕴藏着机遇，转型期就是机遇期。面对挑战，如果主动应对，在转型大潮中顺应潮流，占领潮头，必将在发展中脱颖而出，形成优势，办出特色。否则，则有可能被淘汰。

目前，多地省市高校已积极试点，应用型转型乃大势所趋。

部分本科院校的转型发展在2013年年初已经启动，采取“示范引领，试点先行”方法，教育部首批确定了37所院校作为试点，今后3~5年完成试点工作。

2013年6月，试点的天津职业技术师范大学、黄淮学院等35所高校发起成立“应用技术大学(学院)联盟”，这35所院校均为2000年以后由专科升为本科的。教育部规划司有关负责人透露，目前还有200多所高校申请加入，正在等待审查。10多所教育部所属高校包括“985”“211”高校，也表示愿意积极参与联盟的工作。这一联盟正在加强自身建设，建立信息、资源共享新机制，推动建立产教融合和协同创新机制，正在筹划与欧洲技术大学联盟进行合作。

现在，全国许多省份不甘落后，积极探索，一些地方政府也已经行动起来，相继制定了各自的具体改革进程。如上海市建立了高校分类管理体系。河南省正在推进高等学校分类管理、分类指导，成立了河南省本科高校转型发展专家工作组，启动地方高校转型试点工程。山东省重点推进招生考试制度、校企合作动力机制等七项改革，2013年在8所中职学校、11所高职学校和12所应用型本科学校开展“3+4”“3+2”对口贯通分段培养试点，建立“知识＋技能”春季招生考试制度，逐步增加春季高考本科招生计划。同时，按照形成层次类别清晰、布局结构合理的高等教育体系这一方向，坚持“整体设计、分类管理、重点建设、示范带动、全面推进”的原则，以高素质应用型人才培养为目标，以专业建设为着力点，以分类建设和特色发展为主题，由省级财政投入6亿元，实施人才培养特色名校建设工程，按照应用基础型、应用型和技能型的定位，引导高等学校明确办学定位，深化应用型本科教育人才培养模式改革，增强了地方高校服务经济社会发展的能力。广东省也专门设立了“示范性应用型本科高校建设工程”支持转型发展。重庆市2014年4月11日组建由市直各部门共同参与的市属地方高校转型发展联盟，6所院校进入教育部首批试点院校行列，目前有4所通过转型评审，2所被延迟通过。其他已经开始试点的省份还有广西、江苏等。

教育部副部长鲁昕说，从今年开始，高校招生在基本稳定规模的前提下，本科生和专业学位研究生招生计划增量重点支持转型试点取得明显成效的高校和专业。除招生计划外，她还表示，要在高校专业设置、财政投入等方面对向应用技术型高校转型发展的地方高校倾斜。

据了解，为进一步激发高校的办学活力和转型动力，教育部正在加快高校设置制度改革，研究制定应用技术型高校的设置标准，为建立高等教育分类体系创造条件。今后，除少量一开始就定位于研究型大学的高校外，新设本科学校和更名大学都要明确应用技术型高校的办学定位。教育部建议各地省级政府对招生存量计划进行调整，用于扩大符合产业规划、就业质量高和为经济社会发展贡献力强的专业招生规模。

许多试点的地方本科高校探索了有效的经验，可以为我们提供借鉴。如合肥学院以“地方性、应用型、国际化”为办学定位，学习德国应用科学大学的应用型人才培养模式，以社会需求为导向，重新布局学科专业结构，走出了一条培养适应地方经济社会发展需要的高素质应用型人才之路。又如重庆文理学院，重庆文理学院与我校很类似，远离省会城市，办学经费不足，师资结构单一，缺乏行业背景，在竞争激烈的高等教育中处于发展劣势。重庆文理学院与我校现在的情况有些一样：在服务面向和人才培养的转型存在三大先天不足：一是社会服务能力弱，在传统上以服务基础教育为主，不能输送地方经济社会发展、产业结构升级换代所需的行业产业人才；二是应用型科研成果和专利少，教师团队解决行业产业问题能力弱；三是照抄照搬传统老牌本科学术性人才培养模式，造成毕业生“眼高手低”、实践能力差，不能适应行业产业发展需求。针对三大不足，重庆文理学院及时开展了为期一年的“第三次本科教学大讨论”，确立了建设区域性、应用型、多科性大学的办学目标，定格产业，重点打造专业集群，加大特色专业建设力度，建立专业评估与退出机制，以这“三大举措”促进学科专业对接产业。实施“双百计划”。组织100名教师进企业、100名企业家进校园，实现教师队伍由知识传播型向技术研发应用型转变，建设培养实践操作能力、实践创新能力的工程训练中心、文科综合实训中心，强化实践教学。盐城工学院为摆脱“工程实践能力不如高职院校，专业基础不如部属院校”的尴尬处境，转变工程教育理念，面向市场需求，将传统的“学科驱动培养”转变为“需求拉动培养”，探索与实践“能力导向，多元培养”的工程教育模式。

上述高校的实践和经验首先说明，地方本科高校的应用型转型，是大势所趋，是不可逆转的趋势。早转型，早受益，更容易形成特色，形成办学优势。

再次，也说明，怎么转型，路，是自己闯出来的，干事业，就要大胆创新，迎难而上，勇于探索，不怕失败，横下一条心，闯出一条血路。

从江西省本省的情况看，建立应用型、地方性的人才模式符合本省的区域发展需要。江西省政府在“十二五”规划中提出，将进一步优化高等教育结构，建设一批主要面向高新技术产业、先进制造业、生产性服务业的应用型本科学校。积极培育与江西战略性新兴产业相关的学科和交叉学科，促进优势传统学科创新发展。加大与江西基础产业、支柱产业紧密相关的学科专业建设力度，大力培养应用型、复合型、技能型学科专业人才，构建对鄱阳湖生态经济区建设起重要支撑作用的优势学科专业群。当前，正在加快部署构建我省以就业为导向的现代职业教育体系，做好引导一批普通本科高校向应用技术型高校转型工作。省委、省政府下发的《关于深化教育领域综合改革若干问题的意见》，要求构建江西特色现代职业教育体系，培养高素质劳动者和技能型人才，以适应我省发展升级、小康提速、绿色崛起的需要。

从景德镇本市的情况看，景德镇正在加快经济产业转型升级步伐，重点聚焦陶瓷、航空及旅游三大特色产业，突出文化观光、休闲度假、陶瓷创意三大特色，核心工程是以景德镇陶瓷品牌这个龙头，塑造“世界瓷都、艺术之城、千年名镇、生态家园”的新区域品牌形象，将景德镇打造成旅游集散中心，国际旅游高地，陶瓷购物天堂，文化与生态之旅最佳目的地。景德镇市政府的产业部署，要求对服务主导产业的应用型人才加大培养力度，满足发展需要。

因此，景德镇本地高校应紧紧抓住国家经济社会发展转型升级、高等教育结构重大调整、环鄱阳湖生态经济区建设、景德镇城市转型等重要机遇，以培养适应周边经济社会发展需要的高层次、应用技术型人才为中心，以产教融合、校企合作为主要路径，以专业设置与产业需求、课程内容与岗位要求、教学过程与生产过程“三对接”为抓手，打造服务地方的宽口径、复合型的实践型人才。

13.2　经管类专业转型

从景德镇地方各高校过去传统经管类各专业的教学状况看，在专业设置、课程设置、实践教学等各个环节上，存在有脱离地方社会现实与地方经济现实的现象，盲目模仿重点大学，培养学术型人才，把教学重点放在追求升本考研升学率和为大型企事业单位输送人才等方面，忽略了教育要服务于地方建设和为基层培养创新型人才的办学导向。其结果导致了不伦不类的课程安排，既没有形成重点大学的办学实力，又丧失了自己的办学特色。

幸运的是，近年来，景德镇各高校的纷纷适应经管类专业人才培养模式创新方面，要加快陶瓷教育革新进程，培养科班出身，具有综合学科背景的陶瓷企业经营管理人才。首先在陶瓷类教育院校要增设陶瓷企业经管类专业，条件不足的可以建立一般性的工商类专业，但是在课程设置上，要开设陶瓷企业经营管理课程，如果条件还不成熟，则至少应该在教学内容上增加相关教学内容，将一般性的企业经营管理规律与陶瓷企业的特殊规律结合起来，以体现陶瓷企业与陶瓷商品经营管理的特殊性。另外，还要对经管类学生开设关于陶瓷艺术与审美、陶瓷工艺与制造的基本课程，使学生掌握陶瓷商品的特殊内涵与个性。在条件成熟的情况下，可以组织经验丰富的教师根据地区经济实际情况编写教材，采颉相关案例，探索市场发展规律，明确高校人才培养为地方经济社会发展服务的主导思想，建立应用型职业化的人才培养模式。

景德镇学院经济与管理系积极开展教学改革与创新，率先开设了《陶瓷产业与陶瓷中小企业经营管理概论》选修实验课程，不仅面向市场营销专业、工商管理等专业，而且全校学生都可选修。课程内容体现了对新型经管类学生教育的复杂性，既有一般性的企业经营管理的知识，又有陶瓷艺术与审美、陶瓷工艺与制造等方面的基本知识，力图培养出能够适应陶瓷行业复杂竞争的跨学科人才。课程教学大纲如下：

《陶瓷产业与陶瓷中小企业经营管理概论》教学大纲

（选修课 3 学分）

一　大纲说明

陶瓷产业与陶瓷中小企业经营管理概论是财经类与管理类各专业学生的建议选修课，属于专业扩展性课程，也可对其他专业有兴趣的学生开放，可以自由选修。通过本课程的教学，一方面使学生了解中国陶瓷产业发展的大致历程，在当今世界环境中所处的处境，中国陶瓷产业的产业布局，发展趋势，以及中国陶瓷企业在经营管理中所面临的问题，等等；另一方面通过在教学过程中总结与归纳陶瓷企业的经营管理经验，帮助学生了解和掌握陶瓷企业在新形势下出现的新的营销方法与市场竞争手段，尤其是帮助那些将来有志于在陶瓷产业领域就职的学生预先了解产业状况，提高就业技能。

本课程在教学过程中,配备有一定的实践课,包括社会调查与企业实习。实践课时数约占整个课程时数的三分之一。这是应用型职业化人才培养模式的要求所决定的。为了达到上述目的,适应理论与应用教育教学的需要,该课程教材与教师备课应时刻反映当今世界陶瓷产业的最新进展,力争做到视野开阔、资料丰富、论述精辟、语言简洁、通俗易懂、生动活泼,做到理论教学与案例教学紧密结合,课堂教学与实践教学有机统一,使学生在学习中心领神会,触类旁通。

(一) 教学目的与要求

陶瓷产业与陶瓷中小企业经营管理概论是财经类与管理类各专业学生的限选课,是专业扩展性课程,也是其他专业有兴趣学生的自由选修课程。通过教学使学生掌握本学科的基本知识和分析方法,使学生对当今陶瓷产业发展与陶瓷企业经营管理方面的基本经验与规律有大致的了解,并能结合实际分析与应用,为将来的就业工作奠定一个良好的开端,更好地服务于地方经济社会发展。

(二) 教学对象

大学二、三年级学生。

(三) 教学重点与难点

在教学过程,有关的基本概念、基本知识、基本理论要求按"了解、掌握、重点掌握"三个层次进行。

了解:要求学生对这部分内容知道,对其中所涉及的内容理解。

掌握:要求学生对这部分内容有较深入的理解,并把握。

重点掌握:要求学生对这部分内容能够深入理解并熟练掌握,同时能灵活地进行分析和运用到实践中。

(四) 预修课程:

《管理学》、《市场营销学》。

(五) 教学方法与改革措施

1.课堂授课:以教学大纲为指南,结合教材和案例分析,通过讲解、讨论、座谈、答疑等方式培养学生独立思考、解决问题的能力。

辅导教师要认真钻研教学大纲和教材,熟练掌握本课程的全部内容,了解和熟悉现实经济规律,为学生提供优质的服务。

2.实践教学:通过社会调查与实习进一步了解掌握本课程的内容是实现培养目标

的重要手段。在教学过程中,结合教学进度,依据教学内容安排社会实践,并对学生社会实践中出现的问题进行指导。

3.考核:考核是检查教与学效果的重要方式,是教学环节必不可缺的组成部分,也是保证教学质量、培养合格人才的重要手段,必须予以高度重视。考核的目的是检查学生对课程基本内容的掌握程度,检测学生运用基本原理分析和解决问题的能力。实践考核也是其中的重要方面。

(六)总学时

本课程拟安排每周2节,一学期,共32课时左右。

二 学时分配与大纲内容

(一)学时分配

序 号	章 目	学时数
第一章	新中国成立以来我国日用陶瓷产业发展概况	4
第二章	中国陶瓷市场竞争的现状与问题	2
第三章	陶瓷市场与产品竞争的未来趋势	2
	实践课:社会调查	2
第四章	中小陶瓷企业的出路	4
	实践课	4
第五章	中小陶瓷企业营销问题分析及趋势预测	4
	实践课	2
第六章	中小陶瓷企业营销策略探讨	4
第七章	近年来陶瓷业发展的新亮点	2
	实践课	2

(二)教学内容大纲

第一章 新中国成立以来我国日用陶瓷产业发展概况

1. 陶瓷产业发展历程概况

1.1 发展过程

1.2 生产方式

1.3 生产规模、产量及外销

1.4 进出口贸易及市场变化

1.5 宏观政策和行业管理

2. 科技进步发展历程

2.1 陶瓷原料和坯料制备

2.2 釉料制备新技术

2.3 成型工艺技术和装备

2.4 烧成工艺、窑炉和燃料结构

2.5 彩绘装饰

2.6 辅助材料

2.7 陶瓷机械装备

3. 科技人才与教育

3.1 科技队伍与结构

3.2 陶瓷专业教育与职业教育

4. 技术引进与消化吸收

4.1 日用陶瓷技术、设备引进

4.2 技术引进中存在的问题和今后的努力方向

4.3 引进的起点较低,缺乏产品市场定位意识

5. 材质利用与品种开发

5.1 各瓷区开发的新材质日用瓷

5.2 各瓷区开发出的新品种

6. 现有国内外技术差距

6.1 原料开发应用和加工

6.2 陶瓷坯釉料的标准化、专业化生产

6.3 成形工艺技术

6.4 坯体干燥新技术

6.5 日用陶瓷施釉新技术

6.6 新的烧成工艺

6.7 新装饰工艺

7. 陶瓷市场今后发展趋势预测和对策

7.1 国际日用陶瓷产品市场的变化趋势

7.2 国内日用陶瓷产品市场的变化趋势

7.3 我国日用陶瓷发展对策和可持续发展的战略思考

第二章　中国陶瓷市场竞争的现状与问题

1. 产品以中低档为主,我国陶瓷业亟待转型

2. 中小陶瓷企业趋于崩溃

3. 陶瓷市场诚信缺失加强自律迫在眉睫

4. 江西中小陶瓷企业出口难题分析

5. "景德镇"陶瓷行业的问题分析

6. 最新态势

第三章　陶瓷市场与产品竞争的未来趋势

1. 中国建陶业将迎来大规模的调整

2. "四个现代化"将成为陶瓷发展的大趋势

3. 中国不应该成为世界陶瓷加工厂

3.1 中国日用陶为何沦为地摊货

3.2 提高附加值是必由之路

3.3 创新,不能丢失民族之根

3.3 个性化是最大的创新

3.4 不走低水平扩张之路

第四章　中小陶瓷企业的出路

1. 搞活中小陶瓷企业的几种思路

2. 中小陶瓷企业如何打入强势品牌

3. 中小陶瓷企业的反倾销

4. 中小企业的成本管理战略

5. 中小企业谋求信息技术变革

第五章　中小陶瓷企业营销问题分析及趋势预测

1. 陶瓷营销走进黑洞?

2. 陶业需要怎样的营销模式

3. 陶企将迎来真正的营销时代

4. 营销牵动陶瓷业的神经中枢

5. 对陶瓷营销战略战术的反思

6. 建陶行业八大营销倾向

第六章　中小陶瓷企业营销策略探讨

1. 强势营销需要强势营销人

2. 虚拟经营

3. IT 营销技巧——建材营销的新观察

4. 色彩营销

5. 陶瓷营销国际化应注意的问题

6. 顾客忠诚——陶业营销新理念

7. 建陶如何适应国际化

8. 以客户为中心的客户关系管理(CRM)已成为网络营销环境下陶瓷企业制胜的关键之一。

9. 陶瓷营销亟待构筑风险机制

案例 1:陶瓷品牌空白市场建网实战录

案例 2:新中源进入第五代营销

案例 3:厦门三荣陶瓷倡导经营新观念

第七章　近年来陶瓷业发展的新亮点

1. 近几年佛山陶业崛起的成功新品牌

2. 景德镇陶瓷彰显四大亮点

参考书目:

[1]张纯,胡杏乐.中国日用陶瓷业国际竞争力的培育对策[J].佛山陶瓷,2004(12).

[2]殷书建,任允鹏.正视问题 迎头赶上——对中国日用陶瓷产业发展的一点看法和建议[J].山东陶瓷,2003(6).

[3]蔡付斌,王丽龙,解敦亮.中国日用陶瓷品牌建设研究[J].中国陶瓷工业,2003(6).

[4]张锡秋,张儒岭.中国日用陶瓷发展策略研讨[J].江苏陶瓷,2003(12).

[5]吴基球,李竟先,李月琴等.国外日用陶瓷工艺技术现状及发展趋势[J].河南建材,2001(2).

[6]晓宏.未来国际日用陶瓷市场趋势[J].景德镇陶瓷,1999(8).

[7]编辑部.我国日用陶瓷出口现状与展望[J].福建轻纺,1997(5).

由于这门课程学科跨度大,为了保证这门课程教学改革实验的顺利开展,经济与管理系成立了课程教师团队,按照章节内容进行分工。课程教学实验取得了较好的成绩,受到了在校学生的欢迎。这门课程最初设计为每学年开设一次,学生选修人数爆满。后来根据学生的要求改为每学期开设一次,学生选修人数仍然爆满,均在150人以上。甚至有许多已经毕业多年的校友利用晚间回到学校选修这门课。他们感到在工作实践中认识到以前所学知识专业半径窄,学科知识不够用,知识更新跟不上,产生了强烈的求知欲望。他们的学习态度比在校生更认真。而且他们是带着问题学习,经常在课间、课后与教师展开讨论,也进一步促进的这门课程教学改革的完善。

经管类专业教学在教育方法与手段上,要时刻关注、研究,并借鉴海外教育机构在专门人才培养方面的有益经验,拓展自己的教学思维,丰富自己的教学手段。本文课题组收集并研究了海外部分名校的资料,重点考察了著名的阿弗雷德陶瓷学院和华盛顿州立大学的陶艺系等,他们的教育方式与我们有许多的不同。首先是本科生的入学并不是太难,且一入学就开始接触与陶瓷学科有关的学科知识,使本科教育四年均与陶瓷相伴。学生的学习和实践有着令人羡慕的宽松环境。他们尤其重视市场实践与毕业实习,实践课学分占总学分的1/3。毕业论文必须以毕业实习与调研为根据,学生必须先拿出实习草案并说明自己的观念和意图,只要你的构思有独特的感受和表现,均会得到教授的支持。拒绝模仿和与他人作品类似已成为美国教育和艺术家创作上的一种自觉和人格尊严的象征。他们的研究生教育也值得我们学习。在硕士生的录取上较为严格,本院的本科生在毕业三年后才能报考本院的硕士,而本校的研究生一般来说也不能留校,要想获得本校的职位须在外面工作几年并取得成绩后才能申请。

这些都有效地防止了师生之间的知识和观念的"同化"。在学习上,研究生通常作为教授的辅助教师,对本科生做一些基础知识的传授并管理设备和原料等,这样既有利于研究生系统整理专业知识,更有利于提高实践技能,培养理论与实践具备的专业高端人才。

13.3 实践教学革新探索

以学校与企业合作为切入点,构建实践教学的创新模式,是应用型、地方性人才的重点环节。

一、加大投入,加快实践教学基本建设

在重理论轻实践的高等教育格局下,景德镇各高校实践教学经费和资源长期被挤占或得不到有效利用,实践教学发展缓慢。因此,为了给实践教学提供有力的保障,必须加快各种基础设施和软环境的建设。

1.加快实践教学的基础设施建设

在基础设施建设方面,具体要做好以下几个方面的工作:一是要加快经济实验室建设和实验室管理体制的改革,提高实验室的利用效率;二是要与陶瓷企业界广泛合作,加快新老实习基地的建设,要建立一批有相当规模、产学研紧密结合的基地群;三是要加大大学生科研创新基地的建设,培养学生的主观能动性。

以下是景德镇学院与景德镇美德陶瓷科技实业有限公司合作共建的教学实践基地共建方案:

美德陶瓷公司教学实践基地共建计划

共建单位:景德镇高等专科学校财经法律系

景德镇美德陶瓷科技实业有限公司

一、指导思想

"教育要与生产劳动和社会实践相结合。要建立和完善实践教学体系,将实践教

学作为贯彻党的教育方针和实施素质教育的重要方面,保证实践教学时间,增加实践教学的经费投入,提高实践教学的质量。"(教育部周济部长)。

二、总体目标

实践教学与理论教学既有密切联系,又有相对的独立性。探索如何将实践教学及第二课堂教学与陶瓷职业教育相结合,以具体陶瓷企业为依托,培养学生的实践动手能力,提高学生的职业素质与就业技能,建立应用型人才培养模式。同时探索更灵活多样的实践教学与第二课堂教学途径,实现我校经贸管理等专业实践教学的常规化与连续性。

以基地共建为支点,推进高校与企业的人才培养合作,推进合作企业建立起以高校师资为教学资源依托的长效员工培训机制。

三、建设规划与措施

(一)共建师资"队伍"。通过校企共建,着力打造一支新型的"双师型"师资队伍。具体措施如下:

1. 美德陶瓷公司提供技术专家和工程师为我校担任兼职实践教师,为我系经贸管理专业学生讲解陶瓷材料、化工方面的基础知识。美德陶瓷公司现有的管理人员与市场人员则讲解当前陶瓷市场竞争方面的资料。授课时间每专业每学期不少于10课时。报酬参照高专同职称教师。

2. 我系提供有丰富教学与科研经验的教师为美德陶瓷公司担任兼职培训师,讲授传统文化、企业经营、管理、营销策划、市场推广等方面的知识。授课具体安排依据美德公司人力资源部门的培训项目而定。报酬同上。

3. 开展座谈会,每年不少于 2 次,每学期不少于 1 次,双方交流企业经营管理方面的心得,交换市场信息。座谈会的东主轮流担任,经费亦同。

4. 美德陶瓷公司为在职志愿教师提供实践基地,以锻炼实际技能,报酬由当事人与公司具体面谈。

(二)共建教学"计划"。我系经贸管理专业与美德陶瓷公司共同制订人才培养计划。具体措施如下:

1. 由双方领导共同组建专业建设合作指导委员会,聘请行业、公司高管和专家参与我系相关各专业人才培养方案的制订或修订工作,认真听取行业、企业专家的意见和建议。在人才培养方案、课程设置、教学大纲制订、教材选择、教学方法与手段的运用等方面,体现专业合作指导委员会的参与;在专业理论课教学中,聘请企业技术骨干担任兼职教师参与指导;在技能训练和实践环节中,以企业车间、实验室、研发中心、教学工厂为基地;在顶岗实习、就业安置过程中,以合作企业为主体。这种校企密切合作、企业全过程参与的人才培养计划,为我校培养优秀人才提供了有力保障。

2. 由合作指导委员会为指导，为美德公司制订年度员工培训计划，设定培训目标、培训课程,制定培训实施方案。我系为培训免费提供理论教室,机房,电子商务实验室等常备设施。

(三)共建"课程"与"课堂",共同开展理论教学、案例教学、实践教学。具体措施如下:

1. 校企双方按照人才需求设置课程。我系参照美德公司的生产实际和企业对人才的需求规格标准,尝试进行课程改革,以校企合作委员会为平台,聘请企业领导、技术骨干参与课程改革。同时对专业进行职业岗位工作分析，按照当前企业的工作流程、岗位技能和综合素质的要求,确定课程结构、选择课程内容、修订教学大纲,将企业最需要的知识、最关键的技能、最重要的素质提炼出来,融入课程之中,确保课程建设的质量。

2. 美德公司高管与我系教师共同提炼经营案例,组建案例教学资料库,共同筹建案例教学课程。在课时数的安排上,各班级至少有一个学期每周不少于 2 节,学分为 2 学分,为必修课。美德员工可以个人随时申请旁听。

3. 美德公司为我系学生提供轮流实践岗位、毕业实习岗位、节假日顶岗实习岗位等,公司安排具有丰富实践经验和较高专业技能的人员担任实习实践指导教师,以实施传帮带。实习结束由企业指导老师给出实践成绩评定,校内考试成绩与企业实践成绩相结合。各基地按照规定履行职责,按照实习大纲、实训教学大纲组织教学。在公司实践实习期间,公司向实习生支付一定的劳动报酬、交通补贴等,其标准按照试用期员工同等待遇,并解决好实习生食堂就餐问题,享受同等免费午餐。实习期满,公司为实习生出具实习鉴定证书。

4. 公司高管定期或不定期给学生授课、开设讲座、做学术报告,把来自经营管理第一线的最新知识、最新技术、最新经验传授给学生。另一方面,公司业务骨干、技术能手、管理精英担任实习指导教师,协助指导学生写毕业论文和进行毕业设计。从而形成校企合作共建课堂、共同培养高素质技能型人才的机制。

附表:2006年~2007学年上学期各专业各班级实习安排表:

	班级	人数	时间
市场营销专业	05市场营销1班	44	每周一下午,周三上午,周日下午,每次5~6人
	05市场营销2班	43	每周一上午,周二下午,周六下午,每次5~6人
	04市场营销1班	50	每周六全天,每次3~4人
	04市场营销2班	47	每周二下午,周三下午,周六下午,每次5~6人
国际贸易专业	05国际贸易1班	40	每周一下午,周三下午,周六下午,每次5~6人
	05国际贸易2班	42	每周二上午,周四下午,周日上午,每次5~6人
	04国际贸易1班	38	每周二下午,周三上午,周五下午,每次5~6人
	04国际贸易2班	39	每周二下午,周三下午,周五上午,每次5~6人
电子商务专业	05电子商务班	37	每周三下午,周六,每次5~6人
	05电子商务班	45	每周二下午,周日,每次5~6人

2.加快实践教学的软环境建设

在软环境建设方面,一方面是加快课程建设和教材建设,要形成实践课程群,建设一批优秀的实践教学环节教材。另一方面应当重视实践性教学师资队伍的建设。为了适应景德镇陶瓷企业对创新应用型经管人才的要求,教师除了要提高学历层次,拓展对陶瓷制作工艺和文化理念的理解外,还要加强在实践性教学领域的素养。

二、积极开展实践教学研究,有效推进实践教学改革

实践教学改革是新形势下高等教育教学改革面临的又一重大课题,景德镇各高校应以实践教学研究的项目为载体,有效推进实践教学的改革。

第一,改革实践教学的内容与方法:一是要加快实践教学内容的更新,要以景德镇陶瓷企业发展的需要以及学校改革的要求,修订实践教学大纲,加速教材建设,及时把反映景德镇陶瓷企业变革和科技进步的新思想、新知识、新理论、新方法吸收进教材,反映到实践教学环节中去。二是要不断改进实践教学手段和方法,借助现代信息技术开展网上选课、网上授课、网上自行下载课件等多种形式的实践教学。

第二，修订教学计划，适当增加实践教学课时比例：景德镇各高校现时的教学计划往往对理论教学非常重视，实践教学课程体系并不十分明确，为此，必须进一步整合课程和教学内容，逐步提高实验课、实习课和课外实践活动在整个人才培养计划中的比例。

三、加强实践教学管理，提高实践教学质量

实践教学由于长期受到忽视，再加上教学过程又具有诸多不确定性，管理体系的构建就显得十分困难，因此建立一个完善的实践教学管理体系对于目前景德镇各高校的实践教学改革来讲也是一个十分重要的环节。

第一，完善实践教学管理制度：要形成一整套符合景德镇各高校办学实际与各经管类学科专业人才培养要求的实践教学管理制度，使实验、课程教学、学科竞赛、社会实践等各个环节在学校、学院、系等不同层面形成相应的实践教学规章制度。

第二，系统构建实践教学质量监控体系：实践教学的质量监控历来是一个难点问题，学校应根据不同实践教学形式的特点来构建实践教学的监控体系，对于在校内进行的实践教学可以通过督导、教学信息员和学生评教来进行监控，对于在校外进行的实践教学可以通过双导师模式进行监控。

第十四章

探索应用型经管类课程教学改革
——以“品牌管理”课程为例

建设应用技术型大学，现在已经成为许多地方本科院校的明确目标。教学转型，重点是学科专业的转型。那么专业究竟应该怎么转？毫无疑问，专业是由课程组成的，因此专业的转型，最终还是要落实到课程教学转型上。课程不转型，专业转型就成为空谈。

14.1 课程改革的方向

那么，课程教学怎么转型呢？笔者认为，首先，要体现“应用型”，即将传统理论型教学向实践应用型教学转变，构建多功能、多层次的实践教学体系，加大重点培养学生的动手能力和创新能力，以便学生就业直接与市场需求对接，与产业生产对接，与企业岗位对接。正如《国家中长期教育改革和发展规划纲要》明确的：创新人才培养模式，创立高校与科研院所、行业、企业联合培养人才的新机制，着力培养具备动手能力的学生；坚持教育教学与生产劳动、社会实践相结合；开发实践课程和活动课程，增强学生科学实验、生产实习和技能实训的成效。十八届三中全会通过的《中共中央关于全面深化改革若干重大问题的决定》也明确指出：深化产教融合、校企合作，培养高素质劳动者和技能型人才。《国务院关于加快发展现代职业教育的决定》明确提出：强化教学、学习、实训相融合的教育教学活动，推行项目教学、案例教学、工作过程导向教学等教学模式，加大实习实训在教学中的比重。

其次，课程教学转型还要体现明确的“地方性”，即增强教学为地方经济社会发展服务的水平，增强学生的社会服务能力。正如教育部副部长鲁昕在部分省市地方本科高校转型发展座谈会上讲到的：教学改革根据从区域经济社会发展需要出发。如江西省政府在“十二五”规划中也提出，构建区域特色的职业教学体系。因此，地方性，主要表现为课程教学内容要与地方产业行业的需要相对接，要有地方特色。换而言之，也可以这样讲，一个学校的转型有没有体现“地方性”，主要就看教学内容中有没有和有多少与地方经济产业密切相关的内容。一是一个专业的课程体系中有多少地方性的课程，例如，四川理工学院化学工程专业中有一个完整模块，有多门酒类酿造的课程。二是每一门专业核心课程中有多少与地方经济产业相关的实践教学内容。例如四川理工学院的市场营销课程中案例分析必然要密切联系酒类营销。

14.2 课程改革实例分析

本文通过对其他兄弟院校课程改革的实例分析，力图对应用型课程改革的方向与方法提出若干建议。

本文分别选取GZ民族大学作为较高层次高校的代表，选取CQ文理学院作为地方公办本科高校的代表，选取GD科技学院作为民办本科高校的代表，以他们共同的市场营销专业的“品牌管理”课程为例，分析各自课程改革的经验。

实例分析一：

GZ民族大学的“品牌管理”课程是市场营销专业的专业课程，课程改革方案基本内容如下：

供三年级学生上学期修读，要求必须以“市场营销学”“管理学”等课程为先修课程，培养目标为：在教学实践中，要求课堂讲授与案例分析相结合，借助课堂讨论、社会实践、市场调查、品牌策划等多种形式，培养学生的知识应用能力和决策能力。

考核方式：考查、考试目标是在考核学生理解和掌握品牌管理基础概念、基础知识和方法的基础上，重点考核学生理论运用的技能。重点考核学生的分析能力和解决问题的能力。课程总成绩由两部分组成：平时成绩（包括作业情况，即每周一次实训、出勤情况、课堂表现等）占 60%，期末（小论文或者设计作品）考试成绩占 40%。

《课程时间表》如下：

周	次	日期	教学内容	学时	教学方式
1	2	2.25、2.26	第 1 章　品牌管理概述	6	讲授
2	4	3.4、3.5	第 2 章　品牌发展简史	6	讲授
3	6	3.10、3.11	第 3 章　品牌定位	6	讲授
4	8	3.18、3.19	第 4 章　品牌设计	6	讲授
5	10	3.25、3.26	第 5 章　品牌形象	6	讲授
6	12	4.1、4.2	第 6 章　品牌个性	6	讲授
7	14	4.8、4.9	第 7 章　品牌传播	6	讲授
8	16	4.15、4.16	第 8 章　品牌文化	6	讲授
9	18	4.22、4.23	第 9 章　品牌组合战略	6	讲授
10	20	4.29、4.30	第 10　章品牌延伸战略	6	讲授
11	22	5.6、5.7	第 11 章　品牌资产评估；第 12 章　品牌资产的保护	6	讲授
12	24	5.13、5.14	第 13 章　品牌危机管理	6	讲授

资料来源：中华文本库。

我们分析 GZ 民族大学的“品牌管理”课程实例，可见该课程教学明确了职业化人才培养的方向，是以培养学生的应用能力和决策能力为宗旨。其考核方式为平时成绩（包括作业情况，即每周一次实训、出勤情况、课堂表现等）占 60%，期末（小论文或者设计作品）考试成绩占 40%，也说明对学生学习效果的考察注重的是对教学过程的考核，而不是最终结果的考察，尤其是强调“每周一次实训”，说明实践教学的比重很高，但是在《课程时间表》分析中可以看出，一共 12 周的课时，讲授占据了 9 周，案例教学和调查课仅占 3 周，因此从其《课程时间表》中看不到其在前面表述的“每周一次实训”安排。当然也有可能是“每周一次实训”没有反映在《课程时间表》的编排中。若是如此,则其《课程时间表》显然编制有误,编制工作不规范,应该将每一周的实训课在课时上显示出来。因此,GZ 民族大学“品牌管理”课程的应用型并不强。

实例分析二:

CQ 文理学院作为某市公办本科高校,“品牌管理”课程是其工商管理专业的必修课。其课程改革方案基本内容如下:

导:指导阅读,指导研究

所谓“导”就是引导学生阅读经典文献,指引学生做科学研究。本课程强调:教育学生要开放胸怀,面向世界竞争,打下扎实的品牌管理理论基础。根据课程组的研究和学习积累,并结合国际、国内优秀品牌管理类教学阅读材料,给学生开列“品牌管理”领域的经典著作、最新研究著作、品牌塑造案例三类文献。

读:读好书,读好文,读经典

所谓“读”并不是仅仅给学生开一些阅读书目,更主要是引导学生读书,教学生怎样读书,融“导”为一体。阅读是将显性知识隐性化的过程,该过程加入了自己的思考和发现。阅读是知识创新的重要过程。读书要读好书、读好文、读经典。现在是信息爆炸的时代,将有限的宝贵时间集中于最好的信息是成功的关键。除了告诉学习本课程需要阅读的经典文献外,我们还列出世界最好的一些营销科学学术期刊(如*Journal of Marketing*,*Journal of Marketing Research*,*Journal of Consumer Research*,*Marketing Science*,*Journal of Retailing* 等)和我国的经济管理类优秀学术期刊。

写:写心得,写论文

所谓“写”就是结合课程写小论文。如果阅读是将显性知识隐性化的过程,那么,写作就是将隐性知识显性化的过程。这两个环节在教学中就是“阅读”和“写作”。读和写应该相辅相成、相互促进。只读不写不行,只写不读也不行。“读和写”是将学生由知识的消费者转变成知识的创造者的重要手段。通过读写,打下扎实的基础,继而学生去发现问题、解决问题。同时,“读和写”是“议”的前提。教学中反对空谈,议必须有主题、有焦点,并且是基于若干经典文献基础之上。

议:讨论与议论

所谓“议”就是评议学生所写的小论文,采用教师议、学生议的方式,并公开对学生演讲和评议优秀的有特色的小论文。教学过程中,学生自己上台讲解读书心得和自己的论文,与同学们讨论和交流非常重要。本课程教学的“议”主要包括四项活动:一是学生自己做。利用网络和多媒体，要求学生做出内容丰富、形式精美的PPT；二是向做介绍的同学提问题；三是教师点评。教师点评是议的重要环节，教师点评给出给文献的内在逻辑关系以及文献间的逻辑关系，以使学生能在更大范围内掌握知识；四是网上讨论。在本课程的网站上，设有专门的讨论区。我们把学生做的PPT、读书笔记和课程论文放在网上，供大家进一步讨论。

请进来和走出去

所谓“请进来”就是聘请有丰富实践经验的企业品牌管理工作者或营销管理工作者来校讲学，担任部分章节的讲授。同时，本课程还采取邀请企业经理到学校做品牌管理专题讲座，提高学生们的学习兴趣，通过企业实际工作者了解企业品牌管理经验和过程，加深对理论知识的理解。所谓“走出去”就是带学生到企业参观，建立品牌管理的实习基地，利用假期和业余时间参与企业的一些调研活动。通过“请进来、走出去”的方法，让学生参与企业品牌管理实践，丰富自己的感性认识。结合“品牌管理”课程教学，我们一学期一般安排1~2次企业经理的课堂讲座；一学期安排1次小规模的企业参观、调研。

亲身体验法

为弥补学生在学习本课程时实际经验的缺乏，我们指导学生把自己当作品牌利益相关者(如顾客)，去分析自身的品牌消费决策过程、品牌感知体验等，然后运用所学的理论和方法，分析自己的行为与企业文化、员工言行、品牌价值的关系，从而加深对课程内容中关于品牌管理核心理念的理解，如“真正的品牌是存在于利益相关者的内心和想法中”“品牌价值在本质上是利益相关者价值的整合”“一个成功的品牌关系就等于一个成功的品牌”“品牌的真正拥有者应该是利益相关者，而不仅仅是股东、顾客或企业自身”，让学生从自己的实际消费中体会品牌管理理论和方法，增强学生的实际分析和知识运用能力，从而提高课程教学效果。

挑选优秀本科生参加科研课题

品牌科学研究所每年都会从大三、大四的学生中挑选优秀本科生参与课程组老师主持的科研项目和咨询课题，如重庆市城市品牌塑造及相关理论研究、重庆城市品牌战略及实施策略研究、生态型品牌关系与品牌价值创造关联性研究、生态型品牌关系的生态效应与调控原理等。在参与各类课题的研究过程中，学生能够加强品牌管理理论与实践的结合，提升综合素质。

资料来源：国家精品课程资源网。

我们分析 GZ 民族大学的“品牌管理”课程实例，可见，首先该课程教学明确了能力的培养的目标，包括增强学生实际分析和知识运用的能力，读书的能力，知识与实践相互结合的能力。其次，该课程教学体现了应用型，如请进来和走出去，聘请有丰富实践经验的企业品牌或营销管理者来校担任部分章节的讲授，带学生到企业参观、考察、调研、实习，亲身体验教学法。再次，该课程教学体现了地方性，如学生参与 CQ 市城市品牌塑造及相关理论研究、CQ 城市品牌战略及实施策略研究等项目。不过，要支出的，该项此门课程的应用性特色并不明显，主要表现为应用教学课时数所占比不高，如一学期一般仅安排 1~2 次企业经理的课堂讲座；一学期仅安排 1 次小规模的企业参观、调研。更多的课时主要是读书、讨论、写论文。可见该校教学还留有浓厚的学术型人才培养的痕迹。还有，该校此门课程的地方性表现也不是很明显，仅只有部分优秀学生才有参与 CQ 地方项目的机会。这些都说明该校的应用型课程改革已经着手进行，但还不彻底。

实例分析三：

GD 科技学院是南方某省民办本科高校，位于改革开放的领先地域。“品牌管理”课程是其市场营销专业的专业基础课。其课程改革方案基本内容如下：

以就业为导向、以服务为宗旨，以教师为主导、学生为主体的教练式教学法；把学生动手能力、实践能力与创新精神的培养放在突出的地位；主要以项目进行能力训练，教学评价与考核，知识能力 20%、职业技能 60%、职业素养 20%，没有任何概念选择等传统考试部分的试卷，改变了原来读读背背定成绩的考核方式。能力目标体系如下表：

专业能力	社会能力	方法能力
1. 具有团队意识及妥善处理人际关系的能力 2. 具有沟通与交流能力 3. 具有适应环境开拓创新的能力 4. 具有独立运用科学方法进行国际市场调研的能力 5. 具有采集信息、分析归纳的能力	1. 营销意识 2. 开拓创新能力 3. 政策与法规的理解和利用能力 4. 经受挫折的能力 5. 创业的能力 6. 应变能力 7. 环境意识 8. 吃苦耐劳	1. 理解工作任务的能力 2. 制定工作计划的能力 3. 解决实际问题的能力 4. 自主学习新技术的能力 5. 数据分析与处理能力 6. 总结工作结果的能力 7. 创新能力

能力训练项目设计(因篇幅有限,作者有删节):

编号	项目名称	训练方式,手段及步骤
1	哈利波特成为支撑英国的产业之一	1. 学生先弄明白本案例分析的目标是什么
		2. 学生认真阅读案例并且开动脑筋思考
		3. 学生分组讨论
2	品牌标志设计实践	1. 先进行课堂讨论,深化对所调查项目的理解
		2. 每个学生自行设计调查方案和内容
		3. 学生分组讨论,相互点评
3	了解文化营销,项目论证	1. 观看文化营销视频(华清池,洛阳牡丹)
		2. 列举东莞文化营销的可行性
4	讨论:史玉柱的中国特色品牌营销,项目设计实践	1. 学生自由结组,选取一个较熟悉的市场营销市场
		2. 对选取的市场营销市场进行调查分析和研究,提出服务营销及发展战略
		3. 小组学生互相讨论,设计合理的调查方案
5	IBM 的品牌公关,项目设计实践	1. 先进行品牌危机讨论,深化对所调查项目的理解
		2. 每个学生根据自己对调查目标的理解,自行设计调查方案和内容
6	体验: 体验营销角色扮演	1. 老师给一个典型的工商企业与品牌管理企业合作的案例
		2. 学生分成两组,分别扮演市场营销服务的需方和供方
		3. 分组分别撰写品牌管理项目的招标书和投标书
		4. 每组派一名上讲台介绍小组报告,小组其余同补充或接受别组同学提问
7	讨论: 中国品牌的十大诟病,角色扮演,项目设计	1. 老师给一个典型的工商企业与品牌管理企业合作的案例
		2. 将学生分成三组:某市场营销服务需求方、品牌管理经营人、第三市场营销合同的实际履行人
		3. 合同三方模拟谈判
		4. 签订合同
8	服装品牌的建立,市场调研,设计实践	1. 将学生进行分组,一般 5–8 人为宜,去实现联系好的某个市场营销企业进行调查
		2. 由市场营销企业的相关负责人介绍其组织结构设计的过程

资料来源:世界大学城 http://www.worlduc.com/blog2012.aspx?bid=15034542

我们分析 GD 科技学院的"品牌管理"课程实例，可见，首先该课程教学明确了能力的培养的目标，把学生动手能力、实践能力与创新精神的培养放在突出的地位，并且建立了较完善的能力体系目标。其次，该课程教学体现了应用型特色，主要以项目的形式推动教学，教学手段多样，有案例分析、项目设计实践，市场调查、体验营销、角色扮演、项目实验、企业模拟、分组竞赛等方式，精彩纷呈。教学内容贯彻了工作过程中各个环节的演练，从一个项目的前期市场论证、立项设计、招投标、供需谈判、项目开展实践等，基本形成了项目运作的完整链条。这就是模拟式教学法。这种教学法在法国巴黎等发达国家的高等商学院教育机构中已成熟运用，让学生在模拟的经济活动中学习如何有效地组织企业的经营活动，使企业以品牌为导向，进行产品开发、生产、定价、分销、促销等营销活动，提高企业经管理水平，提高企业经济效益。只有使教学内容侧重于知识的实践运用，使学生正面面对未来即将出现的工作场景，课程建设才能体现出对学生实践工作岗位能力的培养，可见，GD 科技学院的该课程教学将教学内容与行业岗位的工作内容实现了较高的契合度。其应用型教学特色在考试方式上也有体现，教学评价与考核侧重于过程考察而不是结果考察，知识能力 20%、职业技能 60%、职业素养 20%，没有任何概念选择等传统考试部分的试卷，改变了原来读读背背定成绩的考核方式，体现了实践能力培养的理念。再次，该课程教学体现了地方性，特色教学内容中大量切入了本城市文化营销、本地市场调研的设计实践，加强了学生对本地区的服务水平。因此，笔者认为，GD 科技学院的"品牌管理"课程建设理念先进，建立了成熟的模拟教学全过程，相对前两所高校更加成熟。

14.3　几点建议

综合归纳上述三所高校课程教学转型的经验得失，我们可以看出，地方本科高校的转型发展，基本上在课程教学中都有所体现，课程教学都体现了"应用型"和"地方性"的特色。"应用型"主要为教学手段采用了相当课时的不同形式的实践教学方法，提高了专业实训和实习的比重，体现了人才培养的创新与改革。"地方性"主要表现在课程教学的内容都能够联系本地区的实际情况，或联系地区经济社会调研，或地区品牌建构。因此，这些都是可取的一面。

但是，上述三所高校课程教学转型体现的层次与深浅有所不同，几乎可以视为转型的三个阶段:GZ 民族大学类似于课程教学转型初期,CQ 文理学院类似于半转型阶段,GD 科技学院几可视为完全转型。相对而言，处于南方的 GD 科技学院理念更先进,思维更活跃。这一点与其历史沿革有密切关系。其前身是职业技术学院,没有历史思想负担,市场应对机制更灵活,学生能力体系的建构和以项目实训推行能力培养的教学方法是值得称道的。这些都是未来地方公办本科高校在转型发展中应该学习的地方。这种教学法即为行动导向教学法,又称实践导向教学法、行为导向教学法。

本书提出第一个建议,就是应用型课程教学应坚持行动导向。行动导向教学法理论与实践成熟于 20 世纪 80 年代的德国。德国是世界上最重视职业教育的国家,也是发展应用技术型大学最成功的国家。德国职业教育界于 20 世纪 80 年代起,开展了行动导向教学法(Handlungsorientierter Unterricht)的讨论,这对德国职业教育发展产生了深刻的影响,并取得了巨大的成功。以致此后的欧美职业化教育领域,以及欧美职业化教学论著中,行动导向教学法风靡一时,甚至“行为导向”一词几乎成为追求和提高职教教学质量、改革教学的代名词。德国职教专家 T·特拉姆将行动导向教学法定义为:“行为导向……是一种指导思想,培养学习者具备自我判断能力、懂行和负责的行为。它可视为主体得以持续发展的过程,也就是说在这一过程中,他们所获得的知识和能力在实践活动中得以展现。”

这种教学方法是对传统的教育理念的根本变革,其目标是培养学生的关键能力,让学生在活动中培养兴趣,积极主动地学习,让学生学会学习。因而行动导向型教学法要求学生在学习中不是只用脑,而是脑、心、手共同参与学习,提高学生的行为能力的一种教学法。

行动导向型教学法的整个教学过程可分为收集信息阶段、独立制订工作计划阶段、决定阶段、实施阶段、检查阶段和评估阶段。在整个教学中学生始终占据主体地位,教学质量的高低最终通过学生的综合素质得到反映和体现。采用行动导向式教学法进行教学,学生在获取真知的过程中,必然会引起素质的变化。这个素质指的是学生的思维和行为方法、动手能力和技能、习惯和行动标准及直觉经历、需求调节、团队合作等方面的综合。行为导向教学常用的几种方法有模拟教学法、项目教学法、引导文教学法、案例教学法、表演和角色扮演教学法。

行动导向教学法之所以最早成熟于德国，是因为 20 世纪 80 年代德国的产业分工最早实现了跨越，市场结构、劳动组织方式以及对人才的要求都发生了巨大的变革,推动德国的职业劳动出现了三大跨越,这种变化要求劳动者掌握从传统意义上来看属于不同岗位,甚至多种职业的技能和知识的能力要求有了明显的提高。因此,德国培养关键能力为核心的“行动导向型”教学模式被最为广泛推广。

行动导向教学法的风靡反映了现代教育观和人才观的转变,已经由重知识向重能力和重素质转移,把知识的提高和能力与素质的发展联系,把知识转化为能力和素质的“能力本位”教育观。过去,对学习过程最传统的认识是:动机、接受、理解、记忆。而今人们无论对“教育”还是对“学习”都有了新的认识,更强调“交流”的作用。联合国教科文组织《国际教育标准分类法》(1997 年版)对“教育”进行了重新定义,将“教育是有组织地和持续不断地传授知识的工作”改为“教育被认为是导致学习的、有组织的及持续的交流”。在此,学习是指个人在行为、信息、知识、理解力、态度、价值观或技能方面的任何进步与提高。“交流”是涉及两个或更多人之间的信息(包括消息、思想、知识、策略等)转移关系。德国柏林工业大学(Technische Universität Berlin,缩写 TUB,或翻译成柏林理工大学或柏林科技大学)的教育专家杜霖先生形象地把学习比作“呼吸”的过程,强调学习者不仅要“吸进”还要“呼出”。他指出:“学习的核心是‘呼吸’,伴随着思考和分析,把记忆的东西进行融合、转化成实际问题和任务,然后去解决问题。完整的学习过程至少应该包括思考、记忆、表达、传递以及行动。‘呼吸’的最有效方式就是实践。”①

此后,美国于 20 世纪 80 年代实施教改,倡导行动导向教学法,将教育从以传授知识为中心转到以能力培养为中心上来。他们强调的能力主要指实践能力、思考能力和观察能力。美国劳工部公布了对学生能力的五个方面的要求:有效地分配资源的能力,驾驭系统的能力,运用多种技术工作的能力,正确处理人际关系能力和获取评价、处理、组织、交流信息的能力。日本提出要发展在复杂的技术社会里承担领导重任所必需的想象力和批判思维能力。1999 年,德国文教部部长联席会议在制定《框架教学计划》中将行动导向型教学法定为一种新型的职业培训教学课程体系和先进的职业技术培训教学法。

结合世界各国的先进经验、中国实际情况和职业技能开发的需要,OSTA 在 1998 年立项、2000 年正式启动的《国家技能振兴战略》国家课题研究中,提出中国自己的《核心技能标准体系》,该体系参照英国标准分为 8 个技能模块:交流表达(即 ZHC)、数字运算、革新创新、自我提高、与人合作、解决问题、信息处理、外语应用。根据国情,

①崔红珊:《“模拟公司”与行为导向教学法》,《中国职业技术教育》,1999 年第 5 期。

我国“核心技能标准体系”比英国标准多了两项：革新创新能力和外语（主要是英语）应用能力。

本书第二个建议是推广模拟公司教学法。在行动导向教学实践中，通常技术类专业的学生可在一体化教室、实验室、工厂、车间等实际操作环境中进行“手脑并用”的学习，而在现实社会中很难找到适合经济类专业学生这样的学习场所。因为在竞争十分激烈的社会条件下，员工的任何失误都有可能造成无法挽回的经济损失和社会损失；企业、学校乃至学习者本人都畏惧此类情况的发生。因此“模拟公司”正是解决这一矛盾的有效方式。而“模拟公司”教学法正是行动导向教学法的具体运作方式。

模拟教学法最早起源于德国的 20 世纪 50 年代，指人为模拟创造出一个经济活动仿真环境，作为经管类专业的实践教学的场所和组织形式。学生在其中担任具体岗位，经历全部业务操作流程，了解和弄清各工作程序之间的联系，但是不必承担真实的经济风险。根据产品和服务项目的具体性质，学生可开展投资决策、财务管理、金融操作、贸易往来、储运管理、税务出入、海关报关，以及保险、证券投资、市场营销等各类与公司实体有关的业务过程的模拟实践，最后对学生的考核以公司盈亏作为评定的依据。模拟时，除货物是虚拟的（仅仅只是数字账册中的数字符号），并且商品和服务不发生实体位移外，其他一切操作，如票据、账册、核算文本、合同文件等，均按照现实经济活动中通行的做法设计和运作，遵守真实的法律和商业法规。

“模拟公司”运作的基本方式是在“工作岗位”上的学习。上课的学生组成一个个公司实体，学生担任不同的职务，参与公司决策和经营。教学组织形式采取自我控制的独立作业、小组制订计划独立作业以及小组作业等多种形式，具体采用哪种形式要视培训目的、学生已有的经验和学习任务的不同而变换。例如，要突出学生社会能力的培养，则要求较多地采用小组作业形式，这样可使学生之间的交流更加频繁，使他们学会如何与他人打交道、如何合作、如何解决矛盾，等等。特点有三个：一是以学生为中心、以自主性学习为主；二是学生参加教学全过程：收集信息、制订计划、做出决策、实施计划、反馈控制、评估成果；三是教师是学习过程的组织者、咨询者和伙伴。

20 世纪 80 年代后期，“模拟公司”在世界范围内得到了迅猛发展。据不完全统计，1998 年4 月，世界 30 个国家建立并且在数据库中可以查到其信息的“模拟公司”有 2775 个。此外，一些国家还建立了“模拟公司”协调中心，负责本国“模拟公司”之间的业务交往和人员培训，及从事国际商务和交流协调活动。为促进各国“模拟公司”之间的交往，1993 年 11 月，欧共体和德国北威州政府支助建立了“欧洲模拟公司”网络，现已发展成为国际性组织“EUROPEN”协会。德、法、英、奥地利等12个欧洲国家为正式成员国,美国、澳大利亚等国不久也将成为正式会员,亚洲、南美的一些国家也在积极申请入会。该协会还组织一年一度的“模拟公司国际博览会”,为促进世界范围内“模拟公司”之间的交流和相互学习做出了贡献。

近年来,我国的一些职业学校在经济类专业实践教学方面进行了积极的探索和改革,相继建立了财会模拟实验室、商务模拟办公室等。从1994年起,上海、北京、浙江、山东、辽宁、河南、内蒙古等地的一些学校,在丹麦和德国专家的帮助下,引入了“模拟公司”这一实践教学的新形式。国家内贸总局和教育部通过开展学术研讨和经验交流,在一定程度上推动了这一新生事物的发展。实践证明,“模拟公司”能够有效地解决职业学校经济类专业实践教学的难题,有助于培养学生的实践能力和增长相关知识。“模拟公司”这一概念正在逐步被人们所认识和接受,同时也引起了有关部门和教学机构的重视。[①] 因此,本文作者认为,本科高校的转型应该吸收这一经验和做法。

本书第三个建议是推广项目教学法。项目教学法就是在老师的指导下,将一个相对独立的项目交由学生自己处理,信息的收集、方案的设计、项目实施及最终评价,都由学生自己负责,学生通过该项目的进行,了解并把握整个过程及每一个环节中的基本要求。“项目教学法”最显著的特点是“以项目为主线、教师为引导、学生为主体”,具体表现在:目标指向的多重性;培训周期短,见效快;可控性好;注重理论与实践相结合。2003年7月,德国联邦职教所制定以行动为导向的项目教学法,它具有的特点:把整个学习过程分解为一个个具体的工程或事件,设计出一个个项目教学方案,按行动回路设计教学思路,不仅传授给学生理论知识和操作技能,更重要的是培养他们的职业能力,这里的能力已不是仅指知识能力或专业能力,而是涵盖了如何解决问题的能力:方法能力、接纳新知识的学习能力以及与人协作和进行项目动作(包括项目洽谈、报价、合同拟定、合同签署、生产组织、售后服务)的社会能力等几个方面。

项目教学法的实施过程包括:(1)情境设置,师生共同创设情境,调动学生原有知识和经验。这也是教师实施项目教学的主要任务之一。由于情境是与学生生活有关的真实事件或真实事件的模拟,不同的情境将引出不同的问题,带来丰富多彩的学习内容。(2)项目任务设置,为了完成一个完整的项目,不要拘泥于课堂上的45分钟,而是

①崔红珊:《“模拟公司”与行为导向教学法》,《中国职业技术教育》,1999年第5期。

要在一个单元的概念下设计学习活动，将割裂的学习课时逐步融合为一个整体的学习过程单元。因此,有必要打破一节课一节课思考的备课程式,强调进行阶段(或单元)学习任务的整体设计和时间的整体安排。在学习活动设计过程中,根据课程的要求和学生的需求确立学习的主题,统筹筹划几节课、十几节课,甚至在几十节课的学习任务,把项目教学法和其他教学方法、各种类型教育技术和媒体组织在一个教学过程中。(3)组织实施,小组合作或全班合作学习是项目教学法最常见最有效的组织形式。采用合作学习的学习组织形式,能够有效地促进学生之间的沟通和交流,也有利于实现“角色扮演”。(4)过程管理,项目教学法以学生对“任务”的原有知识经验和认知结构为基础,规划整个学习的切入点;学习的过程不能局限于书、课堂、网络。学习过程的实质是模拟实施工程项目的过程。(5)资源配给,资源的开发和设计是教师的一个关键性任务,根据项目学习对资源的需求,组织大量有效的“预设资源”和“相关资源”。这些设计也必须引导学生参与;或者在教师指导下,帮助学生自己构建和组织资源。(6)评价,学生的学习成果,其表达方式要提倡多样化。因此,对学生学习过程和效果的评价,也必须做到评价主体、评价手段和评价方法的多样性。因此,要努力做到因不同的项目,设计好评价方案,包括设计出不同的评价标准、评价方法和评价结果的表达方式。

行动导向教学法、“模拟公司”教学法、项目教学法,三者在本质上具有共通之处。行动导向教学法是一个教学导向理论体系，后两者都属于行动导向教学法的具体操作方法,是当前比较成熟的,在行动导向教学法中实践性最强的两种方法。“模拟公司”教学法和项目教学法也不是完全独立的,在开展“模拟公司”教学的过程中,许多相对独立的、比较烦琐的工作任务也可以项目的方式推进,让学生团队在教师的指导下自主完成。总而言之,倡导行动,以实践开展教学,是本文的首创。

第十五章

各类教育主体在经管类人才培养中的角色定位

行业人才是在某行业人才市场上供给的生产要素，是经济社会发展的基础资源。因此应发挥各类教育主体的积极性,建立起行业人才培养的立体化长效机制,保证人才要素对该生产部门的有效供给。在行业人才培养活动中,教育主体应包括政府、行会组织、企业、学校等机构。他们都应发挥各自的职能。

15.1 政府、行业协会、高校的人才培养职能

政府作为公共机构，担负起社会营利性组织所不可能具备的社会公益职责,有责任采取措施确保社会资源供应与配置,推进整个社会的持续发展。《中共中央国务院关于深化教育改革全面推进素质教育的决定》指出:“全面推进素质教育是党和政府的重要职责，各级领导干部要转变观念，充分认识素质教育的重要性和紧迫性，把思想统一到中央的决定上来,认真贯彻落实。”因此,各级政府是理所当然的教育主体,责无旁贷。

作为国家公共教育主体,政府在资源、公正、信用等方面拥有明显的优势。教育活动需要调动众多的资源,而政府一方面掌控着大量的资源,另一方面它可以调动教育部门和学校以外的资源,营造开展教育的合力和良好

环境。如果没有政府做主体，只是教育部门或学校做主体，就不能调动教育以外的有关资源，就不能形成社会性教育的环境，终身教育与全面社会教育就不能落实。

因此，作为一级教育主体，各级政府在行业人才培养方面的职责应包括：以适当的政策引导社会资源向教育领域流动；确保一定的、直接的教育经费投入；组织人才调研，制定行业人才培养的政策、战略和举措，并组织实施；以价格、人事政策等手段调节人力资源在部门与区域间的合理配置；监督企业与其他社会组织履行教育职责，等等。

行业协会简称行会，是同行业企业为维护本行业的利益而依法或自发建立的，对本行业企业进行业务管理和服务的非营利性的、自律性的社会法人，是业界代言人，是政府与企业间的桥梁。在市场经济条件下，行会的职责很大，如，行业发展研究与资源支持的公共职能；提供信息沟通服务；集体性的协调活动；行业自律的市场监管职能；积极参与微观经营的规划、咨询、技术开发支持、资金筹集服务；建立产业预警调查，组织集体性资源调配，人力招聘，等等。

行会在教育与人才培养方面具有不可推卸的责任。这是作为业界代言人与利益维护者的根本职能。首先行会应适当扮演教育培训机构的角色，开展公共性的人才培训，促进业界的知识更新与技术发展；其次，行会应适度扮演监督机构的角色，促进业界高管培训意识的觉醒，监督地方企业加大常规培训的投入，加大人力资源的开发力度。对我国企业而言，重要的一点，是要使他们建立起企业的社会责任感，使之认识到，企业在教育培训方面的投入，不仅仅是出于自身经济利益的追求，更重要的是在履行作为社会主体的社会职能，创造社会效益；再次，行会还应适当扮演管理者的角色，通过制定职业资格标准，引导本产业人力资源的发展方向，促进产业的发展。

在瓷都景德镇，由于政府一度推行名为“小陶瓷”的产业政策，导致大型陶瓷企业或解体，或清算，陶瓷中小企业占据行业的绝大多数。中小企业在陶瓷行业人才的自主培训方面存在诸多缺陷。如，培训机制不成熟，而且，由于人数少，资本规模小，培训的平均成本高昂，等等。因此，政府与行业组织应发挥主导作用，发挥行业管理者的聚合效应，推行公共性的人才培训讲座与座谈，以及信息交流与探讨，或者以行业管理者的身份针对特定方向开展技术学习，以行业规模摊薄培训支出，减轻企业负担，或者以人才资源为导向，引导地区行业经济的正确发展，规避企业个体发展的盲目性、功利性与短视行为。

高校在行业人才培养中更是直接的责任者与实施者。这是教育与科研服务于社会的直接要求。高校有责任研究经济与社会发展的人才需要，以此为依据，开设相关专业,开办相关课程,积极探索有效的教学方法与手段,培养符合社会需要的科班人才。

因此,位于我国重要陶瓷产业集聚地区的高校与职业院校,应调查本地区陶瓷企业人才队伍的现状与人才培养的现行机制,研究市场的人才需求,从当前国内外陶瓷行业发展与竞争的现实需要以及陶瓷品牌建设的现实原因出发,探讨创新型人才的历史使命与时代要求;以此为根据,进行陶瓷人才培养模式创新研究,剖析本地区高校在专业设置、课程设置、教材选择、教学方法与手段的运用等各方面的缺陷与创新着力点,探索更灵活多样的实践教学与第二课堂教学途径,培养学生的实践动手能力,实现实践教学的常规化与连续性。明确高校人才培养为地方经济社会发展服务的主导思想,建立应用型职业化的人才培养模式。

15.2 各类教育主体在经管类行业人才培养中的合作机制

地方高校、企业、地方政府、行业组织各类教育主体在创新型行业人才培养中都担负着不可替代的重要职责,但是,由于各自的利益导向不同,职能不同,社会角色定位不同,各自所具备的资源优势也不同,因此,四大主体应建立长效合作机制,以充分利用社会资源,发挥资源潜力,充分发挥不同利益主体的积极性,真正建立起行业人才培养途径的多元化与立体化,建立应用型职业化的行业人才培养模式。

笔者以景德镇为重点调查发现,人才培养合作机制的缺失是当地陶瓷行业创新型经管类人才稀缺的重要原因之一。高校的理论教学缺乏实践基础与实习基地。企业则缺乏高端知识的指导,不能及时总结经验与准确预测。政府与行业组织不具备相应的师资。各类主体各自为战,造成资源浪费,产出效率低下。因此,各类主体应发挥各自的资源优势,建立深层次的合作机制。企业应以实践基地为依托,提供实践资料,提出初步的培养要求设想。地方高校应探索更灵活多样的实践教学与第二课堂教学途径,探索如何将实践教学及第二课堂教学与陶瓷职业教育相结合,提高学生的职业素质与就业技能,同时为企业承担部分培训任务,真正建立应用型、职业化的人才培养模式。政府与行业组织则应该充分利用高校的教学资源,节约社会成本,花小钱办大事,不花钱也办事,共同促进地区经济的持续快速健康发展。

因此,我们有必要积极借鉴西方发达国家各类教育主体在人才培养与培训方面的合作经验。与我国陶瓷行业一样，中小企业也是西方国家的产业主流。如德国，它们的中小企业也同中国一样，一般没有自己的专门培训机构。政府为了提高中小企业职工的素质，提高管理人员的管理水平，在各州都设有跨行业的培训中心，采取脱产、半脱产和业余培训等多种方式，为企业培养各类专门人才。对开设徒工培训的企业，政府还给予资助。同时，政府还资助德国的手工业和行业协会的人才培训，采取多种形式对中小企业职工进行培训和考核，以提高他们的理论知识和管理水平，促进了中小企业的发展。2002年，为了在国际发展合作的框架下促进人力资源和组织发展，德国以联邦经济合作与开发部为代表，成立了国际能力开发集团，专门为企业提供教育培训服务。几年来，国际能力开发集团开发了多种短期(数周)和长期(数年)的高层培训项目，组织国际级的研讨会、工作室、专题会议，为企业高层主管和从事国际事务的高级专员提供培训，培养国际性人才。

在英国，伦敦城市行业协会(C&G)与教育当局、当地教育机构、区域性考试机构建立了良好的合作关系，大力发展技术与职业教育。它以规范职业标准、开展非营利性职业培训、促进产业发展为己任，保持行会的特征，坚持不懈地开发各种产业需要的职业标准及配套的培训，最终成为英国技术与职业教育发展的先行者。20世纪80年代以来，英国政府根据C&G等国内几个重要职业标准和证书颁发机构的经验及颁证模式，逐步规范各种证书和机构，建立起了一套融合学术、职业岗位及培训学习路径的国家资格证书框架体系。这是行业协会、政府、常规教育机构，以及企业在行业人才培养中的成功合作典范。

在美国，为扶持国内小企业的发展，美国联邦政府成立了美国小企业署(U.SSmall Business Administration)。这家专设机构在融资、人才培育、创造公平的竞争环境以及建立政府与企业间通畅的沟通渠道等方面，全方位对中小企业提供支持。美国小企业署为小企业专门开发了小企业培训网，成立了在线学习中心，提供系列免费的网上学习课程。包括：创建企业规划、发展战略、市场分析、企业运营模拟、财务、税务和利润分析等，帮助小企业在不断变化的全球环境中生存和发展。此外，还出版了大量的小企业丛书，从企业创业到成长的1~5年都有详细的描述，涉及家庭企业的发展、贷款、进出口贸易、特许经营和产品服务标准等方方面面。

借鉴国际经验，总结自身需要，不断提高行业人才教学和培训的质量，促进企业的可持续性发展和创新，这是一个长期的任务，是各方教育主体的共同职责。研究与总结先进发达国家的成功经验，我们必然受益匪浅，事半功倍。

15.3 创造良好的人才生态环境促进人才成长

维系创新型人才成长的重要基础是创新生态。这是因为任何创新活动都是一根完整的链条。这一"创新链"包括孵化器、公共研发平台、风险投资、围绕创新形成的产业链、产权交易、市场中介、法律服务、物流平台等各种环境元素。这些元素共同构成了一个完整的促进人才成长的生态环境,因此,它又称人才生态。从宏观与微观环境两方面而言,政府是宏观生态的主要供给者,企业是微观生态的主要供给者。从管理创新与技术创新两方面而言,技术创新从属于管理创新,这是因为技术创新是源于市场、归于市场的活动,它既要求有一个支持自主创新的科技政策,又要求有一个支持自主创新的经济政策。而只有政府公共管理者与创新型企业家才能提供一个良好的支持技术创新的内外环境。因此,不同类型创新人才的重要性有主次之分。管理创新人才决定着技术创新人才的存量,企业技术创新的主导者是企业家而不是技术专家,对一个缺乏创新能力的企业而言,创新管理人才是第一需要。

宏观生态环境居人才生态建设的首要位置。因为社会制度与社会习惯为企业发展与创新提供最基本的条件与基础,提供发展的空间、发展的机遇、发展的动力。如果缺乏制度环境、文化环境和社会资源配置体系的支持,就没有创新型的企业家。笔者在调研中发现,当前企业创新面临的最突出的问题之一就是缺乏制度环境的有效保障,尤其是在生产与流通领域假冒伪劣产品层出不穷,企业机会主义与短视行为严重,在品牌行业管理方面存在强烈的"吃老本"现象,行业主观部门或熟视无睹,或有法不依、执法不严,地方保护主义盛行。虽然国家早已颁布了《专利法》《知识产权保护法》等,但是,假冒伪劣产品依然猖獗,制假贩假依然我行我素,根本原因就在于执法力度不够,惩处不严,一些部门为了局部利益,短期效益,对制假贩假视而不见,甚至甘当"保护伞"。这实际上是损害景德镇区域品牌的毒瘤。在这样的环境中创新者的积极性必然受挫。其次,政府行政干预企业经营的行为仍然比较突出,如税费严重、强行收费、强行摊派,有的通过股权控制,有的则直接介入企业经营,搞乱了,出了问题,则甩手不管,这是政府对企业极不负责的表现。其中,税收问题是除资金问题之外制约产业发展的最大障碍。笔者在调研中发现,景德镇的很多艺术家虽然有工作室,但很少有自己的工厂。据了解,在税收方面,若是个人工作室只需要缴纳几个百分点的个人所得税,而一旦注册公司则往往是高达17%的利税,这其中的“猫腻”打消了很多雄厚资金的艺术家开公司、办厂子的念头。因此,江西省陶瓷艺术委员会副主任龚循明说:“我主张采取灵活的税收政策,‘放水养鱼’才能把当地雄厚的民间资本撬动起来。”龚循明还介绍说,当年一位领导刚调任景德镇时发现当地个人存款高得出人意料,多数人宁愿存起来,“很少有人扩大再生产,这就是为什么十多年了景德镇一直走下坡路的重要原因”。这说明,政府要为企业创新提供有利的、宽松的创业环境,必须多方面入手,如优化资源配置,建立公平竞争的市场秩序,加大惩处制假贩假的力度,保护创新者的积极性,保护景德镇区域品牌,建立起有利于创新的社会激励机制和社会评价机制,使创新所获得的回报与创新者的利益直接关联,激发创新者发挥更大的创造性。

另一方面,对企业自身而言,加强对内部人才的有效利用和激励,建立起促进创新人才成长的微观生态环境,这是人才生态建设的基础环节。所谓有效激励,顾名思义,就是企业创新的激励目标要将创新者的成果与所得回报结合起来,从而调动企业员工的工作积极性,激发员工的创造性。第一,通过建立一套公平竞争机制,使创新型人才能够有机会发挥创造性,脱颖而出。第二,通过制定有利于企业创新的工作业绩评价机制,鼓励员工提出新思维、新概念,鼓励员工发明创造。如果企业的评价机制过于刻板,员工没有探索的自由,他们就会循规蹈矩,从而扼杀员工的创造性,削弱企业的创新能力。第三,在企业内部建立起科学的组织沟通体系。企业的组织沟通体系也是提升企业创新能力,促进企业创新效率的重要因素。经过权威机构调查发现,在一些创新能力较弱的企业内部,企业的纵向的沟通较多,占51.1%,而部门之间横向的沟通较少,占46.7%。而企业创新能力强的企业,通常企业内部横向的沟通较多,上下级之间的沟通和越级沟通也较多。这是因为,各部门之间的沟通有利于各种思想的碰撞,有利于拓宽思路,有利于创新灵感的产生。许多创意的思想往往产生于一线生产工人、科研人员或营销人员的头脑中,如果按照等级制度逐级沟通的方式,他们的思想就要通过层层管理人员向上反映,而被逐级耗费。第四,塑造良好的企业文化氛围,通过企业内部环境(包括企业制度、工作程序等)的心理感受来影响员工的工作态度和工作行为,在企业内部营造一种温暖和谐、民主、公平的氛围,鼓励创新、大胆探索,使员工充分感受到企业对他们的关怀和温暖,感受到企业的发展与自己的利益息息相关,感受到一种信任与尊重,使他们能够自觉意识到作为企业的一员,应该主动创新,为企业分忧,从而激发他们对工作的投入和创新积极性。

第十六章

地区文化创意产业人才的素质要求①

正如前文所述，陶瓷区域品牌体系的未来构建必须以文化产业理论为指导,以文化创意为动力,发展文化创意产业集群,建立辐射型的区域品牌体系。这样才能深化景德镇区域品牌的深度与广度,进一步提升区域品牌的附加值。发展文化创意产业,培养文化创意产业人才,是当前的亟须工作。

16.1 文化产业人才战略研究的必要性与文献综述

十六大以来,党中央高度重视文化体制改革,强调加大经营性文化产业的开发。党的十七大报告明确提出，要推动社会主义文化大发展大繁荣,培育新的文化业态,加快文化产业基地和区域性特色文化产业群的建

①本章节参考文献除正文已述及的之外,还有,胡群:《基于层次分析法的 SWOT 方法改进与实例分析》,《情报理论与实践》,2009 年第 3 期。宁建新. 凯玛特 PK 沃尔玛的经验教训——企业核心能力战略的案例剖析. 网络财富,2008(6)。陈茂强. SWOT——CLPV 理论及应用. 中国民营科技与经济,2005(12)。张莉. 基于 SWOT——CLPV 分析的中日珍珠产业比较研究. 农业经济问题,2008(10)。龚小军. 作为战略研究一般分析方法的 SWOT 分析. 西安电子科技大学学报(社会科学版),2003(12)。万洁. 景德镇陶瓷文化创意产业发展政策研究. 黑龙江对外经贸,2009(2)。

设。因此近几年,学术界纷纷关注文化创意产业及其人才开发,有关研究渐成热潮。

在理论研究方面,学者们对文化创意产业的人才队伍现状、培养机制等问题做了宏观探讨。如张彩凤比较了国内外文化产业发展的现状,认为人才短缺是制约中国文化产业快速发展的核心因素。李芳考察了创意产业与创新教育的关系。丁俊杰提出建立地域性文化创意产业人才基地的初步建议,并警告要警惕人才陷阱。杨彩霞认为,优化人才环境、长线培育、内部开发、行业嫁接、外企引进、专业资格互认是解决文化产业经营管理人才短缺问题的良策。

在实践研究方面,学者们以不同地区或城市为对象,研究了各自地理实情下的文化创意产业的人才问题。如黄晓分析了贵州少数民族文化创意产业人才所需要的素质要求。何贤娟以绍兴文理学院成人教育学院现有资源为基础,提出了绍兴文化产业的人才培养方案。王炎龙讨论了四川文化创意产业人才的优劣势,提出应建立强大的文化企业集团,实现人才资源的结构整合与人力资本的价值转换。李一凡着重探讨了以北京为代表的新媒体创意产业的人才培养。

当前学者们越来越注重实践与操作研究，开始有人探讨文化创意产业的人才激励、人才评价、人才市场建设、教育品牌开发、教育立法等具体问题,但由于具体实践研究需要有较强的综合学科的知识背景，目前这方面的研究还很单薄，还未真正展开,还有待深入。

比较海内外的研究成果,国内学者的研究还流于宏观,经常是泛泛而谈,人云亦云,而海外学者的研究更具体、更深入。如美国研究者提出构建创意经济人才链,重点培养“创意核心群”。英国学者提出建立“创意生活圈”以激发人才成长与自我创业。澳大利亚霍金斯创建了“创意经济方程式”,以此论证人才的培养效益。

在陶瓷文化创意产业的人才培养研究方面，从目前图书检索以及从中共景德镇市委、市经委等相关部门调查的结果看,研究成果不是很丰富。

景德镇陶瓷文化是悠远而深长的民族特色历史文化遗产资源，具有鲜明的差异性,也是国家软实力的构成部分。这就要求发掘、整合这一资源,打造独具特色的文化创意产业集群,加强相关人才的培养,推动区域经济社会发展与传统文化振兴。因此,本课题组以此为选题进行研究,很有必要,非常迫切。

因此,研究区域文化创意产业的人才战略意义重大:

首先,体现了十七大提出的促进社会主义文化大发展大繁荣的时代主题,符合新时期市场经济激烈竞争的时代要求。当前陶瓷行业竞争激烈,一是国外陶瓷产业发展迅猛，二是国内其他产瓷区迅速崛起，给景德镇传统陶瓷产业带来了强烈的冲击。因此景德镇地区发展必须以文化创意为立足点，带动区域产业结构升级，延伸产业链条，走集群化发展模式。

其次，研究体现了建设社会主义和谐社会的时代主题。景德镇的陶瓷产业是传统制造业，属于资源消耗型、重污染型行业。这类行业的长期发展必然产生一些不和谐因素。因此，要妥善处理经济发展与社会发展的矛盾、人与环境的矛盾，必须着重发展低消耗、高附加值的产业。文化创意产业作为智知资本密集型产业，实现了传统产业与新资源的结合，有利于社会和谐。

再次，研究体现了高等教育服务于地区经济社会发展的现实要求。一个地区的高等教育要持久生存，必须有现实的土壤与生命力，必须培养出适销对路的人才。这是景德镇地区高校教育改革的方向。

最后，研究体现了景德镇区域品牌危机与文化遗产保护的迫切要求。"景德镇"不仅是景德镇地区和江西省的无形品牌资产财富，更是整个民族的特色文化遗产资源。对它的维护，不仅是经济建设领域的急切要求，更是国家文化遗产保护的重要使命。

正是由于这些情况，我们应从实际出发探讨景德镇文化产业发展，探索一条面向实际的、可以有操作价值的品牌复兴之路。这是教学科研服务于地区经济社会发展的使命与要求。

16.2 景德镇文化生态产业的发展定位

鄱阳湖生态经济区建设于近期获得国家立项。这个战略规划要求探索生态与经济协调发展的新路，实现生态文明与经济社会发展的协调统一，其根本立足点应该是以体制创新、科技创新、人才创新为动力，转变发展方式，创新发展途径，构建生态产业体系，形成先进高效的生态产业集群。其重点产业体系包括，以南昌为中心构建光电产业基地；以南昌、新余为中心，构建新能源产业基地；以南昌、樟树为中心构建生物产业基地；以九江为中心，实现炼油及化工产业基地的升级改造，落实环保措施；以永修为中心，重点发展有机硅单体和有机硅系列深加工；以樟树、新干为中心，积极开发离子膜烧碱、纯碱以及无机氯产品和有机氯产品，等等。

落实到景德镇的区域发展，景德镇市委市政府也积极制定了自己的生态产业发展方案,提出,依托千年瓷都的产业基础和品牌优势,积极推进资源枯竭城市转型,大力发展功能陶瓷、结构陶瓷、生物陶瓷、工艺陶瓷和精品建筑陶瓷,培育陶瓷文化创意产业,建设世界瓷都、赣东北工业重镇和文化生态旅游城市。以景德镇城区为中心,联动发展浮梁、鄱阳、万年县城和乐平市区,形成以景德镇为中心的赣东北城镇群。

因此,发展生态型的陶瓷文化创意产业,建设生态城市,是景德镇下一步的发展重点,而要实现这一目标,必须实现传统的陶瓷文化资源的转化,将它转变成现实的产业资源。

中国陶瓷文化是由千年沉淀的与陶瓷生产相关的物质、精神、制度、行为方式等融合而成,是集地方文化、时代特征、特定政治背景、文化时尚、工艺水平、美学思想等诸多因素在内的手工业文化,具体表现为制度文化、器物文化、装饰文化、工艺文化和与陶瓷行业有关的民风民俗等。中国传统文化所反映的儒、佛、道三教融合的多元文化特质,所体现的天人合一思想、亲与亲人际关系、重视人格情操等在中国陶瓷文化中都有全方位的反映。

德国《迈尔大百科全书》注解:“传统文化是文明演化而汇集成的一种反映民族特质和风貌的民族文化,是民族历史上各种思想文化、观念形态的总体表征。在现实中,任何文化形态都在不断发展、变异,许多传统文化已经无处不在,但是历经多重转化而不为人所知。”因此实际上,在现实生活中我们所触及的文化既不是原生的传统文化,也不是后发的现代文化,而应该是最后形成的现实文化。

那么,应该如何将可能变异消融的传统文化转化为具有利用价值的现实文化资源呢?目前多数学者已经形成共识,都认为,创意是文化资源转化的桥梁。如图 16-1:

图 16-1 文化资源的现实转化

传统文化资源转变为产业实力,还必须适应现代市场经济法则,形成文化产业,正如党的十七大所要求的,“培育新的文化业态”。那么,如何形成新的文化产业新业态,发展文化产业?学者们认为,新兴文化业态是文化内容、科技和资本结合的产物,关键是文化内容创新的原创性、差异性以及不可替代性。新兴文化业态是文化财富的重要内容,文化财富本质是文化内容的创新和内容的衍生力。信息技术提供的是跑道,而没有内容就没有新兴文化产业可言。新兴文化业态首先必须采用新载体,建立新商业模式。台湾东吴大学的刘维公教授的观点很有代表性,他认为,文化资源的产业化模型即是发展创意产业，如图 16–2：

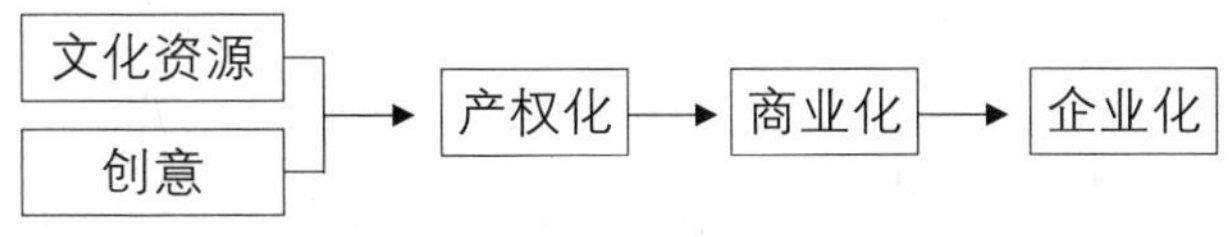

图 16–2 文化资源的产业转化模型

因此，发展景德镇的陶瓷文化创意产业，构建生态城市，应做到：第一，必须以创意为核心，开发不易被模仿、被复制的陶瓷文化创意产品；第二，从价值链的角度，对创意产品进行衍生开发，不断拉长产业链，打造文化产业集群。而要做到这两点，创意与创意产业人才是其中关键的产业要素。

16.3 景德镇文化创意产业人才的创新性素质与技能要求

创意产业经济学鼻祖、美国经济学家凯夫斯认为，创意产品不是单一要素的产品，它的完成需要多种技能，注重技巧的纵向区分与融合；在创意产品的市场推广上，具有需求的不确定性，要求技术、经济和文化的交融。因此，创意产业人才必须是宽门径的复合型的创新人才，既要具备创意开发技能，又要懂市场，懂艺术。

区域经济学认为，区域产业建设必须反映地域资源特质，区域产业人才必须掌握该区域内的地理要素、社会文化要素、产业基础要素。因此，这三方面知识构成特定区域内创意产业人才的基本知识体系。如图 16–3。

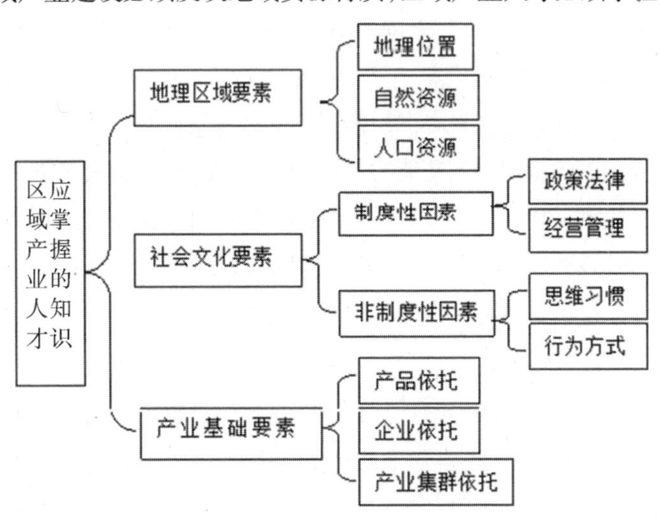

图 16–3 区域产业人才必须具备的知识体系

因此，笔者认为，景德镇创意产业人才要求具有以下素质：

必须具备深厚的区域人文与历史的素质和修养，包括社会的、民族的、民俗的知识，以及哲学、社会学、经济学、伦理学、宗教学的理论，只有具备多方面的丰富的理论素养和知识结构，方能在创意中显现出宏观的视野、宽阔的思路，以及具象的考察、细腻的思绪，催动最佳的创意像泉水一样涌流。陶瓷文化产品具有深厚的民族文化内涵与积淀。这是其高附加值的重要原因之一。不了解这一点，陶瓷文化品牌的打造工作就难以深入，就不可能打造出高端品牌。另一方面，国际陶瓷文化的交流，还承载着宣传民族文化，巩固民族情感，开拓国际关系的重要功能，也就是说，国际陶瓷文化交流还担负着社会责任。

必须具备陶瓷工艺的一般知识。陶瓷产品是陶瓷文化的实物载体，陶瓷文化是陶瓷产品的衍生品，因此要求创意人才应掌握陶瓷商品的特殊规律，应掌握陶瓷商品因制作工艺的特殊性而产生的特殊价值，以及特殊的市场推广途径。对高深专业的陶瓷制作工艺知识可以不作要求，但是一般的知识是必备的。现在各陶瓷名产地有许多也在打造文化品牌，因此还要求掌握景德镇与其他地区的差异性。

具备企业经营管理知识，与产业整合能力。只有具备了企业经营管理知识才能掌握企业经营与商品市场的一般规律。陶瓷文化企业虽然是特殊门类的企业，但是在企业经营管理中，也要遵循企业共同的游戏规则，陶瓷文化产品虽然是一种特殊的商品，但是在市场竞争中也要遵循一般的市场规律。

应熟悉一定的现代科学技术知识。在现代社会，文化创意必须吸纳较多的科学技术元素，特别是在以电子技术为龙头的科技发展的时代，只有懂得更多的科学技术知识，才能够在文化艺术创意中准确和恰当地将科技因素融入文化活动，以增进文化艺术的审美含量。

必须兼有艺术者、管理者、策划者等素质与职能，既应具有宏阔的视野，同时应具有细腻的微观的创造能力；既富有研究素质，又具有批评内涵；既具有理论修养，也拥有管理运作的较高水平；既善于理性思考，又富于创造性想象，从而实现其理论构想与实践操作的结合，以及理性思考与想象性创造的结合。

必须全面掌握本区域的地理自然要素、生活文化要素与产业要素，以及本区域要素的差异性所在。

必须具备一定的社会知识与社会实践能力、人际处理能力、良好的心理素质与职业道德。

人力资源革新理论把创新人才的众多素质分为三类：能力素质、专业技能、工作经验。认为，现代创新人才必须是宽门径的复合型人才，必须是能力素质、专业技能、工作经验三位一体的综合体。其中，能力素质是阐述的重点，它代表一个人的发展潜能，要求一个人才之所以能成为人才必须掌握包括专业理论知识、商务知识、市场知识、跨文化经验、创新意识与能力、推动能力、专注能力、影响能力、指导能力等多方面的素质。这是现代人才概念的重新定位，也是现代市场竞争环境下对人才队伍建设的要求。

第十七章

基于 SWOT 改进模型的地区创意人才竞争策略①

本文以 SWOT 分析方法研究地区文化创意人才的竞争策略。SWOT 分析方法是学界与业界经常用来制定区域竞争战略的分析工具。但是 SWOT 模型的主要缺陷在于主观判断大于客观，方案选择无优先等级之分，因此在研究中，作者适当借鉴德尔菲法，对 SWOT 模型略做改进，创造了 SWOT——德尔菲改进模型，以此为分析工具，探讨了景德镇的区域人才竞争战略。

17.1 文献综述与 SWOT 模型的改进

SWOT 分析方法即态势分析法，于 20 世纪 80 年代初由美国旧金山大学教授韦里克提出，是经常被用于某地区或企业制定战略的分析工具。它

①本章节的参考文献除正文中已列举的之外，还有：胡群：《基于层次分析法的 SWOT 方法改进与实例分析》，《情报理论与实践》，2009 (3)；宁建新：《凯玛特 PK 沃尔玛的经验教训——企业核心能力战略的案例剖析》，《网络财富》，2008(6)；陈茂强：《SWOT——CLPV 理论及应用》，《中国民营科技与经济》，2005(12)；张莉：《基于 SWOT——CLPV 分析的中日珍珠产业比较研究》，《农业经济问题》，2008 (10)；龚小军：《作为战略研究一般分析方法的 SWOT 分析》，《西安电子科技大学学报(社会科学版)》，2003(12)；万洁：《景德镇陶瓷文化创意产业发展政策研究》，《黑龙江对外经贸》，2009(2)。

既可分析敌我力量对比，也可在广泛调查的基础上比较分析全面的竞争态势。S 即内部优势（Strengths），W 即内部劣势（Weaknesses），O 即外部机会（Opportunities），T 即外部威胁（Threats）。这一分析方法有许多局限，胡群、刘文云认为，SWOT 模型缺乏整体观，对优劣势、机会和威胁的界定模糊，主观因素过多，且分析以静态为主，缺乏动态考虑，因此主张以层次分析法(AHP)改进 SWOT。宁建新认为，SWOT 模型不能很好地抓住关键因素，主次不分。陈茂强与张莉也有类似的观点，他们提出引入量化方法，以 SWOT——CLPV 模型予以修正。哈佛商学院教授安德鲁斯则提出了 POWER——SWOT 模型，以弥补原模型简单主观的毛病。这些改进都有一定的适用性，但仅是一家之言。POWER——SWOT 模型虽然强调量化原则，但是用于公司营销决策时，又强调个人经验，使它又陷入主观的误区。又如胡群的方法，虽然增强了研究的动态性，但烦琐求全，操作性不强，缺乏实证支撑。

本文认为，SWOT 模型的根本缺陷在于主观大于客观，表现在：一是对优劣势、机会与威胁的区分往往取决于研究者的主观判断。实际上，同一问题，有人认为是优势，也有人认为是劣势，有人认为是机会，也有人可能认为是威胁。二是缺乏对不同因素的重要性差异的判断，导致方案选择无轻重之分。

因此，本文提出，SWOT 模型的改进应适当借鉴德尔菲法(DelphiMethod)，以专家组的综合评判消弭个人的主观偏差。评判以第一个因素为参照，以分值的大小表示各因素的重要性分值，明确各自的重要性等级，假如对内部某一因素的评价打分平均值大于 0，则视为优势因素，小于 0，则视为劣势因素。同理，对外部因素也是如此，大于 0 则为机会因素，小于 0 则为威胁因素。然后，再确定 SO 等战略的优先方案。其改进模型如下：

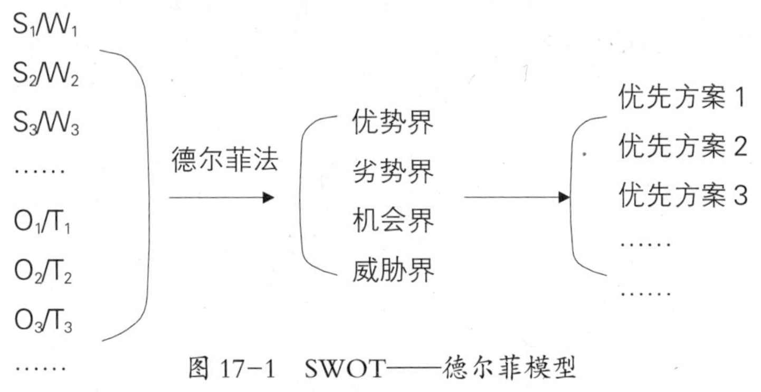

图 17-1　SWOT——德尔菲模型

下文以这一修正模型探讨景德镇陶瓷文化创意产业的人才竞争战略。

17.2 景德镇陶瓷文化创意产业人才的现状

一、初选优势因素

S1:近年来相关产业蓬勃发展。2008全年共实现社会文化产值6.34亿元,同比增长16.72%。海畅法蓝瓷、哈哈尼创意表现突出。景德镇中国陶瓷博物馆、九皇宫、陶瓷历史文化博览区、中国瓷园、三宝陶瓷研修院、大文博旅游、御窑遗址博物馆等单位,都积极挖掘陶瓷历史文化资源,发掘出瓷歌、瓷舞、瓷乐、祭祀表演、陶瓷题材影视剧等产品,打造创意精品。

S2:相关人才储备丰富。景德镇现有陶瓷产业人员达10万人,拥有众多的设计创作人才与工艺美术创作人才。加上景德镇陶瓷学院、景德镇高等专科学校和江西陶瓷工艺美院的设计艺术、经营等专业的在校生8000余人,全部涉陶创作人才达两万人。景德镇现有陶瓷研究机构就有5家,在职职工483人,其中高级职称146人,初级技术人员337人,10年来共承担各级纵向课题200多项。窑炉开发中心、艺术开发中心、颜料开发中心也在景德镇市。这些人才都具备转化为创意产业人才的可能性。在人才优势中陶艺人才与传统文化人才尤为突出。

S3:政府大力扶持。景德镇市委市政府不仅在第十一个五年规划中明确提出要发展创意产业,而且从法律法规、产业政策、资金支持、人才培养和市场培育等方面予以支持,对进入陶瓷科技园和工业园的企业与艺术家在财税方面给予优惠,等等。江西省委和省政府正在推动建立景德镇陶瓷科技城,从科教体制创新入手,整合景德镇市七大科教单位。

S4:具备良好的创意产业平台。以每年一度的景德镇国际陶瓷博览会为代表的文化交流频繁,传承和提升了民族陶瓷文化。

二、初选劣势因素

W1:陶瓷创新人才队伍整体质量不足。市级陶瓷科研院所力量单薄,企业陶瓷科研人才仍缺乏。在人才队伍职称结构上,陶瓷科研中级、初级人才配备不足的现象较为突出。在人才队伍的年龄结构上,陶瓷科研人员老化,新生力量不够,断层现象严重。绝大多数科研所人才流动不畅。

W2:创意产业人才质量不高。当前制约陶瓷文化创意产业发展的最大因素之一就是缺乏既懂陶瓷,又懂经营的复合型创意人才。据调查,企业的经管与创意从业人员约有42%出身于技术人员，是由技术人员升迁转入而来，另有约41%是由其他行业的创意人才跳槽而来，真正出身于相关专业院校并由基层经营岗位锻炼出来的人才极少。出身于技术人员的经管与创意人员往往自视为“内行”而轻视经管与创意，藐视科班出身的年轻人员。由其他行业跳槽而来的经管与创意人员则往往由于缺乏对陶瓷产品独特制作工艺与文化理念的深入了解而拿不出个性化的创意策略。

W3：人才流失严重。人才待遇偏低，造成原有人才流失，景德镇各高校培养的陶瓷类人才也不愿意留景工作。目前，景德镇市政府对大学生留景瓷业系统每月额外补助1000元。即使这样，也有70%的大学生工作一两年后跳槽到广东等发达地区。

W4：专业人才培养不足。据课题组调查，地方相关高校长期以来片面重视理工科技术教育与艺术教育，忽视市场所需的创意与经管教育，教育创新不足。部分院校出自建设综合性院校或扩大招生的需要，近几年相继设立了创意类专业，但是，由于经验不足等原因，在如何将创意教育与陶瓷专业教育有机结合的问题上，还没有探索出一条成功有效的方法。

W5：陶瓷企业创意培训不足。景德镇不具有较强自主研发能力、品牌优势、市场优势、经济效益优势，不能带动景德镇陶瓷工业发展与升级的大规模龙头企业。陶瓷企业呈散、小、乱局面。企业社会负担太重，导致创新资金不足，创新能力低下。部分企业管理水平落后，制度不健全、效率低下，没有市场意识和品牌意识。治理结构不合理，离现代企业制度的标准相差甚远。

W6：创新文化氛围不仅落后于国内发达地区，而且不及以往。景德镇长期以来习惯于计划指令，原有的开放性逐渐被丧失。

W7：创意产业的产、学、研脱节，内在动力机制不足，外在经济载体与社会投资机制壅塞，这三者是制约高校创意成果转化的瓶颈。其原因一是科研院所与企业沟通不足，缺乏互信；二是部分企业沉迷于经验，满足于现状，不愿意创新。

W8：知识产权保护不足。创意属于知识资本，景德镇地区长期以来在创意方面的制假贩假、克隆仿造，这些行为令人们不愿投入创意。

三、初选外部机会因素

O1：信息交流日益方便，人才培养时更容易学习到创意产业发达地区的经验。

O2：国内人才市场成熟，景德镇也可以优厚的条件引进外地优秀的创意人才。

O3：文化消费市场繁荣，为景德镇文化创意人才提供了大量的市场机会，可激发从业人员的创作热情与创业激情。

O4:外部陶瓷名产地缺乏渊远的陶瓷艺术文化历史资源,发展创意产业偏重于现代器具创意产品的开发。

四、初选外部威胁因素

T1:佛山、泉州等地加强了创意人才争夺,沿海陶瓷名产地具有更强的吸引力。

T2:近年国内其他陶瓷名产地也加强了陶瓷人才教育,使景德镇这方面的优势在缩小。如新近的德化陶瓷学院、湖南陶瓷大学等。

T3:沿海陶瓷名产地具有更强的创新氛围。年轻人自主创业投身于创意产业的环境更好。

T4:沿海陶瓷名产地成熟的大企业较多,在创意投入上更积极,人才培训机制更成熟。

T5:相对而言,沿海陶瓷名产地的地方政府与行业协会在产业品牌的打造上经验相对成熟,政策机制更佳。

17.3 模型分析及战略选择建议

针对上述因素，本文课题组聘请 15 位专家以 S1 为参照对各因素重要性进行多轮次打分,结果如下表 17–1。其中,O1 与 O2 的得分小于 0,专家组认为这两项外部因素虽然对景德镇有利,但对其他地区更有利,因而它不是机会,而是威胁。考虑到它们作为威胁因素与 T1、T3 等同,因而不重复计分,只是将它们纳入威胁因素系列,即 T6(O1)与 T7(O2)。

表 17–1 德尔菲专家评价表

S		W		O		T	
S1	3	W1	–1	O3	4	T1	–2
S2	6	W2	–3	O4	7	T2	–1
S3	5	W3	–4			T3	–3
S4	2	W4	–3			T4	–3
		W5	–1			T5	–3
		W6	–2			T6(O1)	
		W7	–2			T7(O2)	
		W7	–2				

根据表 17-1 中优劣势、机会与威胁的比较，我们可以根据 SWOT 分析列出预先战略方案，SO（增长性战略）、ST（多种经营战略）、WO（扭转型战略）、WT（防御型战略）都有若干备选方案。以 SO 战略为例，如图 17-2 第一象限所示，由于 S 因素与 O 因素不止 1 个，二者可以组合成若干选择。但是，显然 S2O4 的战略组合方案是最优的，因为它是最大的向量。其他三者情况类推，在此不赘述。

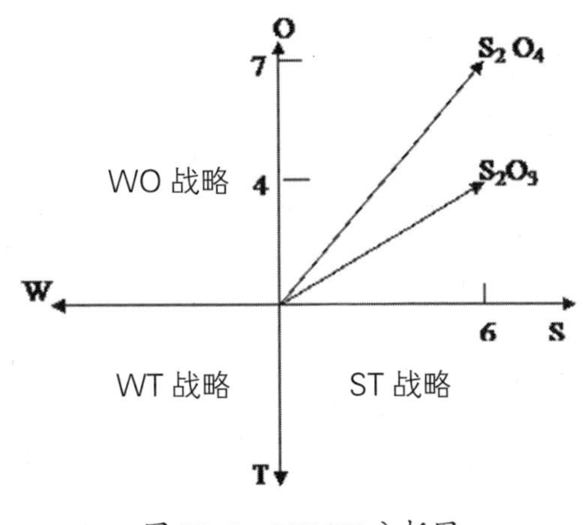

图 17-2 SWOT 分析图

因此，最后可得出如下最优先战略：(1)SO 战略，景德镇陶瓷文化创意产业要保持人才竞争力，必须立足于自身特色，即他人不具备的优势，发挥在陶艺与传统文化方面的人才优势，利用在传统艺术文化方面无可比拟的资源优势，学习先进地区经验，着重发展高端艺术创意与传统文化创意。(2)ST 战略，最优先选择战略是景德镇应根据自身陶瓷传统文化与陶艺的资源优势与既有的人才储备优势，发挥地方院校教育条件齐备的特点，增设相关专业，扩大相关课程教学，加强专业化创意人才培养。同时，实现高校、企业、政府、行业组织的合作，实现职业化的、地方化的人才培养。(3)WO 战略方面，最优先战略选择是在科研院所与企业大力培育创意与创新氛围，设立相关部门，加强相关学习与研究，有条件的单位与部门应逐步加大投入，尝试性地、有步骤地探索创意业务。(4)WT 战略方面，最优选择是考察其他地区陶瓷教育与创意教育的特点，一是学习他人的经验，二是发现他人的短处，根据他人之短，有针对性地培育自我之长，这个“长”可以是专业设置方面的，也可以是产业部门选择方面的，还可以是教育手段与方法方面的，或是产学结合方面的，从而形成具有自己特色的人才培养体系，巩固自己的优势，为地方经济社会发展提供特色智力支持。

可见：用 SWOT——德尔菲模型分析景德镇创意产业人才的竞争战略，仅是一次尝试，既以之检验这种改进方法的适用性，又以之探索景德镇特定产业发展的出路。上述分析仅是一家之言，请大家不吝指教。

第十八章

地区文化创意产业人才的合作培养机制①

原有的三螺旋模型存在自身的弊端，因此本书作者以德尔菲法对三螺旋模型予以改进，以增强其适用性。以此改进模型为指导，探讨景德镇陶瓷文化创意产业人才培养，分析了大学、产业与政府在人才培养方面的分工与合作，建立起人才培养的三螺旋模式。

18.1　文献综述及三螺旋改进模型的提出

埃茨科瓦茨和雷德斯道夫于 1995 年首次提出三螺旋模型。他们认为，创新系统的进化，深刻反映了大学、产业与政府三者关系的不同制度安排与路径选择。国家制度不同，其创新系统也必然不同，大学、产业与政府三者关系的演进体现了创新系统的高下之分。第一类是国家社会主义

①本章节参考文献有：Henry Etzkowitz，Magnus Klofsten. "The Innovating Region：Toward a Theory of Knowledge-Based Regional evelopment [J].Research and Development，2005，35(3)：243-255. 资武成. 基于三螺旋理论的产学研创新集群模式研究. 科技进步与对策，2009(3):5-7.刘元芳. 基于创新三螺旋理论的我国创业型大学的构建. 科技进步与对策，2007(11):106-108.王如东. 基于三螺旋的创意城市研究. 上海管理科学，2008(5):78-79.凯夫斯. 创意产业经济学－艺术的商业之道. 新华出版社，2004：6-7. 边伟军. 基于三螺旋模型的官产学合作创新机制与模式. 科技管理研究，2009(2):4-7.

模式，政府通过行政体系和计划体制来掌控其他机构的创新资源，产业和大学被看作相对弱小的机构范围。第二类是自由放任的模式，政府、大学与产业三者彼此分隔，相互间具有高度确定的边界。第三类最发达的模式是重叠模式，即三螺旋模型，在这里，大学、产业与政府三者的制度领域部分重叠，功能渗透，彼此联系与支持，产生一个创新的基础结构。

三螺旋模型符合我国建设创新型国家的需要，2002 年以后逐渐受到我国学界的关注，但是整体研究还不够。根据中国期刊全文数据库以“三螺旋”为主题关键词检索，2003 年相关论文为 1 篇，2004 年为 1 篇，2006 年为 4 篇，2007 年为 6 篇，2008 年为 7 篇，2009 年 1 至 5 月为 7 篇。从文章研究的涉及面看，学者们主要围绕知识创新、产学研结合、创业型大学建设等有限的几个方面，研究面还有待拓展。如资武成等 4 篇文章都是研究三螺旋模式所要求的产学研结合问题。刘元芳等 7 篇文章都是阐述三螺旋模式指导下的创业型大学的建设构想。

国内对三螺旋模型的研究方法，也存在不足，研究者的主观倾向大于客观，判断多取决于个人臆断。比如在创新型人才培养研究方面，哪些职能是独立属于政府、产业与大学的，哪些职能是需要两两配合渗透的，哪些职能是需要三者重叠渗透的。这些问题不搞清楚，研究成果必然脱离实际，不能为实际工作中的分工合作提供指导。

因此，为了推进三螺旋理论的深入，本文认为，应适当借鉴德尔菲法(DelphiMethod)对三螺旋模型予以改进，以专家组的反复评判消弭个人的主观偏差，为创新职能的合理分工协作打下基础。改进方法为，先列举出某创新工作所需要的各项职能，然后由专家反复多轮次评价，在此过程中专家可以对所列职能或遗漏或重合之处进行增删修正，最后达成一致意见，从而建立起在创新工作中大学、产业与政府的职能分工与合作的三螺旋模型。改进模型如图 18-1：

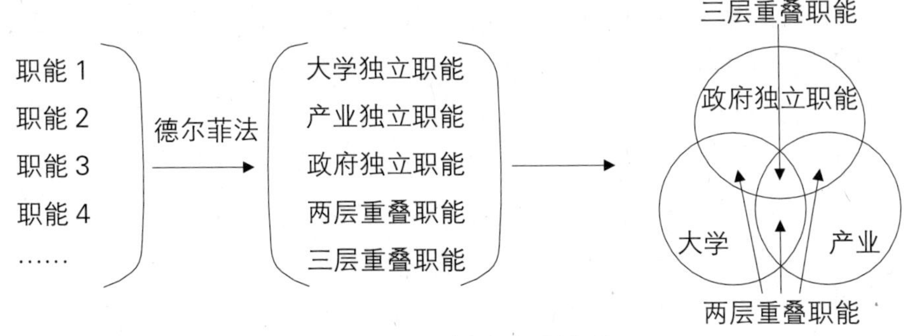

图 18-1　三螺旋改进模型

本文认为,创意产业人才的培养也必须以三螺旋改进模型为指导开展研究,这一点是由创意产业人才的多重创新特质所决定的。下面本文将以景德镇陶瓷文化创意产业人才的培养为例试做探讨。

18.2 景德镇陶瓷文化创意产业人才的创新性素质与技能要求

创意产业是我国建设创新型国家的要求,是党的十七大确定的未来发展的重点产业,是区域产业创新的重点领域。从检索结果看,目前从三螺旋理论角度研究创意产业的只有王如东1篇文章。研究很不够。

"创意产业"这一新术语的出现有其自身的背景和语境。新术语、新行业的出现往往意味着对旧术语、旧行业的反思与批评,反映了对旧行业发展思维与理论范式的调整与反拨。创意产业的创新根本点在于它强调通过"越界"促成不同行业、不同领域的重组与合作,通过行业跨越,寻找新的增长点,推动全社会创造性发展,促进社会机制的改革创新。知识密集、内容密集、高整合性是它的产业特征。

在创意产品的开发上,凯夫斯认为,创意产品不是单一要素的产品,它的完成需要多种技能,注重技巧的纵向区分与融合;在创意产品的市场推广上,具有需求的不确定性,要求技术、经济和文化的交融。因此,创意产业人才必须是宽门径的复合型人才,既要具备创意开发技能,又要懂市场、懂艺术。

景德镇陶瓷文化创意产业人才所要求的技能与素质初步列举如下:

1. 独特的性格特征:一是富于想象,头脑灵活,乐于接受挑战;二是敢于创新,不循规蹈矩,不墨守成规;三是年轻,有创意的激情冲动。

2. 高度的审美能力、持续不断的组织学习能力、创造性思维能力、团队协作能力与资源整合能力,独立的判断能力。因为创意工作既需要合作,又需要分工。

3. 一般性的企业经营管理知识与产业整合知识。因为只有具备了企业经营管理知识才能掌握创意企业经营与商品市场的一般规律。

4. 品牌创新与市场运作的知识与能力。因为在日趋激烈的市场环境下,拥有市场比拥有工厂更重要,而拥有市场的重要途径就是拥有强势品牌。景德镇陶瓷文化产业必须进行有效的品牌经营。

5. 相当的人文背景知识、人文素质、文化品位和文化底蕴,具有人文精神与人文价值观，掌握一定的人文方法。

6. 一定的文化产品鉴赏能力，以及对文化市场的敏感度。

7. 具备相当的文化产业的专业知识与技能。例如，在景德镇从事陶瓷文化旅游业必须具备一般性的旅游产业的专业素养，从事陶瓷收藏业则必须具备文物专业素养。

8. 具备良好的艺术创意思想与创意技能。

9. 具备创意产业领域所应具备的经营管理与销售的创意思想和创意素质。观念具有高度的流畅性与多样性，市场思维灵活，认识新颖。

10. 具有一定的陶瓷专业技术素质，具备陶瓷制作与陶瓷工艺的一般知识，能掌握陶瓷商品的特殊规律。

11. 具备陶瓷文化与民族传统文化的一般知识。因为陶瓷文化创意产品的特殊性在于它具有深厚的民族文化内涵与积淀。这是许多陶瓷产品具有很高附加值的重要原因之一。

12. 具备一定的社会知识与社会实践能力、人际处理能力、良好的心理素质与职业道德。

13. 具备相当的信息化、电脑多媒体、互联网科技等方面的知识。因为创意产业作为新兴产业，通常与新技术相结合，具有时尚性。

14. 具备一定的法律常识，尤其是知识产权知识。因为创意产品来自创造力，属于智力财产。只有在产权受到有效保护的情况下才能获得良好的回报。

15. 具备知识技能的适时更新能力，能根据产业发展与市场需求，在实践中不断地更新知识结构，保持知识与技能的前沿性。

上述每一项技能与素养都要求得到培养，因此它们分别代表了每一项人才培养方面的工作职能，初选职能共为 15 项。

18.3 模型分析

针对各项职能，本文课题组聘请 15 位专家根据德尔菲法对每一项职能的分工归属进行多轮次评价。结果如表 18-1。某项职能若被认为应属于大学，则在对应的大学空格中画"√"，其他类推。在"合计"列，若某项职能有一个"√"，则对应数字为"1"，表示该项职能是独立职能；类推，若某项职能共有两个"√"，则对应数字为"2"，表示该项职能是两层重叠职能；若有三个“√”，表示该职能为大学、产业与政府的三层重叠职能。

表 18-1　德尔菲评价表

职能	大学	产业	政府	合计
1	√	√	√	3
2	√	√	√	2
3	√			1
4	√			1
5	√			1
6	√	√	√	3
7	√			1
8	√		√	2
9	√	√		2
10	√	√		2
11	√			1
12	√	√	√	3
13	√	√		2
14	√		√	2
15		√		1

我们可以根据上表绘制出人才培养职能分工与合作的三螺旋图，反映更直观。如图 18-2。

根据这个三螺旋图，我们可以直观考察景德镇的人才培养问题，直接建立起所需的人才培养的三螺旋模式。

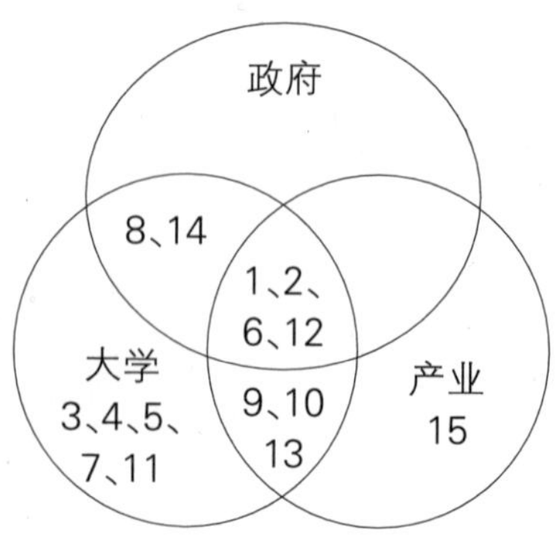

图 18-2　人才培养分工合作的三螺旋图

18.4 人才培养三螺旋模式

人才培养三螺旋模式的特点在于大学、政府、产业各司其职，职责分明，既有各自的独立职能，又有需要协作渗透的两层重叠职能与三层重叠职能。

一、大学、产业与政府(包括行业组织)的职能定位

1. 大学

大学是创意产业的智力源泉与开发基地，是行业人才培养的直接责任者与实施者。景德镇地方高校与职业院校，应根据上述分析，开展人才培养创新研究，剖析本地区高校在专业设置、课程设置、教材选择、教学方法与手段的运用等方面的缺陷与创新着力点，探索灵活多样的实践教学与第二课堂教学途径，培养学生的实践能力，建立起应用型职业化的人才培养模式。有条件的可以设立创意专业，其课程应包括人文课程、审美课程、艺术课程、设计课程、经营管理课程、陶瓷制造课程、知识产权课程等，以发展全面的专业素养。另外，学校应鼓励学生社会实践与实习，建设实习基地，支持学生社团与组织活动，培养学生健康的人格与情商。

2. 企业

企业是产业主体，是创意产业人才成长的实践平台。首先企业自身应创造活跃的创意环境，鼓励创新，激励创意。其次，企业应开展多种形式的培训与在职学习，如函授、进修等，使员工持续知识更新。再次，企业应与高校合作，为大学生实习与员工培训提供成本合理的途径。另外，企业还应积极参与政府组织与行业组织，参加他们组织的员工学习与培训，以及信息交流与探讨，以行业规模摊薄培训支出，减轻自己的财务负担。

3. 行业组织

行业组织也是产业的重要机构，是产业代言人与利益维护者。首先，行会应适当扮演教育培训机构的角色，开展公共性的人才培训，促进业界的知识更新与技术发展。其次，行会应适度扮演监督机构的角色，监督企业的培训投入与职业道德。再次，行会还应适当扮演管理者的角色，通过制定职业资格标准，引导创意产业人力资源的发展方向，促进产业的健康发展。

4. 政府

政府是创意产业人才成长的外在环境保障，是公共物品的供给者，带来政策支持、资金投入和福利保障。首先，政府应以政策法规为引导，创造良好的创意氛围，规范人格塑造，强化职业道德，并通过制定合理产业政策，鼓励大学生投身于创意产业的创业活动。其次，政府还应以政策引导社会资源向教育领域流动，确保教育经费投入。再次，它还应组织人才调研，制定行业人才培养的政策、战略和举措，并组织实施，以价格、人事政策等手段调节人力资源在部门与区域间的合理配置。

二、合作机制

从上文分析中可以看到，两层重叠职能与三层重叠职能可以分为两大类：一类是人格、情操、道德意识等内容；另一类是各种知识、技能与文化素养等内容。前者是精神修养层面，不是某一个部门所能为，需要从家庭、学校、社会的共同培育，要从小抓起。后者主要是后天学习所得，由于多元技能知识的完善与更新需要多渠道获取，因此也需要全社会参与。

笔者在景德镇调查发现，合作机制的缺失是造成创意产业人才队伍不理想的重要原因之一。高校的理论教学缺乏实践基地。企业则缺乏高端知识的指导，不能及时总结经验与准确预测。政府与行业组织不具备相应的师资。各类主体各自为战，造成资源浪费，教育产能低下。因此，各类主体应发挥各自的资源优势，建立深层次的合作机制。企业应以实践基地为依托，提供实践资料，提出初步的人才需求设想。地方高校应探索更灵活多样的实践教学与第二课堂教学途径，探索如何将实践教学及第二课堂教学与陶瓷文化创意相结合，提高学生的职业素质与就业技能，同时为企业承担部分培训任务，真正建立应用型、职业化的人才培养模式。政府与行业组织则应该充分利用高校的教学资源，节约社会成本，花小钱办大事，不花钱也办事，共同促进地区经济的持续快速健康发展。

18.5 海外陶瓷文化与陶瓷职业人才的合作培养经验①

陶瓷文化传承必须大力弘扬陶瓷职业教育，以教育传承、传播传统文化。目前国外陶瓷教育顺应竞争的需要出现了一些发展新动向，主要有：建立全方位、多层次的产研结合与学企联姻；重视发展职业化、社区化的陶瓷成人教育；建立了政府、行业协会与企业的长效教育协作机制；充分利用博物馆和展会等教学资源，丰富第二课堂；发展全面反映社会的市场化教育，等等。这些经验都值得我们在国情基础上予以吸收借鉴。

陶瓷文化传承必须大力弘扬陶瓷职业教育，必须以多形式、多渠道的教育发扬、传承、传播传统文化。目前全球范围内陶瓷产业在工业化大潮中形成了成熟而完善的产业链。陶瓷教育是这个链条中重要的一环。本章节收集整理相关资料并对一些新经验新做法做了一次粗浅的总结，以供业界参考。

一、发展全方位、多层次的产研结合与学企联姻

学术与产业、学校与企业的结合在西方陶瓷教育中达到了前所未有的程度。首先在师资上给予了保障。英国大学陶瓷专业的教师们，通常又是世界知名陶瓷公司（如韦奇伍德设计室）的员工。在工作过程中，教师一方面帮助学生了解并总结业界发展的新动态和信息，另一方面又促成各大陶瓷公司收集有价值的学生的资料与设计成果，以供公司聘用。这样，教师既可以结合教学研究完成一些大型陶瓷设计与实验，还可以时刻将与外界合作的经验带到课堂上向学生讲授，增加授课内容的时效性与动态感。

学术交流是沟通高校与企业，学生与社会的又一教育保障。高校是学术交流的主要园地。在英国大学，如胡佛汉顿大学艺术设计学院，每两年，就要遍邀世界各地的设计师、艺术家、建筑师相聚，举行学术研讨会，推动与形成多边交流，探索如何利用陶

①本章节参考文献有：李正安．国外陶瓷设计教育之启示，装饰，2005(10)．丹尼斯·费尔(Dennies Farrell)．装点江山(Shaping Earth)，胡佛汉顿大学(The University of Wolverhampton)，1999．休伯特·克塔(Hubert Kittel)．通达英国的桥梁(Bridges to England)，斯塔福夏大学艺术与设计学院，1999．吴兆颐．国外政府如何辅导中小企业培训，社科，第730期．

瓷材料和如何激发人的创造才能。来自欧美各国的陶瓷设计公司及产业界代表,也会借此机会展示他们的陶瓷设计与工程成果。这吸引了大量的周边院校的学生来此观摩,并与大师们进行面对面的探讨,为学生开辟了新的学习途径,提供不同的经验。学生也可将所学知识、技能及自身对艺术与设计的敏感付诸实践,在相关的领域内获取成就。

企业对陶瓷职业教育的直接介入,也是近年来形成的显著特点。在德国,企业实际上充当了职业教育的主体功能。学生在职业学校学习的 3 年期间即是企业的学徒。按照工商行会颁发的培训规章,学徒每周 3~4 天在工厂接受培训,1~2 天在学校按部颁教育计划进行文化学习。实习培训与理论课之比约为 7∶3 或 8∶2,由企业支付绝大部分学习费用。这种模式的特色在于:法律介入其中,自始至终都以立法的形式将企业与学校连在一起。在美国,企业尤其重视在研究生教育中与著名高校开展联合与协作,培养高端人才。企业开设有各种学制研究生班,学员通常都是具有四五年工作经验的在职人员。他们可以边工作边学习。企业支付学费,高校负责为培训。产学联合培训,不仅发挥了高校的科技、人才、信息的优势,也利用了企业的基础、设施、资金的优势,二者相互促进。

二、重视发展职业化、社区化的陶瓷成人教育

一般而言,西方国家的成人教育并不属于国民基础教育体系,而是属于社会保障体系。以美国为例,美国的成人大学统称社区学院,言下之意,成人教育是本社区居民的一种理所当然的权利与优惠,因此,社区学院实行社会化办学,是州政府和州议会对公民交税的一种回报。此外,当地企业、慈善机构及私人慈善家也对社区学院提供了大量的财政赞助。

社区学院树立了教育要为地方经济社会发展服务的基本定位。因此,在国外重要产瓷区,陶瓷类教育专业是成人教育的主要专业,着重培养陶瓷生产类、陶瓷经营类与技术类人才。就业率是考量成人教育市场化与职业化的首选指标,因此,在课程设置上,注重实用,注重社会适应性,强调培养学员的动手能力和就业适应能力,应用技术课程同理论课程的比例通常是 6∶4,一些向来不入大雅之堂的陶瓷技术性课程也通常被提升到了至关重要的地位。由于理论难度被大大降低,这类学院对于久已荒废了学业的成人来说,无异于令人欣喜的福音。社区学院教师的主要来源是社会志愿者服务群体,而不是大学院校,很大一部分是拥有技术职称的陶瓷产业界人士。在官方

引导下，社会给予社区学院兼职教师以崇高的社会声誉，因此社会名流趋之若鹜。这有效地保证了社区学院师资的质量。美国、英国、德国和日本还都先后通过了地方立法，强制性地要求地方企业和地方常规学校为社会学院提供实习场地，实现资源共享，并且将这类事务认定为企业和单位的地方义务。更值得一提的是，全社会都认可社区学院的学历，毕业生可以直接升到本科院校 3 年级就读，为渴望进一步深造的学生开辟了发展前景。

三、建立政府、行业协会与企业的长效教育协作机制

与中国的国情相似，西方陶瓷产业界以中小企业居多。中小企业是国民经济发展的基石。西方各国政府和行业都大力扶持中小企业，为企业管理提供直接或间接的培训。在美国，专设机构中小企业署在人才培育以及建立政府与企业间通畅的沟通渠道等方面，全方位对中小企业提供支持。美国中小企业署为小企业专门开发了小企业培训网，成立了在线学习中心，提供免费的网上学习系列课程，包括：创建企业规划、发展战略、市场分析、企业运营模拟、财务、税务和利润分析等，帮助小企业在不断变化的全球环境中生存和发展。此外，还出版了大量的小企业丛书，从企业创业到成长的 1~5 年都有详细的描述，涉及家庭企业的发展、贷款、进出口贸易、特许经营和产品服务标准等。

由于规模小，中小企业本身一般都没有专门的培训机构。因此，在德国，政府在各州都设有跨行业的培训中心，采取脱产、半脱产、业余培训、轮训等多种方式，为小企业培养各类专门人才。对开设学徒工培训的企业，政府还给予资助。在陶瓷产业界，德国的行业组织有陶瓷手工业协会和行业协会两种形式，它们也享有政府的资助，以公共组织的名义采取多种形式对中小企业职工进行培训和考核，帮助提高他们的理论知识和管理水平，降低企业的人力成本，促进了中小企业的发展。

四、充分利用社会化教学资源，丰富第二课堂

博物馆和展会资源是重要的陶瓷教育资源。西方国家的陶瓷教育高校一般都与博物馆建立了多层次的联系，使之可以有效利用。一种情况是学院本身就有良好的博物馆资源，如美国芝加哥艺术学院(the School of the Art Institute of Chicago)是先有博物馆，而后再发展成学院的；二是学院周边有博物馆及画廊，如美国麻省艺术学院(Massachusetts College of Art)毗邻哈佛大学，可享受哈佛大学一流的博物馆资源；三

是学院离博物馆较远,但交通便利,可达到利用博物馆资源的目的。如从英国胡佛汉顿大学前往伦敦和国内陶瓷博物馆,都非常方便。

对历史文化资源的珍视,使传统与现代的教育思想有机地融合在一起。在英国胡佛汉顿大学,附近少有博物馆,但是大英博物馆及产区和陶瓷博物馆合一的斯托克博物馆,是师生们的规定课堂。学生们在博物馆参观和听取讲座时,有陶瓷专家对每件陶瓷器物的有关背景、造型、装饰和生产方式等问题做详细的分析讲解,鼓励学生触摸实物,感受材料工艺,细究内部结构,还经常将一些赝品混入其中教大家辨别真伪。

频繁的艺术与设计展览也是丰富的教学资源。如发端于 1999 年,由英国斯塔福夏大学艺术与设计学院(School of Art and Design Staffordshire University)与德国哈勒艺术与设计学院(Burg Giebichenstein University of Art and Design Halle)发起,在英国陶瓷名城——斯托克·昂·纯特举办的国际学生陶瓷设计作品系列交流展。由英国罗福德工艺品中心(Rufford Craft Centre)一年一度在罗福德乡村公园(Rufford Country Park)举办的《泥土与火》(Earth and Fire)大型陶瓷展。众多国际陶瓷设计师、艺术家携作品专程而来。每年 7 月,在伦敦商务设计中心(Business Design Centre)举行全英艺术与设计高校本科毕业生作品展,参与院校约 120 所。展览的目的一是集中检阅全英艺术与设计院校的教育成果,展现各自的优势与特色;二是向外界输送人才,促进艺术与设计产业发展;三是吸引新的生源,推进教育继续发展。

西方政府从社会发展的整体利益着眼,以地方法规的形式将博物馆和展会纳入到教育资源中来,密切后者的社会义务,对师生实行开放式的免费供给,任何部门与机构都不能阻难或从中牟利。这一环节的完好,使西方课程教育的天地更为广阔,信息量大为扩充,教育形式与内容趋于丰富多彩。更重要的是,它为学生立足社会提供了一种过渡或适应的机会,也对个人、学校、产业和社会之间的和谐发展起到积极作用。

五、全面反映社会的市场化教育

西方陶瓷教育的定位是面向社会、适应社会、反映社会。这体现在下面几个方面。

一是部分学校近年来增设了市场化的陶瓷专业,如市场服务专业、陶瓷物流专业、陶瓷企管专业,等等,以适应市场竞争的迫切需要。还有部分学校虽然没有增加专业,但是新开设了市场化的课程,如市场营销课程、陶瓷物流课程、陶瓷企管课程,等等，并且倡导在教学过程中收集实践中的案例，以提高教学的针对性与实效性。

二是在最终培养目的上，着重培养学生的适应社会的工作能力，重视跨专业交叉培养，出现了理工科人文化，文科理工化的倾向。他们的教育理念是“不只是专业人才”或“不一定是专业人才”。这一表述传达了认知、做事、生存、合作、发展的教育目标观。

三是对硕士生培养的要求较高。在英国，要求研究生既要有相当的理论素养，又要有一定的实践积累，必须具备较高的社会化与市场化能力。因此，硕士生们在学习过程中，有的是暂停工作来学习，有的是边工作边学习。这反映了建立在终身教育基础上的教育价值观，以及专业与其他学识互融的教育内容观。

四是在师生关系上，教师的“主导”作用为“引导”所取代。学生的主见和独立性受到尊重，他们的见解有足够的机会来陈述。陈述成了课程教学中重要的方式之一。每个学生都有机会向教师倾诉，为自己的设计或创意提供依据，说明其发展手段与计划等，从而形成明确的想法和可行的程序，使设想可以逐步地导向实现。具有新意的观念，往往是所有办法、举动和突破的先导。这种方法最大限度地调动了学生的个性并挖掘其各方面的潜力。

及时掌握西方发达国家陶瓷教育的发展态势与经验，对我们很有启迪。我们可以在国情许可的条件下，尽可能地予以借鉴，推荐我国陶瓷教育的创新。例如，国际经验中以加强政府、行业组织和企业在企业教育与培训制度方面的充分协作，建立立体化、社会化的终身教育体系；重视成人教育的职业化与社区化，提高全民素质，提高社会就业率；企业与高校在教育中联姻；走市场化教育定位；充分利用展会教育资源，等等，都值得我们学习与借鉴。我们国家也可以在政策方面，如投资、税收等方面提供优惠并组建培训网络，行业协会制定各项培训标准与公共培训规划，企业也要按国家法律规定把职工收入的一定比例投入教育和培训。只有不断提高企业教学和培训的质量，才能促进企业的可持续性发展和创新。

譬如，在瓷都景德镇拥有丰富的博物馆与展会资源。我们可以一方面保护和利用瓷业物质文化遗产，另一方面保护和发扬瓷业非物质文化遗产，以体制创新打破条块分割与部门局限，整合文物系统资源，构建涵盖文物博物馆学、陶瓷科研、陶瓷教育、旅游教育等多学科在内的瓷都特色博物馆体系，发挥陶瓷人才教育的资源潜力。

第十九章

地方高校对
文化创意产业人才的培养

19.1 国内文化创意产业人才的供给与培养现状

由于创意产品不是单一要素的产品，它的完成需要多种技能和文化的结合，因此文化创意产业人才要求具备更高、更宽的素质。但是，由于高等教育的发展通常会滞后于经济社会发展的实际需要。因此，文化创意产业人才紧缺在国内任何地区都成为共识。无论是文化教育发达的京、津、冀地区，还是经济文化繁荣的淞、沪、杭和广、深等地。

据媒体调查发现，虽然各高校都在努力培养优秀的文化创意人才，但目前京、津、冀地区文化创意人才的培养还存在一些不容忽视的问题和困难，导致创意人才培养滞后于文化创意产业发展。

一是文化创意人才培养结构不合理。采访中，几乎所有受访专家、企业、政府部门都提到这一问题。文化创意产业应当是原创、生产和营销三个环节资源整合的产业链，但现在的情况是：生产环节的人才不缺，而原创和营销环节的人才严重缺乏，打通这三个环节的专业创意人才更是少之又少，造成一方面是优秀创意人才稀缺，另一方面却是相关专业大学生就业难的局面。天津神界漫画董事长陈维东说："在动漫方面，通过这几年的大力培养，基础绘制类人才已经非常丰富了，现在非常缺高端的创意人才和经营人才。培养低端人才投入少，而培养高端人才投入大、师资要求高，学校不愿做。"北京市文化创意产业促进中心主任梅松表示，北京内容创意人才相对比较充足，但十分缺少擅长将创意产品"产业化"和"市场化"的经营人才和营销人才，以及具有一定经验的文化资本经营、文化企业管理的人才。

二是目前文化创意产业的学科归属，在学界尚无定论，尤其是属于哪一级学科不明确。目前我国文化创意人才培养比较分散，美术、新闻传媒、广告、市场营销、影视艺术等专业都在培养文化创意人才。河北大学副校长王凤鸣说："尽早明确文化产业的学科属性，才能改变目前培养目标模糊、课题设置不合理、教育形式单一、教育体系单薄、教育层次不明、教育效果评估体系缺失等弊端。"近年来，国内一些高校也组建了"文化产业""文化创意产业"等专业，但无法清晰界定知识边界和知识谱系。如河北省某大学四年前成立的文化创意产业专业，到目前为止是放在人文学院还是经管学院还有争议。

三是培养文化创意人才的多数高校师资力量和教学设备还不能满足创意人才培养的要求。笔者了解到，与文化创意产业有关的设备非常昂贵，而且更新极快，多数学校没有能力承担。而用过时的设备培养出来的学生，又不能适应市场需求。也有一些学校尝试与企业合作，用企业的设备培养学生，但结果不尽如人意，很多企业都不愿意让没有工作经验的学生接触昂贵的设备。除了设备方面的困难以外，目前培养文化创意人才的老师，多数人综合实力比较差，又有理论高度又有实践经历的老师很少。石家庄深度动画科技有限公司负责人说，国内动画圈内有个现象，那就是许多教课的老师并不具备足够的动画策划、制作经历，一些动画老师甚至就是新毕业生，由于在动画公司谋不到职位而应聘做老师。与之形成对比的是，在美国，担任授课老师的，往往是在好莱坞摸爬滚打几十年的动画精英。

四是部分学校文化创意类学生生源质量不好，在一定程度上影响产业发展。目前，京、津、冀地区从事文化创意工作的人多数毕业于艺术类院校，而前些年的艺术专业扩招，导致很多学生普通高校考不上，就学艺术。在德国留学 8 年的河北传媒学院教师高原说："现在很多学生学艺术的目的就是上个大学，但国外艺术人才的选拔不是这样的，所以现在我们不少搞文化创意的人文化底子很薄，根本无法搞创意。"北京市文化创意产业促进中心主任梅松、北京大学文化产业研究院副院长陈少峰等人建议：①要加强文化创意产业领域专业硕士的培养。与大家熟悉的学术硕士不同，专业硕士主要是培养一线的实践创作人员，强调实际操作能力，在我国还属于新生事物。目前全国各地几乎没有专门培养文化创意产业硕士的学校，只有北京大学有招，但是每年只有3个名额。对文化创意产业专业硕士的培养，应当鼓励高校先行先试，加大投入力度，培育一批既有实践经验又有理论知识的创意人才，可以直接投入到创意产业的运营与发展中，为创意产业发展注入活力。②当前政府扶持文化创意产业的资金大部分投入到项目上，应拿出一部分来投入到创意人才培养上，大规模培养高端人才。比如可以考虑由政府出资，设立创意人才培养实训平台，提供设备、场地，各院校和培训机构以及相关企业都可以利用，避免各方重复投资。同时，政府出台一些税收、用地等方面的优惠政策，鼓励文化创意企业为学校提供实训岗位，为学生加强实践能力提供机会。教育主管部门也可以尝试与企业共同建立培训基金，为创意企业特别是中小型创意企业人才进行再培训。③国家应该更新现有的学科目录，将文化创意产业纳入重点鼓励出国留学、深造的方向，加快专业人才培养步伐。文化产业是一个跨学科、跨专业的领域，因此开设文化创意产业专业的学校还要打破学校内部学科之间的壁垒，培养综合性人才。为了改善师资队伍质量，开设文化创意课程的大中专院校应选拔出一些优秀的老师，到更高端的一流大学里去继续深造。[①]

在上海，上海市政府制定了《上海市文化创意产业紧缺人才开发目录》，指出，媒体业、艺术业、工业设计业、时尚产业、建筑设计业、网络信息业、咨询服务业、广告会展业以及旅游休闲业等文化创意产业领域紧缺急需的人才。

在宁波市，据报道，人才总量缺乏。调查发现，未来宁波的文化行业队伍将急需精通外语、善于开拓国际文化市场、熟悉国际文化经营管理业务的国际型人才，具有创新思维、敢于创新的创意专业型技术人才，能够满足新媒体产业的发展和兴起的数字科技文化人才，以及熟悉公共文化运作和管理的文化人才。但目前，宁波本地化潜在研发人员（大学文化产业相关专业、社会工作人员、营销人才）仅为所需人才的30%左右，熟练文化产业研发人员比较少，几乎70%以上文化产业外包人才需要从全国各地引进。

人才储备稀少。以动漫制作为例，现在几乎全国所有的游戏公司都在喊缺人才。在游戏的策划、剧本以及情节抑或后期的宣传推广方面，都没有足够的人才可以胜任，领军人物更为稀少。有专家估计，目前国内游戏人才供不应求的局面至少需要3~5年才可能得到缓解。而受培养周期和培养能力的限制，高校所培养的学生一时还不能满足游戏公司的需求。很多创意人才专业——广告、设计、艺术、游戏及动漫等专

①万一：《京津冀文化创意人才培养现状调查：人才培养滞后于产业发展》，经济参考网2012-12-17。

业——培养出来的学生又普遍被企业抱怨为“没有创意”。目前创意人才严重缺乏，给这个新兴产业的就业和利润增长带来极大困扰。创意人才短缺已成为困扰文化产业就业和经济增长的瓶颈。

管理上缺乏高端性设计。调查发现，目前我国文化创意企业当前最为重视绩效管理、人才招聘、培训、薪酬福利、人事档案与社会保险等方面的人力资源管理，并且主要集中在人力资源管理的中低端模块，而把员工发展、企业文化、梯队建设等人力资源高端模块作为管理重心的企业偏少，而且人力资源管理和开发手段单一，缺少专业方面的交流与研究。

培养方法滞后，方式单一。当前，我国文化创意产业尚没有形成产业独立的人才自我培养机制和系统，人才来源主要依靠传统产业的人才转移。在文化创意产业人才培养方面，学校教育内容缺乏新意，教学中缺乏实践和动手机会，缺乏有真正创意的师资力量。而企业内部的培训方式比较单一。

创意人才结构不均衡。与一些文化创意产业发展较成熟的国际大都市和北京、上海等国内创意产业领先地区相比，宁波市国际知名的设计师、艺术家等高端人才、数字与艺术的复合人才以及经纪人等商业化运作人才非常缺乏，而且在层次和结构上存在较大差距，成为制约宁波文化创意产业发展的主要瓶颈之一。①

慧博研究院发布《文化创意产业人力资源现状调研报告》。调研报告的数据和结论显示，当前文化创意产业发展还处于初级阶段，大部分企业还没有真正关注和重视企业的人力资源管理，行业整体人力资源管理还处于较低水平。文化创意产业还没有形成产业独立的人才自我培养机制和系统，人才来源还需要从传统产业转移过来，缺少体系内的自我造血功能。文化创意产业发展形势看好，现状不理想，产业不成熟导致文化创意产业对人才的吸引力不够，一些人才在流动中存有顾虑。从当前文化创意人才的分布状况看，大量的文化创意人才并不是在从事文化创意的专业机构中，很多专业人才还在一些传统产业的创意岗位上，要发展文化创意产业就需要有效吸引这些专业人才从传统产业中流动到专业的文化创意机构。

浙江工业大学艺术学院副教授励立庆、赵敏祥研究认为，文化创意产业已发展成为杭州重要的支柱产业，然而文化创意产业人才培养相对滞后，已成为制约杭州文化创意产业进一步发展的瓶颈。2011 年，杭州文化创意产业增加值达到 843.30 亿元，占

①叶秀贝：《宁波市文化创意产业青年人才发展现状及对策研究》，《今日镇海》2013 年 9 月 24 日。

GDP 比重的 12.03%。他们认为,产业发展潜能巨大。增加值增速均高于杭州 GDP 增速和服务业增加值增速。2011 年杭州文化创意产业实现增加值增长 14.3%,高于全市 GDP 增速 4.2 个百分点,对比来看,杭州文化创意产业不仅在人才总量储备上较少,而且在人才结构上也不合理,具备"A+B+C"(A=Art,代表艺术;B=Business,代表商业;C=Computer,代表计算机技术)能力特质的复合型高端人才尤其缺乏。

调查显示,杭州文化创意产业加工类人员较多,中高端人才特别是高端创意、营销、策划等专业人才缺乏,技术人员呈金字塔形结构排列,技术尖端人才和电子商务多面式复合型人才匮乏,存在结构性矛盾。高校层面。一是培养理念落后。文化创意产业人才的核心能力是创新能力,所以文化创意产业的人才培养最重要的是培养创新精神。部分高校尚未针对文化创意产业人才培养形成独特的办学理念,也没有明确的判断和定位,而是参照其他人才培养的传统方式,采取"圈养式"教学,培养环节基本在校内完成,缺乏学、研、产的有机结合。二是培养目标模糊。一些高校追逐文化创意产业发展的热浪而进行文化创意产业人才培养,对人才的特性、培养的规格以及自身在培养条件方面的优劣势并不清晰。专业设置盲目跟风,导致与社会需求不匹配。如近年来,一些高校盲目培养动漫人才,最后使得动漫人才出现相对过剩的趋势。三是培养模式陈旧。高校对文化创意产业人才的培养模式主要还是课堂教授,公共类科目数量大、专业课程设置不合理,而且重理论而轻实践,不利于激发学生的创造性和创新性,也不利于其实际操作能力的提高。四是培养软硬件匮乏。文化创意产业人才培养实践环节至关重要,需要大量的机房和实践基地,承揽专业实训项目。许多高校由于经济条件所限,在专业建设上投入不足,实践环节因陋就简,缺乏实际效果。不少高校文化创意产业相关专业的教师数量不足,尤其是既有理论又有技能的"双师型"人才更是缺乏。[①]

在山东青岛,据青岛市人才市场《2011 年前三季度全市人才市场人才供需指数分析报告》显示,2011 年前三季度青岛市人才市场专业需求,"文化"专业领域位居第六,"艺术"专业领域位居第八,均进入需求人才排行前十位。在 HR 伴侣、智联招聘等网站发现,在青岛地区,广告传媒、艺术设计、装潢等一类都被设在"招聘头条"及"紧急招聘"一类。

综合上述各类情况,可得出如下结论:

①励立庆,赵敏祥:《杭州文化创意产业人才培养对策研究》,《杭州研究》2015 年第 1 期.

第一，从国内普遍看，文化创意产业人才的供需矛盾比较突出，既有数量上的矛盾，又有结构上的矛盾。

第二，文化创意产业人才的供给机制远未成熟，无论是高校还是企业均未形成成熟的人才培养机制。

第三，国内教育主管部门对文化创意产业的学科职能也不是很清晰，还需要在实践中完善。国内高校的文化创意产业专业相对滞后，专业建设和人才培养还不能满足市场需求。人才培养的能力目标体系不是很清晰，课程体系与教学方式也有待于进一步完善。

第四，国内高校文化创意产业专业的双师双能型教师紧缺，教师往往缺乏从业经验，许多是从学校一毕业就又走向学校就业的应届毕业生。

正是鉴于国内文化创意产业人才紧缺的现状，2014 年文化部与财政部联合启动了文化产业创业创意人才扶持计划。旨在进一步提升文化产业领域创意创业水平，充分发挥文化创意在助推国民经济转型升级、提升国家产业竞争力、提高人民群众生活质量和增强国家文化软实力等方面的重要作用，加大对文化产业创意人才培养力度，加快文化创意与我国制造业、建筑业、信息产业、旅游业、体育产业、特色农业等国民经济相关领域融合发展。

19.2　海外文化创意产业人才的培养与扶持

据媒体报道，在国外，对人才的培养、扶持和吸纳一直是文化创意产业发展的重中之重，不少国家通过教育、资助、营造外部环境、政策利好等多种方式为本国的文化创意人才培养提供支持。如在韩国，2011 年，韩国文化产业从业人数约为 55 万人，其中游戏产业从业人数为 9.5 万人，广播电视产业为 3.8 万人，音乐产业为 7.8 万人，电影产业为 2.9 万人，动漫产业为 4600 人。韩国在 1998 年提出“设计韩国”的战略，于 1999 年至 2001 年先后制定《文化产业发展 5 年计划》《21 世纪文化产业展望》和《文化产业发展推进计划》，明确韩国文化产业发展战略和中长期发展计划。韩国政府先后设立文艺振兴基金、信息化促进基金、广播发展基金、出版基金等专项基金，以扶持文化创意相关产业的发展，为从事游戏开发、动漫制作的风险类企业提供长期低息贷款，减少或免除税收负担，免除文化产业园区建设中的各类费用等。

在韩国:韩国重视依托高校资源培养文化产业创意人才。韩国政府颁布和实施了《创新企业培育特别法》《文化产业促进法》等,制定法律法规,保护创意企业和个人权益。韩国各地成立了多所专门的文化产业人才培养学校,如首尔游戏学院、全州文化产业大学、清江文化产业大学、大邱文化开发中心、传统文化学校等,并在一些大学开设了文化产业相关专业共 80 余种。近年来,韩国十分重视加强艺术学科的实用性教育,扩大文化产业与纯艺术人员之间的交流合作,构建"文化艺术与文化产业双赢"的人才培养机制。由韩国政府出资,韩国文化产业振兴院设立了网络教育学院,开设数十个相关专业,自 2003 年以来共培养上万名急需的文化产业实用人才。此外,韩国委托一些院校与企业联合开展文化产业从业人员资格培训。这些专业化的人才培养体系为建设文化产业创意人才队伍提供了重要支持。

韩国、日本和我国台湾、香港等地区也纷纷大力引进各种文化创意专业人才,至于行业内的高级专家和大师,更是成为各地重点关注的对象。像纽约的 SOHO 区就极为注重大量艺术家和艺术评论家的引进,其中不乏如超写实派艺术大师查克·克劳斯等一批现代艺术大师。

在法国:2013 年《法国创意论坛》公布了《文化创意产业经济观察》研究报告,这是法国首次对文化创意产业进行系统的统计和研究。该报告显示,法国文化创意产业营业额总量已达到 746 亿欧元(其中直接营业额 614 亿欧元,间接收益 132 亿欧元)。文化创意产业营业额已超过营业额达 604 亿欧元的汽车业和 525 亿欧元的奢侈品业①。2013 年 11 月发布的法国文化创意产业经济观察研究报告显示,法国文化创意产业 60 多种职业共有 120 万从业人员,占全国总就业人数的 5%。其中,绘画与造型艺术从业人员 30.8 万、表演艺术 26.8 万、音乐制作 24.1 万、电视业 17.6 万、电影业10.6 万、报刊业 10.2 万、图书业 8 万、电游业 2.4 万、广播业 1.7 万。近年来,法国政府持续在文化艺术教育方面发力,以保证教育能够扎根于现实艺术行业及创新的需要,并为年轻人提供最好的受教育机会。在 2013 年的文化预算案中,高等文化艺术教育预算将提高 7%,达到 2.49 亿欧元。这些资金将被用于巩固和整合文化艺术教育专业,以便文化艺术专业学校的学位和课程与由本科学位、硕士学位、博士学位构成的欧洲普通高等教育体系接轨。与此同时,随着文化产业成为法国经济支柱,法国政府已将文化创意人才的培养提前至青少年阶段。甚至有专家提出,应将创意教育引入小学课堂,从小培

①徐潇:《海外文化创意产业发展对中国的启示》,证券时报 2013 年 12 月 06 日。

养孩子的兴趣。就法国重点文化创意产业——设计业而言，蓬皮杜中心儿童项目工坊的负责人科琳娜·霍森达和她的同事妮可·胡克斯在去年提出一项计划，将设计课程融入小学生的日常课程中。该计划旨在让孩子从小懂得“设计”是什么，如何通过身边的材料进行创作，开发孩子的想象力，培养好奇心，提高动手能力和团队协作素质。

在英国：英国是世界上第一个利用公共政策推动文化创意产业发展的国家，也是首个提出创意理念的国家。作为全球创意产业的发源地，20世纪90年代，英国已开始着手制定文化发展战略。1997年，英国政府专门组建了跨部门任务小组，统一协调和调动各部门有限资源，大大加快了将个人创造力和文化转化为经济价值的进程。英国政府强调文化创意产业的重点在于个人创造力的发挥，强调智慧、灵感、技能、理念是产生和创造价值的核心。在政府的推动下，文化创意产业成为振兴英国经济的重要动力，为处在困境中的英国寻找到新的经济增长点，也为英国文化发展注入了新的活力。[①]英国创意产业人才总数约230万，与金融从业者大致相当，约占总人口数的12%。英国在创意教育方面的实力首屈一指，伯明翰艺术设计学院、东伦敦大学、爱丁堡艺术学院等学院都相继开设了创意类专业，全英范围内开设的创意类专业学位课程高达37 000多个。在经历了十几年的蓬勃发展后，英国创意产业目前面临人才断层的问题：由于就业者缺乏经验和技能，超过1/4的创意企业和部门招不到合适的员工。英国注重用公共政策推动创意氛围的营造。为鼓励年轻人创新，英国通过科学、技术及艺术基金会为具有创新点子的个人提供发展资金。譬如英国学生在校期间可以和相关机构取得联系，告知自己的创意、概念、想法，通常这些机构会有专家委员会，审核他们的概念是否可行，一旦通过审核，该机构就会给学生一笔资金，并提供营销专家、法律专家、会计专家和人力资源专家，帮助学生创业。为了让更多的年轻人进入创意产业，从2013年3月起，英格兰艺术委员会正式启动了一项为期两年的“创意产业就业计划”。英格兰艺术委员会拨款1500万英镑，为6500位16岁至24岁的年轻人（毕业生及在校生）提供在创意机构、企业带薪实习和在职培训的机会，帮助他们获得文化艺术方面的技能和经验。美术馆、博物馆、图书馆以及所有致力于音乐、舞蹈、戏剧、文学、视觉艺术、现代工艺、马戏、狂欢艺术等领域的创意企业均可向“创意产业就业计划”申请基金，用于支付向年轻人提供实习或学徒机会的费用。“创意产业就业计划”对年轻人的工资标准做了明确规定，如每周实习30小时、实习26周的最低工

①刘枭、曾丽霞：《文化创意产业发展现状与完善对策》，人民论坛2014年11月11日。

资标准为 2500 英镑。对于“创意产业就业计划”覆盖范围之外的费用,也并非完全由企业自行承担,而是可以向政府申请合适的配比基金。例如,如果一个企业的员工数量少于 1000 名,并且在上一年没有招收实习生,那么它能够向英国学徒服务局申请 1500 英镑的补助。到目前为止,该计划已为英国的创意产业创造了 1000 个新岗位,培养年轻创意人才上千名。

在澳大利亚:数据显示,澳大利亚创意产业的从业人数已经由 2006 年的46.35 万人增加至 2011 年的 53.1 万人,占整个就业人数的 5.3%。创意产业目前已经成为澳大利亚国民经济中发展最迅速、最具活力的产业之一。政府注重营造浓厚的“人文气息”和“多元文化气息”,建立公共艺术空间(如展览馆、美术馆、艺术画廊、表演艺术中心等等)和兼具办公功能的休闲文化空间(如咖啡吧、书店等),设置众多定期和不定期的文化活动。另外,为了让艺术文化与休闲生活更紧密地结合,很多国家的政策中还非常强调街道艺术展示。如澳大利亚的阿德莱德,平时沿街的橱窗中处处展览艺术品和街景画,到了每年一度的“开门艺术节”,所有沿街住户、餐馆、商店都会敞开大门,公开展示拥有的艺术品或进行表演。在纽约 SOHO 区、百老汇、伦敦西区,街头艺术表演更是随处可见。2013 年 3 月,澳大利亚政府推出名为“创意澳大利亚”的文化新政,以推动澳大利亚文化产业发展,创造更多的就业机会,并促进新一代创意产业人才、艺术家的成长。澳大利亚政府将在此后的 4 年内,投入总额达 2.35 亿澳元的资金发展文化事业,包括推动从事文创工作的艺术家、企业和私人捐赠者之间的合作,支持艺术家培训工作等。针对创意人才和企业在创业之初面临的缺乏启动资金的困难,澳大利亚政府制订了“艺术启动”计划,通过澳大利亚艺术委员会,每年向从事创意产业的艺术专业毕业生、艺术家个人及专业机构提供创业资助,帮助其实现从学生到专业从业者的转变。该计划规定,在过去 3 年内完成或即将完成澳大利亚认可的艺术课程四级证书及以上者才有资格申请援助。该计划为每位申请者提供最高 1 万澳元的援助资金,用于支付创业初期产生的咨询、购买设备、成立工作室、培训、交通等各种费用,但不能用于创作个人作品或一次性的项目或表演,以及生活开销。2009 至 2010 年度,澳大利亚艺术委员会共向 1800 多个项目提供了总计 1.64 亿澳元的资助,包括 752 名艺术人才和 1121 个文化艺术机构。

在新加坡:国土面积狭小的新加坡人意识到人才对创意产业的发展至关重要。新加坡政府于 2000 年制定新世纪文化发展战略《文艺复兴城市》,在资金、标志性建筑定位等方面提出了发展文化多项策略。除本国教育外,新加坡还非常重视人才引进,政府和企业主动出击，在全球范围内寻找优秀创意人才。新加坡政府一方面通过减免税、提供高薪与住房、资助培训等方式吸引人才，另一方面通过强化创意产业领域的教育资源来吸引国外年轻人到新加坡学习和从事创意产业工作。例如，设立艺术设计和新媒体专业的奖学金、助学金；举行诸如创意青年交流比赛等多种多样的竞赛，并设立不同奖项；通过举办“新加坡季”、亚洲媒体节、新加坡设计节、新加坡双年展等一系列活动，邀请国际知名艺术人士参加，提高新加坡文化艺术的国际知名度等。目前，新加坡已经吸引了来自120多个国家和地区的8万多名学生，他们为新加坡艺术、信息、广告、设计、管理等多个创意产业领域积累了巨大的潜在力量。此外，新加坡还成立了国际人才交流中心，在世界各地建立9个分中心，以优惠的条件吸引本国重点产业发展急需的研究技术人才、管理人才、法律人才移居新加坡。通过“联系新加坡计划”“国外人才居住计划”等，每年约有3万名各类拔尖人才成为新加坡永久公民。[①]

综合上述各类情况，可得出如下结论：

经济发达国家一般都很重视对文化创意产业人才的培养与扶持。既重视高校人才培养，也重视人才的实用性，还重视对人才创业的帮助。经济发达国家对文化创意产业人才的扶持都上升到国家战略的高度，上升到未来产业布局的竞争高度。

19.3 国内高校对文化创意产业人才的培养分析

目前，中国高等教育中，在最新2012版教育部本科专业目录中没有“文化创意产业”的相关专业，最接近的专业是“文化产业管理”专业，属于工商管理学科大类(一级学科)。在最新教育部2014高职高专专业目录中也没有相关专业。最接近的专业有“文化事业管理”和“文化市场经营与管理”，属于文化教育大类。可见，相对于市场需求，教育规划相对滞后。

为了满足市场需求，培养亟须人才，国内许多高校开设了文化产业管理本科专业，以培养文化创意人才。有的高校在文化产业管理专业后加上括号“文化创意方向”。

据2008年浙江传媒学院“全国文化产业管理专业学科建设”课题组发布《全国文

①《多国政府为文化创意产业人才提供定向支持》，中国文化报2014年2月20日。

化产业管理专业开设分析板告》[1],我国开办与文化产业管理有关的学科专业的高校有69所,文化产业管理专业已成为近年来高校新办专业中发展较快的专业之一。这些院校分别是:上海交通大学、华中师范大学、广东技术师范学院、山西大学、山东大学、中国海洋大学、中国传媒大学、中国传媒学院南广学院、中央财经大学、湖南大学、湖南师范大学、湖南师范大学树达学院、湘潭大学、湖南科技学院、江西财经大学、华东政法大学、北京师范大学珠海分校、首都师范大学、北京语言大学人文学院、河北农业大学、重庆工商大学、江汉大学、青海大学、长沙理工大学、北京舞蹈学院、北京电影学院、中央戏剧学院、上海音乐学院、上海戏剧学院、南京艺术学院、云南大学、贵州大学、云南艺术学院、四川音乐学院、广西艺术学院、内蒙古大学、天津音乐学院、安徽淮南师范学院、安徽师范大学、同济大学、山东工艺美术学院、济南大学艺术学院、青岛科技大学、山东艺术学院、南京航空航天大学、中国人民大学、浙江工商大学、浙江林学院、广州大学、徐州师范大学、鲁迅美术学院、厦门理工学院、信阳师范学院、长春大学、长春工业大学、广东商学院、汕头大学、新疆艺术学院、咸阳师范学院、中国戏曲学院、山西师范大学、清华大学、上海大学、深圳大学、北京大学、山西财经大学、南昌大学、上海师范大学、浙江传媒学院等。其中,综合类大学共计36所,多学科类大学的数量较少,有15所开办了此专业。而以山东艺术学院、北京电影学院、鲁迅美术学院、新疆艺术学院、浙江传媒学院等为代表的艺术类院校,共有18所开办了此专业。如图19-1。

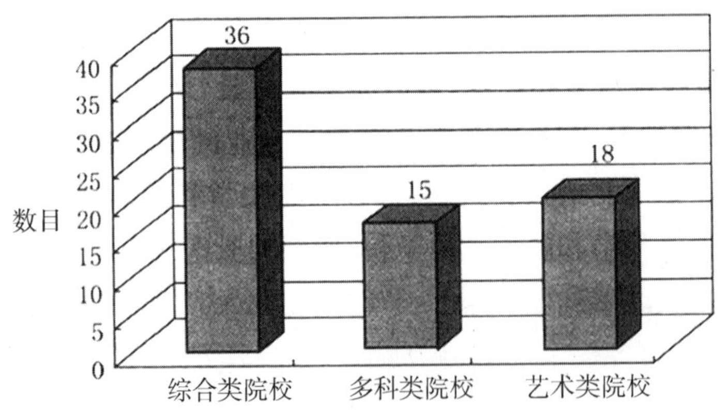

图19-1　文化产业管理专业开设分布

---

[1]浙江传媒学院"全国文化产业管理专业学科建设"课题组:《全国文化产业管理专业学科建设分析报告》,《中国文化产业评论》(第八卷)2008年。

开设了文化产业管理专业的各高校均强调本专业所培养的人才为高级应用型专门人才，如管理工程师、文化经理人和项目管理师等。然而徐州师范大学、江汉大学和山东艺术学院等院校都开设创意类课程，且有的院校冠以类似于“文化创意与策划”的课程名称。但是，具体来看，有的是“创意产业理论与实务”并举（如江汉大学）；有的是侧重于“创意设计基础”（如山东艺术学院）；有的是主攻“广告策划与创意”（如浙江工商大学）；有的则是面向一般意义上的“创意学”（如中央财经大学）；有的还强调“文化资源与文化创意”（如长春大学）。与之相类似，其他模块的拓展课程也是侧重点不一，各有千秋，不一而足。如下表19–1：

表19–1　部分高校文化产业管理专业创意类课程开设情况

院校名称	创意类课程名称
徐州师范大学	文化产业创业与策划
江汉大学	创业产业理论与实务
山东艺术学院	创意设计基础
信仰师范学院	文化创意学
厦门理工学院	文化产业项目策划与创意
山东大学	文化创意与策划
浙江工商大学	广告策划与创意
中央财经大学	创意学
长春大学	文化资源与文化创意
浙江传媒学院	文化创意与策划

报告显示，多数地方高校将当地特色文化类课程列入培养计划，地域色彩鲜明。为了更好地为地方的文化事业和经济发展服务，培养既熟谙当地文化，了解区域市场，又具备国际化视野的开拓型人才，根植于当地特有的文化资源，长沙理工大学、徐州师范大学、信阳师范学院、浙江工商大学、新疆艺术学院、长春大学、广东商学院和广西艺术学院等院校均开设了颇具地方特色的文化类必修课程或选修课程。例如，徐州师范大学、长春大学和浙江工商大学等分别开设了“江苏文化产业研究”“东北文化产业研究”“浙江文化品牌推广”等地方性文化产业类课程，将学生的关注视角从理论学习转向产业实践。更进一步地，长沙理工大学还以实践课程的形式，要求学生进行“区域文化产业规划实验”，让学生深入真实的市场环境，进行模拟式的产业规划实

践。信阳师范学院、新疆艺术学院和广西艺术学院等院校则侧重于让学生熟知地域文化内涵，完善知识结构，提高文化素养，开设了地方文化气息浓郁的特色课程，如“中原民俗研究”“红色文化资源概论”“新疆少数民族文化”“木卡姆研究”“新疆历史民族宗教”“广西少数民族音乐”“广西少数民族美术”等课程。如表 19–2。

表 19–2　部分高校文化产业管理专业地方性文化类课程开设情况

院校名称	当地文化类课程名称	课程要求
长沙理工学院	区域文化产业规划实验	必修
徐州师范大学	江苏文化产业研究	必修
信阳师范学院	中原文化研究、中原文化民俗研究、红色文化资源概论、信阳历史文物研究	选修
浙江工商大学	浙江文化专题、浙江文化品牌推广	选修
新疆艺术学院	新疆少数民族文化、木卡姆研究、新疆历史民族宗教	新疆历史民族宗教为必修公共文化课，其余为选修
长春大学	东北文化产业研究	选修
广东商学院	岭南文化地理	选修
广西艺术学院	广西少数民族音乐、广西少数民族美术	选修

现有各高校实践课程的设置，对实践课程的学分要求不同，占总学分的比重差别明显。如表中数据所显示，下表（表 19–3）中 14 所院校的实践课程平均学分数为 25，总学分平均数为 168，平均水平上的实践课程占总学分的比例为 15%。从实践学分占总学分的相对比例来看，北京电影学院最高，达到 26%，厦门理工学院和长沙理工大学分别以和的比例紧跟其后。反之，广东商学院的这一指标最低，为 6%，山东大学和中央财经大学则高出 1 个百分点，但均不足平均水平 15%的一半。表中各院校的实践教学课程学分及占总学分的比重。

表 19–3　部分高校文化产业管理专业实践课程学分占比比较

学院名称	实践课程学分	总学分	实践课程学分比例
长沙理工大学	35	170	0.21
徐州师范大学	24	167	0.14
江汉大学	31	181.5	0.17
山东艺术学院	27	172	0.16

续表 19-3

学院名称	实践课程学分	总学分	实践课程学分比例
中国海洋大学	20	161.5	0.12
厦门理工学院	40	170	0.24
山东大学	10	150	0.07
同济大学	29	164	0.18
北京电影学院	40	155	0.26
中央财经大学	12	166	0.07
新疆艺术学院	20	171	0.12
长春大学	28	188	0.15
广东商学院	10	155	0.06
浙江传媒学院	24	175	0.14
平　均	25	168	0.15

某些院校如北京电影学院和厦门理工学院基于人才的培养目标和特色定位，在实践教学环节上加大投入和课时安排。如表中所示，北京电影学院建立了专门的实践教学体系，在实践模块及其内容上做出具体安排，相应的实践教学学分数量也就随之增加。与之相似，厦门理工学院也就专业实践教学环节的具体内容及时间做出细致安排。

北京电影学院的实践教学体系如表 19-4。

表 19-4　北京电影学院文化产业管理专业实践教学

实践模块	基本内容	具体内容	学分要求
基础教育	综合基础	军训	必修 2 学分
专业教育	专业基础	影视制作基础、电影市场营销、影视制片管理	必修 12 学分
	专业主修	文化项目管理、文化经济管理	必修 16 学分
自主教育	社会实践	实习基地实习、调研、论文发表、社团活动等	必修 2 分
	毕业实习		必修 2 分
	综合素质训练	管理大讲堂、天堂影院、国际学生影视作品展、系学生联合作业	必修 4 分
	毕业论文及答辩		必修 2 分

中国海洋大学在培养规格中就指出，注重学习方法和实践环节，强化工作能力的培养。因此，专门提出与“通识教育”“学科基础教育”和“专业知识教育”相对等的“工作技能教育”（最低要求学分 30 分。其中：必修 26 分；任选 4 分），以提高学生的实践操作能力。如表 19-5。从表中课程可见，工作技能教育课程多数为培养实践动手能力而开设。在学时的分配上，基本以实践学时为主。

表 19-5　中国海洋大学文化产业管理专业实践类课程开设情况

修课要求	课程编号	课程名称	课程英文名称	学分	学时		建议选修学期
					讲 授	实践	
必修	115114103307	专业实习	Graduate Practice	8		8 周	6~8
	115114104999	毕业论文	Graduate Dissertation	12		12 周	7~8
	115114101365	中文电子信息检索与处理	Chinese Electronic Information	2	12	22	2
	115114101319	办公自动化	Office Automation	2	12	22	3
	115114101367	音像与多媒体技术	VD-film and Poly-Medium Technology	2	12	22	5
任选	115114301369	现代文秘	Modern Secretaryship	2	22	12	4
	115114301371	公关语言学	Linguistics of Public Relation	2	24	10	7
	115114301373	动漫专题	Cartoon Games	2	16	18	7
	115114301375	影视艺术专题	Topics on Film and TV Art	2	18	16	6
	115114303377	平面设计	Graphil Design	3		51	4
	115114303379	三维设计	3D Design	3		51	6

2014 年 1 月 6 日，武汉大学中国科学评价研究中心、中国科教评价网和中国教育质量评价中心共同完成了 2014 ~ 2015 年度中国大学及学科专业评价工作。本次大学评价共包含 2751 所（2013 年 2742 所）中国高等院校。其中包括 1200 所（2013 年 1155 所）中国大学（不含军事类院校和港澳台地区高校）：含重点大学 131 所（一流大学 26

所），一般大学645所（2013年621所），民办院校424所（2013年403所）。另外，还对287所（2013年298所）独立学院和1264所（2013年1289所）普通公立专科院校进行了全面系统、客观公正的科学评价与调查，结果显示，目前国内开办了文化产业管理专业的高校共有106所，专业竞争力比较强的高校有：中央财经大学、天津音乐学院、西安建筑科技大学、广西师范大学、齐鲁工业大学、临沂大学、黄冈师范学院、华南师范大学、华东政法大学、邯郸学院、浙江传媒学院、福建农林大学、山东大学、济南大学、北京电影学院、内蒙古大学、西南大学、山东财经大学、广西艺术学院、内蒙古师范大学等。

另据方永恒2014年年底发布的收集整理报告①，文化产业专业已成为近年来高校新办专业中发展最快的专业之一，部分高校还招收硕士研究生和博士研究生。但是，目前各高校培养模式中实践教学比重不足，致使该专业毕业生实践能力与社会需求脱节现象突出。实践教学存在课程设置不到位、师资力量薄弱、实践教学设施和基地建设滞后、实践教学考核体系不完善等诸多问题。极大地影响了学生创新能力和实际动手能力的培养。报告采用分层抽样法并深入调研样本院校文化产业管理专业的现行培养方案，从而统计出我国高校文化产业管理专业实践教学的课时和学分。部分高校文化产业管理专业实践教学学时、学分统计结果如表19-6。

表19-6 部分高校文化产业管理专业实践教学学时、学分比较

学校	实践课程学时（周）	总学时（周）	实践课程所占比例（%）	实践教学学分（至少）	总学分（至少）	实践学分所占比例（%）
中央财经大学	–	–	–	23	161	14.3
上海交通大学	–	–	–	50.5	201	25.1
石家庄学院	111	2272	4.9	45	175	25.7
西安建筑科技大学	38	2272	1.7	38	184	20.7
山西大学	–	2838	–	–	130~140	–
徐州师范大学	–	2779	–	24	167	14.4
浙江大学	–	–	–	22	169	13
安徽师范大学	–	–	–	21	175	12
闽南师范大学	–	–	–	16	165	9.7
中国海洋大学	507	2753	18.4	30	162.5	18.5

①方永恒、王欣欣、王睿华：《文化产业管理专业实践教学体系优化研究》，《西安建筑科技大学学报（社会科学版）》，2014年第6期。

续表 19-6

学校	实践课程学时（周）	总学时（周）	实践课程所占比例（%）	实践教学学分（至少）	总学分（至少）	实践学分所占比例（%）
山东大学	21	2651	0.8	29.5	140	21.1
华中师范大学	288	2000	14.4	18	157	11.5
武汉传媒大学	–	–	–	–	–	–
湖南师范大学	676	2721	–	34	160	21.3
湖南商学院	–	–	24.8	23	163	14.1
贵州师范大学	558	2668	21	31	141	22
云南大学	–	–	–	–	–	21.5
内蒙古财经大学	–	–	–	14	157	8.9

19.4 学习海外应用型大学,构建符合市场需求的职业化人才

海外应用型大学在实践教学方面已经积累了成功的经验,可为我们提供借鉴。

德国应用科技大学(Fachhochschulen,以下简称为 FH),是德国应用型本科人才培养的主体。截至 2007 年,德国各类高等学校共有 368 所,其中 FH 高校共有 186 所,占总数的 50.5%。德国当今社会中几乎全部的社会工作者和社会教育工作者、2/3 的工程师及近半数的企业经济师和信息技术人才都是由 FH 培养的。因此,FH 是德国高等教育的主体部分①。FH 在 1968 年组建时的协定中明确规定:FH 对学生进行一种建立在传统理论知识基础上的教育,使学生通过国家规定的毕业考试,能够从事独立的职业活动。它培养具有各种专门职业技术的高级应用型、工程师类职业的实践工作者,从事产品开发、质量检验、核算、设计、生产、装配、维修保养、营销等工作。

德国的应用科学大学普遍重视实践教学,这一点可以通过实践教学环节所占的比例略见一斑。例如:汉诺威 FH 的实践教学环节的比例占总学时的 45%,包括两个

①《2007 留学生与名企(2)-DAAD 答本刊记者问》[2012-01-08].http://blog.sina.com.cn/s /blog4ca986800/000814. html.

实践学期及毕业设计。此外，专业课中的理论教学时数与实验教学课时几乎相等。其他应用科学大学基本也是如此。其实践教学的任务和内容不仅涵盖实习、实验、操作、作业、讨论等形式，而且往往与授课教师的科研紧密联系，通过教师主导的科研与项目管理，使实践教学与实际应用、人才培养统一起来，不仅实现了实践教学的学习目标，也使教学与科研、应用及学生的能力培养和职业发展相结合，成为应用型人才培养模式的一个重要举措。德国应用科学大学课程设置具有明显的应用型特征。除了必要的基础理论课程，许多专业课程都与实际联系比较紧密。应用技能性质的课程，比如外语类、信息应用技术类等所占比例较高。同时，除了一些基础理论课程外，几乎所有专业课程的50%的教学时间都是安排实验、实习或者设计制作等。①

实践教学一般以项目平台的方式实施。实践学期教学，学校首先要找到合适的项目。艾尔富特 FH 物流与交通管理专业教授们一般以本地区（方圆 150km 范围内）的企业为服务对象，通过走访企业，寻找合作机会。一旦有了合作意向，即对项目进行评估，如果可行，就与企业签约，进行项目开发。这样，前期的市场运作与可行性研究成为项目实施的关键前提。在取得这个前提条件下，教师就可以开展项目的具体计划与实施。因此，在这种模式下，实践教学的计划取决于教师的前期市场运作，不确定性与风险因素较大，教师必须提早计划，并全力以赴寻找项目。而具体的项目实施计划一般由教师、企业与参与的学生共同制订。一方面，通过这样的形式可以集思广益，培养学生策划与创新的能力；另一方面，企业代表也可以通过现场接触来考查学生，选择符合企业要求的项目参与者。在项目的具体实施过程中，项目小组负责人，即高年级的学生起着十分重要的作用。这个人选一方面要完成一些难度较大的任务，还要负责每个成员与教师的沟通（当然，每个成员也可以直接与教师沟通，但是，限于时间因素，往往不能尽如人意），协助教授完成一定的协调与日程管理工作；另一方面要帮助其他同学克服专业难题。项目实施过程中，团队合作精神与创新精神十分重要，教师会通过头脑风暴式的讨论会、分工协作等方式启发和引导学生独立思考，积极合作，监督学生按照计划与安排，完成不同阶段的任务，并保证项目的进度与质量符合企业的要求。②

---

①《2007 留学生与名企(2)-DAAD 答本刊记者问》[2012-01-08].http://blog.sina.com.cn/s/blog4ca986800/000814.html.

②艾尔富特应用科技大学.Richtlinien zur Sicherung guterw issenschaftlicher Prax is an der Fachhochschule Erfurt [EB/OL].(2007-01-31)[2010-07-05] .http://www.fh erfurt.de/fhe/fo rschung/for schung an derfher furt/qualitaetssicherung der w issenschaftlichen-praxis.

以麻省理工学院(MIT)的实践教学情况为例,从MIT的本科培养框架(见表19-7)可以看出,完全属于实践教学的有独立自主研究活动期(IAP)、实验室课程(LAB)和实习(Internship)三项。在其他教学过程中也有实践环节,例如毕业论文的项目研究以及主、辅修课程等。实践环节不仅包括12学分的夏季学期的实习,还包括同样学分的实验课程和独立自主研究。MIT的课程学分一般按三部分计算:一是课内提问和讲课时间对应的学分;二是包括实验、设计和练习实践部分对应的学分;三是课外准备时间对应的学分。1学分对应16个左右的学时。和我国不同的是,MIT的学分既包括课内学时学分,也包括课外学分。

表19-7 MIT的本科培养框架

教学内容	独立活动期	物理教育	实验室要求	科学技术方面的活动选修课	主修课	副修课	人文艺术社科	科学要求	实习	论文
学时安排	4周12单元	4单元	1单元 2×6单元 前两年	2个项目	系学位计划和要求	6个项目	8项 9单元	化学 生物 积分 生物	2×6单元 两夏季学期	6个月

独立自主研究,一般是在没有正常上课的月份开展,为期4周,学生独立学习或者研究自己感兴趣的问题。独立自主研究也是正常学制的一部分,即MIT的"4(秋)-1(春)-4(夏)"中间的"1"所指的那个月。这期间学校或者系里鼓励学生参加指定或者自选的课题,也可直接参加学校组织的专门独立自主研究活动,在校内外进行均可。独立自主研究期间,有的系还要求须完成一门不超过12学分的课程学习。例如,机械系要求学生完成"机械工程工具"课程的学习。

实验课程。实验课一般包括在相关的课程中,在入学后的前两年完成。在导师指导下学生要设计实验,选择适宜的测量方法和设备,决定如何获得有效的实验数据,对预期的与实际测量的结果进行比较分析。实验课不同于专业实践教育,它针对所有学生的共同要求而设。因此,这些实验课都是低年级的基础课程。MIT的学生至少选择一门12学分或两门6学分的实验课程。学生所在系也会指导学生选择那些实验课。实验课也包括课程讲授和课外准备的内容,它实现了理论教学和动手实验的紧密结合。

实习。MIT提供各种各样的实习机会,并针对不同年级进行。最为典型的主要有如下两方面：

(1) F/ASIP(Freshman/Alumni Summer Internship Program)。这是新生入学后第一年夏季学期的实习，该计划注重帮助新生如何获取实习机会和顺利完成实习的过程。F/ASIP 计划在 MIT 已经推行了 8 年。学校给学生配有导师和校友。实习方式多种多样，从金融机构、计算机公司到电子工程单位；从艺术、应用数学到生物技术等。F/ASIP 计划培养学生有智慧、能力以及兴趣来完成许多不同的事情。

(2) UPOP (Undergraduate Practice Opportunities Program)。UPOP 是一个教育性的实践计划，主要包括三部分内容：在独立自主研究期间进行为期一周的课程学习，将获得 3 学分；夏季学期的实践练习，用来加强该研究期间所受的教育，将获得 1 学分；完成实习后的秋季学期进一步总结学习，将获得 2 学分。教育性实践计划主要是针对二年级学生，培养他们在各种环境中如何取得成功的能力。该项目强调"培养学生的目标是为了让他们能够成为工业、政府、非营利机构以及教育机构中的领导者。教育性的实践计划为能帮助学生达到这一目标，就必须给学生以机会，让他们能够把课堂所学用于现实世界"。在课外夏季实践中，帮助学生确定并获得工作经验，并将这些经验反馈到课程学习中去。教育性的实践计划也能使教师们更加深入地关注学生的决策能力和生活经验的培养，时间一般为 10~12 周。

在 MIT，各系设置的实习很多，主要参加对象为二、三年级学生。MIT 还给学生提供去意大利、印度、中国、法国和新加坡等国实习的机会。总的来说，MIT 本科培养方案、框架简洁。他们的课程教学与我们相比，最大的特点是课程教学的深度和强度较大。教师的主要精力放在教学上，每门课对学生的要求高、难度大、知识面宽。课程不追求数量多，而强调少而精。在实践环节上，他们更强调与社会的融合，强调将知识融入社会的能力和经验。①

①黄继英：《国外大学的实践教学及其启示》，《清华大学教育研究》，2006 年第 4 期。

第二十章

培养景德镇地方特色的创业型人才

正如本书在前述章节所说的，景德镇地区不缺少陶瓷艺术大师、工艺大师、陶瓷(硅酸盐)材料大师等各类专业技术人员。唱响景德镇区域品牌，最缺乏、最亟须的是创新型经管人才和文化创意人才，尤其是缺少将景德镇得天独厚的陶瓷材料与艺术资源转化为企业资源的优秀企业家，缺少的是能够创建景德镇企业名牌和产品名牌的企业家。因此，景德镇应加大创意教育，大力培养特色创业型人才。

本章将分析创业型人才的内涵、特征和培养方式；通过借鉴、学习海外发达国家的创业教育经验，探索具有地区特色的景德镇创业教育之路。本章还将综合归纳各类文献，尝试建立了“三螺旋——创业型大学”创新系统的进化路径模型。以此模型为指导，以陶瓷文化创意产业人才为例，探讨景德镇创业型人才的合作培养方式，分析了当前该类人才培养的现行机制与弊端，对如何才能建立起以创业型大学为核心的景德镇地方创新系统提出了探索性的对策。

20.1 创业型人才的内涵与特征

一、创业型人才的内涵

目前学界对创业型人才有狭义和广义两种定义。这两种定义与“创业”的定义密切相关。狭义的创业概念为“创建一个新企业的过程”。因此，狭义的创业型人才指的是那些具有企业家才能，善于发现机会并通过创办企业、动员和组织生产要素的生产性努力，以抓住利益机会实现自己理想和追求的人员[①]。这一定义认为：企业家才能是创业型人才的潜质，不懈的创业行为是创业型人才的表征，而成功的创业型人才则成为企业家。有学者认为，创业型人才不同于一般的就业型人才，需要具备强烈的创业动机、宽广的知识结构、较强的应用能力、良好的心理承受能力和高尚的人格魅力，是将创业意愿变为创业行为的复合型人才[②]。

广义的创业概念为“创造新的事业的过程”。因此，广义的创业型人才指所有创造新的事业（既包括营利性组织，也包括非营利性组织；既包括官方设置的部门和机构，也不排斥非政府组织；既包括大型的事业，也包括小规模的事业，甚至“家业”）的过程的人员。从人才培养的角度，我们更看重人才培养的广度。因此，就广义而言，创业型人才的界定应该建立在广义的创业概念之上。只要能够发扬创新创业精神、创造事业新业绩、开创事业新局面的人，都是创业型人才，既包括企业创办者，也包括企业内部创业者和岗位创业者。总之，创业型人才是那些富有创新精神、创新思维、创业意识和创业能力的，在不同的社会领域和行业中，依靠自己的知识和能力创造新知识、新价值和新财富，对社会进步和经济发展做出贡献的人[③]。

这两种定义各有一定的道理。本书认为，就目前我国各级政府的政策指向而言，创业型人才指的就是具有创业意愿和实践创业项目行为能力的人才。

二、创业型人才的特征

关于创业型人才的特征，与一般的人才相比较，创业型人才是那些富有创新精神、创业意识和创业能力，具有相应的技术、社交、管理技能，在不同的社会领域和行业中，依靠自己的知识和能力创造新知识、新价值和新财富，对社会进步和经济发展做出贡献的人。创业型人才主要具有以下几个方面的特征。

1. 创业型人才首先应该具有事业心、进取心、开拓精神，即创业精神

具有创业精神的人，最明显的特征就是具有坚定的信心和持久的毅力，有强健的体魄和敏捷的反应能力，善于抓住机遇，整合资源。这是创业型人才区别于一般人才

①韩利辉：《创业型人才的内涵特征及培养模式研究》，《经营管理者》，2010 年第 12 期。
②易开刚：《隐默知识挖掘导向下高校创业型人才培养模式探讨》，《浙江工商大学学报》，2009 年第 1 期。
③李涛，郭宗和：《创业型人才的内涵、特征及其培养》，《创新与创业教育》，2013 年第 8 期。

最重要的特征。他们能够在工作中始终保持积极主动、勇于进取的态度，而且能够在社会角色的冲突中构建新的人格。他们善于适应环境，并根据自己的爱好和兴趣、特长和优势，自主地选择事业目标和人生理想，发挥自身的主观能动性，为实现这个目标和理想而奋斗、拼搏。创业精神是任何一个领域和岗位的创业者所必备的。

2. 创新是创业型人才的灵魂

创新与创业，两者之间存在密不可分、相互契合的关系。创业通过创新拓宽商业视野，获取市场机遇，整合独特资源，推进企业成长。创新是创业的基础和关键，而创业可以推动新发明、新产品或新服务的不断涌现，创造出新的市场需求，从而进一步推动和深化科技创新。因此，二者是相互促进、协调发展的。创新内含于创业型人才的特质之中，这是由创新与创业的特定关系所决定的。创业型人才善于利用创新的思维和手段解决新问题，善于开拓事业的新领域，善于将所掌握的知识进行创新性地应用，开发新的项目。创新的结果是使他们的事业始终保持竞争优势。

3. 持续不断地学习是创业型人才的一个外显特征

当今社会是一个知识更新速度飞快的时代。我们日常生活中所了解的事业发展较好的人具有一个共同的特点，就是坚持不断地学习，以保持自身不落后于知识的发展。这是一种在创业型人才身上表现出来的危机意识。不学习，事业的持续发展就缺少动力。从另一个角度看，也有很多成功的创业者，由于未能及时地补充事业发展所需要的各种知识，以至于出现事业衰败或失败的局面。因此，创业型人才最为明显的特征就是善于学习，善于持续不断地学习。创业型人才不但善于创造新事业，而且勇于推进新事业。

4. 勇于承担是创业型人才抓住机会的重要手段

事业的成功往往取决于某些重要机会的把握。无论对于实体创业者还是岗位创业者，勇于承担是抓住机会的一个重要前提。勇于承担，就是不回避风险，不回避艰难，敢于承担责任，表现出极强的责任心。勇于承担不等于冒险或蛮干。他们往往将对机会的把握建立在深厚的知识积累和较强的个人能力之上，表现出面对新事物、新问题、新挑战的信心[①]。

---

①李涛，郭宗和：《创业型人才的内涵、特征及其培养》，《创新与创业教育》，2013年第8期。

20.2 创业教育的内涵与内容

一、创业教育的内涵

什么是创业教育，联合国教科文组织是这样定义的："创业教育，从广义上来说是指培养具有开创性的个人，它对于拿薪水的人同样重要，因为用人机构或个人除了要求受雇者在事业上有所成就外，正在越来越重视受雇者的首创、冒险精神，创业和独立工作能力以及技术、社交、管理技能。是使受教育者能够在社会经济、文化、政治领域内进行行为创新，开辟或拓展新的发展空间，并为他人和社会提供机遇的探索性行为的教育活动。"

关于创业教育的目标，根据教育部办公厅印发的《普通本科学校创业教育教学基本要求（试行）》（教高厅[2012]4号）中明确提出，创业教育的目标是通过创业教育教学，使学生掌握创业的基础知识和基本理论，熟悉创业的基本流程和基本方法，了解创业的法律法规和相关政策，激发学生的创业意识，提高学生的社会责任感、创新精神和创业能力，促进学生创业就业和全面发展。

在教育部核定的《"创业基础"教学大纲（试行）》中明确指出，课程教学目标是通过"创业基础"课程教学，在教授创业知识、锻炼创业能力和培养创业精神等方面达到以下目标：使学生掌握开展创业活动所需要的基本知识。认知创业的基本内涵和创业活动的特殊性，辩证地认识和分析创业者、创业机会、创业资源、创业计划和创业项目。使学生具备必要的创业能力。掌握创业资源整合与创业计划撰写的方法，熟悉新企业的开办流程与管理，提高创办和管理企业的综合素质和能力。使学生树立科学的创业观。主动适应国家经济社会发展和人的全面发展需求，正确理解创业与职业生涯发展的关系，自觉遵循创业规律，积极投身创业实践。

二、创业教育的内容

关于创业教育的内容，教育部办公厅印发的《普通本科学校创业教育教学基本要求（试行）》（教高厅[2012]4号）中明确规定，普通高等学校创业教育教学内容以教授创业知识为基础，以锻炼创业能力为关键，以培养创业精神为核心。

1. 教授创业知识

通过创业教育教学，使学生掌握开展创业活动所需要的基本知识，包括创业的基本概念、基本原理、基本方法和相关理论，涉及创业者、创业团队、创业机会、创业资源、创业计划、政策法规、新企业开办与管理，以及社会创业的理论和方法。

2. 锻炼创业能力

通过创业教育教学，系统培养学生整合创业资源、设计创业计划以及创办和管理企业的综合素质，重点培养学生识别创业机会、防范创业风险、适时采取行动的创业能力。

3. 培养创业精神

通过创业教育教学，培养学生善于思考、敏于发现、敢为人先的创新意识，挑战自我、承受挫折、坚持不懈的意志品质，遵纪守法、诚实守信、善于合作的职业操守，以及创造价值、服务国家、服务人民的社会责任感。

关于创业教育的内容，教育部在颁布的《"创业基础"教学大纲(试行)》中明确规定：

第一，创业、创业精神与人生发展。通过本部分教学，使学生了解创业的概念、创业与创业精神的关系、创业与人生发展的关系，以及创业和创业精神在当今时代背景下的意义和价值，正确认识并理性对待创业。使学生了解创业的概念、要素和类型，认识创业过程的特征，掌握创业与创业精神之间的辩证关系，强化学生对创业精神需要培育并可培育的理性认识。此部分具体内容包括：创业是不拘泥于当前资源约束、寻求机会、进行价值创造的行为过程。创业的关键要素包括机会、团队和资源。创业过程包括创业者从产生创业想法到创建新企业或开创新事业并获取回报，涉及识别机会、组建团队、寻求融资等活动。可大致划分为机会识别、资源整合、创办新企业、新企业生存和成长四个主要阶段。创业精神是创业者在创业过程中的重要行为特征的高度凝练，主要表现为勇于创新、敢担风险、团结合作、坚持不懈等。创业精神将在新时期发挥更大的作用，有利于加快转变经济发展方式，促进经济社会又好又快发展。知识经济发展与创业：通过对知识经济发展的分析，使学生了解创业热潮形成的深层次原因，认识经济转型与创业热潮的内在联系，明确创业活动对于经济社会发展的贡献。经济转型是创业热潮兴起的深层次原因。经济社会发展不同阶段创业活动的特征：创业具有增加就业、促进创新、创造价值等功能，同时也是解决社会问题的有效途径之一。创业与职业生涯发展：使学生了解创业与职业生涯发展的关系，认识创业能力提升对个人职业生涯发展的积极作用。教学要点是：创业并不只是开办一家企业；创业能力具有普遍性与时代适应性；创业能力对个人职业生涯发展起着积极作用。

第二，创业者与创业团队。①创业者。通过本部分教学，使学生形成对创业者的理性认识，纠正神化创业者的片面认识，了解创业者应具备的基本素质，认识创业团队的重要性，掌握组建和管理创业团队的基本方法。教学要点包括：创业者并不是特殊人群；具备一些独特技能和素质有助于成功创业；大多数创业能力可以通过后天培养而习得；创业者选择创业的动机受诸多直接和间接因素的影响；创业者可以通过创业教育培养和提高创业素质和能力。②创业团队。使学生认识创业团队对创业成功的重要性，学习组建创业团队的思维方式及其对创业活动的影响，掌握管理创业团队的技巧和策略，认识创业团队领袖的角色与作用。教学要点包括：创业团队是团队而不是群体；团队中成员所做的贡献是互补的，而群体中成员之间的工作在很大程度上是互换的；创业团队是由两个以上具有一定利益关系、共同承担创建新企业责任的人组建形成的工作团队；与个体创业相比较，团队创业具有多方面的优势，对创业成功起着举足轻重的作用；依据不同逻辑组建创业团队既可能带来优势，也可能带来障碍，对后续创业活动会带来潜在影响；创业团队管理的重点是维持团队稳定的前提下发挥团队多样性优势；创业团队领袖是创业团队的灵魂，是团队力量的协调者和整合者。

第三，创业机会与创业风险。通过本部分教学，使学生了解创业机会及其识别要素，了解创业风险类型以及如何防范风险，了解由创业机会开发商业模式的过程，掌握商业模式设计策略和技巧。具体内容包括：①创业机会识别，使学生认识创业机会的概念、来源和类型，了解创意与机会之间的联系和区别，了解识别创业机会的一般步骤与影响因素，习得有助于识别创业机会的行为方式。教学要点包括：创意是具有一定创造性的想法或概念，其是否具有商业价值存在不确定性；创业机会是具有商业价值的创意，表现为特定的组合关系；创业机会来自于一定的市场需求和变化；识别创业机会受到历史经验等多种因素的影响；识别创业机会是思考和探索互动反复，并将创意进行转变的过程。②创业机会评价，使学生认识有商业潜力和适合自己的创业机会，了解创业机会的评价，掌握创业机会评价的方法。教学要点包括：有价值的创业机会具有价值性、时效性等基本特征；判断创业机会是否适合自己的主要依据在于机会特征与个人特质的匹配；机会评价有利于应对并化解环境不确定性；常规的市场研究方法不一定完全适用于创业机会评价，尤其是原创性创业机会的评价。③创业风险识别，使学生认识到创业有风险，但也有规避和防范的方法。增强学生对机会风险的理性认识，提高防范风险的能力。教学要点包括：有价值的创业机会也是有风险的；机会风险分为系统风险与非系统风险；系统风险主要是创业环境中的风险，诸如商品市场风险、资本市场风险等;非系统风险是指创业者自身的风险,诸如技术风险、财务风险等。机会风险中,一些是可以预测的,一些是不可预测的,创业者需要结合对机会风险的估计,努力防范和降低风险。④商业模式开发,使学生认识商业模式的本质,了解战略与商业模式之间的关系,掌握商业模式设计和开发的思路,明确开发商业模式的关键影响因素。教学要点包括:商业模式本质上是若干因素构成的一组赢利逻辑关系的链条; 商业模式是商业战略生成的基础, 商业战略是在商业模式基础上的行为选择;商业模式的价值主张、价值网络和价值实现等要素之间的不同组合方式形成了不同的商业模式; 商业模式设计是创业机会开发环节的一个不断试错和反复修正的过程;商业模式设计是分解企业价值链和价值要素的过程,涉及要素的新组合关系或新要素的增加。

第四,创业资源。通过本部分教学,使学生了解创业过程中的资源需求和资源获取方法,特别是创造性整合资源的途径,认识创业资金筹募渠道和风险,掌握创业资源管理的技巧和策略。①创业资源。使学生了解创业资源的类型,重点认识不同类型创业活动的资源需求差异,掌握创业资源获取的一般途径和方法,明确创业资源获取的技巧和策略。教学要点包括:不同的创业活动具有不同的创业资源需求,创业资源包括有形资源和无形资源,无形资源往往是撬动有形资源的重要杠杆;创业资源获取途径包括市场途径和非市场途径;创业资源获取的关键往往取决于软实力。②创业融资。使学生了解创业融资难的相关理论,掌握创业所需资金的测算、创业融资的主要渠道及差异,了解创业融资的一般过程。教学要点包括:创业融资是创业管理的关键内容,在企业成长的不同阶段具有不同的侧重点和要求;不确定性和信息不对称是创业融资难的影响因素;正确测算创业所需资金有利于确定筹资数额,降低资金成本;创业融资的主要渠道包括自我融资、亲朋好友融资、天使投资、商业银行贷款、担保机构融资和政府创业扶持基金融资等;创业融资不只是一个技术问题,还是一个社会问题,应从建立个人信用、积累社会资本、写作创业计划、测算不同阶段的资金需求量等方面做好准备。③创业资源管理。使学生了解创业资源整合和有效使用的方法,认识创业资源开发的技巧和策略。教学要点包括:大多数创业者难以整合到充足的创业所需的资源;开发创业资源是有效利用创业资源的重要途径;开发创业资源表现为一些独特的创业行为。

第五,创业计划。通过本部分教学,使学生认识创业计划的作用,了解创业计划的基本结构、编写过程和所需信息等,掌握创业计划书的撰写方法。①创业计划,使学生了解创业计划的基本内容及其重要性，认识创业者在创业过程中准备创业计划的原因，了解做好商业计划所需要开展的准备工作。教学要点：创业计划是创业的行动导向和路线图，既为创业者行动提供指导和规划，也为创业者与外界沟通提供基本依据；创业计划需要阐明新企业在未来要达成的目标，以及如何达成这些目标。创业计划要随着执行的情况而进行调整；创业计划包括产品（服务）创意、创意价值合理性、顾客与市场、创意开发方案、竞争者分析、资金和资源需求、融资方式和规划以及如何收获回报等内容；准备创业计划的过程实质上是信息的搜集过程，是分析并预测环境进而化解未来不确定性的过程。②撰写与展示创业计划，使学生了解撰写创业计划的方法、创业计划展示过程中需要注意的问题，以及创业计划各构成部分的相对重要性。教学要点包括：创业计划，包括封面、目录、执行概要、主体内容和附件等；撰写商业计划，这是创业者（团队）反复思考、推理并讨论的过程；展示创业计划的基本方法；激情在创业计划展示中发挥的重要作用。

第六，新企业的开办。通过本部分教学，使学生对企业本质、建立企业流程、新企业成立相关的法律问题和新企业风险管理等有所了解，进而认识到创办企业所必须关注的问题。①成立新企业，使学生了解注册成立新企业的原因，新企业注册的程序与步骤和新企业选址的影响因素等。认识新企业获得社会认同的必要性和基本方式。教学要点包括：一家新创企业可以选择的组织形式有多种，主要有个人独资企业、合伙企业、有限责任公司（包括一人有限责任公司）和股份有限公司；创业者在创建和经营企业的过程中，必须了解和遵守有关法律法规，以确保自身和他人的利益没有受到非法侵害。与创业有关的法律主要包括专利法、商标法、著作权法、反不正当竞争法、合同法、产品质量法、劳动法等。创建新企业时应注意伦理问题，包括创业者与原雇主之间、创业团队成员之间、创业者和其他利益相关者之间的伦理问题等。新企业选址需要综合考虑政治、经济、技术、社会和自然等影响因素，其中经济因素和技术因素对选址决策起基础作用。企业注册成立后，除遵纪守法外，还需要主动承担社会责任，才能获得社会认同。②新企业生存管理，使学生了解创办新企业后可能遇到的风险类型及其应对策略，掌握新企业管理的独特性，了解针对新企业的管理重点与行为策略。教学要点包括：新企业成立初期应以生存为首要目标，其特征是主要依靠自有资金创造自由现金流，实行充分调动“所有的人做所有的事”的群体管理，以及“创业者亲自深入运作细节”；新企业成立初期易遭遇资金不足、制度不完善、因人设岗等问题；企业成长的推动力量包括创业者（团队）、市场和组织资源等；新企业成长的管理需要注重整合外部资源追求外部成长;管理好保持企业持续成长的人力资本;及时实现从创造资源到管好用好资源的转变;形成比较固定的企业价值观和文化氛围;注重用成长的方式解决成长过程中出现的问题;从过分追求速度转到突出企业的价值增加。

实施创业教育的形式,可视不同类型的学校、不同的专业、不同学生进行个性化的设计。一般来说,可采取四种形式:①渗透性教育:创业的校园文化、创业理念在各学科、各专业在教育活动中的渗透与介入。②普及性教育:创业精神、创业知识与创业实务普及性、讲座性的教育方式。③重点性教育:在各专业中开设"创业经济学""创业管理"等课程。④专业性教育:创建创业学专业,开设包括创业精神学、创业知识论、创业实践论三大板块,体系化的创业学课程[①]。

20.3 世界发达国家创业教育的发展历程与经验

一、美国创业教育的发展与经验

20 世纪 60 年代,美国人发现了创业教育和创业精神这个让美国经济发生奇迹的"秘密武器"。从美国德克萨斯州立大学学生"创业计划竞赛"的星星之火,到现在世界范围内大学生创业热潮的燎原之势,创业和创业教育成为世界各国政界和教育界高度关注的重要课题。创新成为经济的推动力。在这场"没有硝烟"的战争中,谁占有更多的信息资源,拥有更多的"创新头脑",就相当于拥有了战胜对手的"新型武器"。20 世纪 90 年代以来,美国、英国、法国、日本、韩国、澳大利亚、新加坡等国政府纷纷将创业教育作为培养未来富有挑战性人才的战略,积极部署高等教育及基础教育阶段创业教育的实施计划[②]。

美国创业教育的发展经历了以下几个阶段。

1. 萌芽阶段(1947 ~ 1970 年)

1947 年,哈佛商学院的迈赖斯·迈斯 (MylesMace) 为 MBA 学生开设了一门新课程——"新创企业管理",这被后来众多的创业学研究者们认为是美国大学创业教育中的第一门课程,也是创业教育在大学的首次出现。1949 年,第一本关注创业者的研

①智库百科。

②李志永:《日本大学创业教育的发展和特点》,《比较教育研究》2009 年第 3 期。

究性期刊——《创业历史探索》由哈佛大学出版，1958 年，哈佛大学停办该刊之后，威斯康星大学于 1963 年重新出版并将其更名为《经济历史探索》，但由于没有太大的学术市场而于 1969 年停办。创业教育在20 世纪 50 ~ 60 年代之所以在美国没有市场，主要是因为 1945 ~ 1970 年是美国的大工业时代。这一时期美国工业文明发展到了前所未有的高度，经济高速增长，大公司繁荣发展，而小公司则不断减少。因此，创业教育缺乏成长的土壤。

2. 起步阶段（1970 ~ 1990 年）

进入 20 世纪 70 年代，美国经济增长开始减缓，创业教育日益受到重视。20 世纪 70 年代初，仅有 16 所大学开设了创业课程。但接下来的20 年里，根据 Solomon 和 Fernald 关于全美高校本科层次的创业教育课程开设情况的研究成果显示，1979 年，有 127 所在本科生中开设了创业教育课程，1982 年，增加到315 所，1986 年，有 590 所，到 1989 年数量达到 1060 所。Plaschka 和 Welsch 指出，小企业及创业管理课程的增多是因为美国的小企业数量在快速地增长。尽管课程提供的数量在不断增长，但对这些课程的需求增长更快，部分原因是学生们对此类课程的需求非常高。因此，创业教育课程得到了快速发展。与此同时，一些重要的创业学术期刊也相继出现。1963 年，美国小企业管理委员会创办了《小企业管理期刊》；1975 年，《美国小企业期刊》创刊，该刊于 1988 年更名为《创业理论与实践》；1985 年，《企业创业杂志》创刊。上述三个期刊已经成为当前创业研究领域国际公认的重要刊物。其中《小企业管理期刊》和《企业创业杂志》被 ABI 和 SSCI 同时收录，《创业理论与实践》被 ABI 收录。另据 Katz 统计，美国目前共有 50 多种与创业或小企业管理相关的期刊出版。

3. 发展阶段（1990 ~ 2000 年）

1990 年以来的十年中，创业教育在全美范围内的高校中得到了认可。1998 年，美国小企业管理局(SBA)的初步调查结果显示，全美已有1400 所大学在本科生中开设了创业或小企业管理课程。在课程开设的层次上，Vesper 和 Gartner 在研究报告中指出，在 104 所开设创业教育课程的大学中，大约有 55%在本科与研究生两个层次上开设了相关课程；30%的大学在研究生层次开课；只在本科生阶段开课的大学仅占 15%。另外，在专业设置与学位授予上，也开始有越来越多的大学参与。根据 Winslow 和 Solomon 所做的 1999 ~ 2000 年度第七次全美创业教育项目续贯调查结果，已经有 142 所大学在本科或研究生院中把创业作为了专业领域，其中有49 所学校设置了创业学位。对比其 1997 年的调查结果，当时只有 78 所高校把创业作为专业领域，32 所提供创业学位。而 1994 年 Garter 和 Vesper 的研究中提到只有 50 所大学开设了创业的专业领域。这些数据都足以说明在创业学专业设置与学位授予上的发展速度之快。

4. 成熟阶段(2000 年至今)

进入 21 世纪,美国创业教育逐渐走向成熟,主要表现在两个方面:创业教育教师的准备及社会对创业教育关注程度的与日俱增。由于创业教育课程和项目的急剧增长,对这方面专业教师数量的需求也相应增长。美国管理学会创业学部正在着力推进创业学博士项目,他们为创业学博士生提供一个“博士论坛”,以促进他们在创业研究、教学及课程开发方面的工作。Duhaime 和 Hitt 对美国创业学博士教育现状的调查结果显示,在所有开设创业教育课程的大学中,有 8%的学校提供创业学博士学位。另一个教师培训项目是“创业教育者终身学习计划”,由考夫曼基金会与一些大学合作提供,旨在培养更具效率和创新性的创业教师。该项目每年为美国培养大批的创业学教师。美国社会对创业教育的关注主要体现在,一些著名的杂志,如《美国新闻》《世界报道》《成功》及《创业者》等都在关注商学院的创业教育项目。其中《成功》及《创业者》每年都要进行全美创业教育项目的排名,排名已经开始影响到各校的招生情况与经济收入,排名越靠前的项目接到的咨询、申请就越多,入学率也越高,这一点已经引起了各大学商学院的高度重视。这种排名也已成为衡量各校创业教育工作进展的一个标准①。

20 世纪 90 年代以来,美国大学创业教育发展进入成熟阶段,开设创业教育课程的大学数量不断增加,他们建立创业活动中心、创业教育研究会等。创业活动中心与社会建立广泛的联系渠道,成立大学科技园、风险投资机构、创业资质评估机构等,形成了高校、社区、企业良性互动的创业教育系统,建立了创新教育联盟并设定了创业教育的标准。

美国大学创业教育的迅猛发展,得益于其不断探索与院校发展目标相一致的、行之有效的创业教育模式。从总体上看,美国高校开展创业教育主要遵循两条轨迹:一是以创业学学科建设为目标的发展路

图 20-1　美国大学生展示创业计划书

①熊飞,邱菀华:《中美两国创业教育比较研究》,《北京航空航天大学学报(社会科学版)》2005 年第 4 期。

径；二是以提升学生创业素养和创业能力为本位的发展路径。前者主要采用聚集模式，教学活动在商学院和管理学院进行，培养专业化的创业人才；后者主要采用辐射模式，教学活动在全校范围内展开，主要培养学生的创业精神和创业意识，为学生从事各种职业打下基础。磁铁模式则介于上述两者之间。

聚集模式：聚集模式是传统的创业教育模式。在这种模式中，学生经过严格筛选，课程内容呈现出高度系统化和专业化的特征，创业教育所需的师资、经费、课程等都由商学院和管理学院负责，学生严格限定在商学院和管理学院。这种纯粹性决定了聚集模式创业教育能够系统地进行创业方面的教学，其毕业生真正进行创业的可能性及比例非常高。该模式的创业教育也促使创业学作为一门独立的学科在商学院和管理学院获得发展。

哈佛大学商学院是采取聚集模式创业教育的典型代表。作为在世界上最早开设创业教育课程的机构，哈佛大学商学院强调申请者的创业特质，并通过实施相关课程与活动提升学生的创业技能。目前大约 40%的哈佛大学 MBA 毕业生追求一种创业型职业生涯，如创业者、风险资本家或者创业咨询者。

磁铁模式：采用磁铁模式的创业教育基于这样一种信念：即非商学院的学生也能从创业教育中获益，具有创造性的创业努力并不仅仅来自商学院学生。麻省理工学院主要采取这种模式，其创业中心的使命就是："激发、训练以及指导来自麻省理工学院所有不同部门的新一代创业者。"这种模式的创业教育往往先在商学院和管理学院成立创业教育中心，通过整合所有资源和技术吸引来自全校范围内的、有着不同专业背景的学生。大部分创业教育课程，如"创业计划""新创企业"等适应各种专业背景的学生。在这种情况下，对创业感兴趣的学生既可以修习创业课程，也可以根据自身情况和兴趣辅修创业。整个项目的发展依托商学院和管理学院的资金、师资、校友等因素。创业教育中心负责整个项目的规划和运作。这种模式为商学院和管理学院之外的学生提供创业教育而不涉及经费、师资等方面的变革。

磁铁模式在保证其开放性的同时，也保证了运行的便利性。所有创业教育和活动由统一的创业教育中心负责协调和规划，师资和经费也有创业教育中心统一调配管理。这样的运行模式整合了有限的资源，有利于打造优质的创业教育项目，有利于吸引新教师的参与，也有利于校友募捐的顺利进行。

辐射模式：辐射模式也是一种全校性的创业教育模式，它的发展机遇这样的一种理念：不仅要创设良好的氛围为非商学专业学生提供创业教育、还应该鼓励不同学也的教师积极参与创业教育过程。它的实施涉及了管理体制上、师资、经费筹集等各方面的改革。在管理体制上,学校层面成立了创业教育委员会,负责协调和指导全县范围创业教育的开展;所有参与学院负责实质性的创业教育和活动,根据专业特征筹备资金、师资、课程等。这种模式与磁贴模式的本质区别是突出了不同学院教师的参与。他们需要根据本专业的特征设置课程,从而保证学生能够结合专业背景进行创业。不同学院之前的学生可以互选创业课程,从而打破学科边界,实现资源共享。康奈尔大学是采取辐射模式创业教育的典型代表。

辐射模式创业教育的优势相当明显。对大学而言,在不同学院开展创业教育项目既可以广泛吸引校友,也可以赢得学生的信任;对教师而言,不同学院的教师以创业教育为平台开展广泛的交流与合作,有利于促进教师能力的提升;对学生而言,结合专业特征学习相关创业教育知识和技能,保证了学习的有效性。当然,辐射模式创业教育的运行和管理面临着协调、募捐、课程设计、师资等多方面困难。协调是辐射模式所面临的最大挑战。比如在康奈尔大学,9 个参与学院提供了很多创业课程,虽然这些课程都与学生的专业背景相符合,但是在课程之间缺乏关联性。另外,由于“辐射模式”利益的分散本质,院校无法为一个集中的创业教育项目募捐。在课程设计上,如何巧妙地将创业知识和技能融入具体专业中也是对教师很大的考验。最后,由于创业教育师资由参与学院自行解决,如何动员更多优秀教师参与创业教育项目对院校来说是个极大的难题。①

根据美国摩瑟尔大学计算机系副教授赵强通过综合美国考夫曼基金会总结“考夫曼校园”项目 10 年经验的报告和相关院校发表的报告,对这美国高校开展创业教育的情况做一些介绍。创业教育已成为美国本科教育中发展最快的科目之一:正式的创业教育(主修、辅修或证书)专业从 1975 年的 104 个增加到 2007 年的 500 多个;课程数量从 1985 年的 250 增加到 2008 年的超过 5000 (包括两年及四年学制)。到2012 年,每年有超过 40 万学生选修、将近 9000 名老师教授这方面的课程;全美 1250 左右的“企业孵化器”中,大约三分之一存在于大学中。

为了转变美国大学培养成功毕业生的方式,考夫曼基金会推出了旨在使全校学生受到创业教育的“考夫曼校园”项目。2003 年 12 月第一批 8 所学校分别得到最多五百万美元的资助。加上各校至少三比一的配套资金,总投入超过一个亿。这批入选的

①李楚英,王满四:《美国大学创业教育模式及与中国比较》,《高等农业教育》,2010 年第 2 期。

学校情况各异,包括两所规模较小的大学(属研究型的罗切斯特大学和属文理综合型的维克森林大学);三所以招收少数族裔学生为主的大学(传统非洲裔的霍华德大学,及西裔的在佛罗里达国际大学和德州大学埃尔帕索分校)和三所规模较大的大学(位于圣路易斯的华盛顿大学,伊利诺伊大学厄巴纳—香槟分校和北卡罗来纳大学教堂山分校)。

2006 年 12 月,第二批 6 所学校入选,资助总额达到 1950 万元,加上配套资金后总投入超过两个亿。入选的大学为:雪城大学(Syracuse University),普渡大学,亚利桑那州立大学,乔治城大学,威斯康星 - 麦迪逊大学和马里兰大学巴尔的摩县分校。

另外,通过与另一基金会合作的"摩根 - 考夫曼东北俄亥俄大学创业教育"项目资助了包括欧柏林学院(Oberlin College)等五所文理学院。

在这一经历十年的项目接近尾声之际,考夫曼基金会邀请部分成员学校的代表和另外一些创业教育开展较好的大学,一起总结他们的成功和不足。与会者所代表的院校包括:麻省理工学院,卡内基·梅隆大学,莱斯大学(Rice University),犹他州立大学,普林斯顿大学,斯坦福大学,迈阿密大学,华盛顿大学,康乃尔大学,雪城大学,伊利诺伊大学,亚利桑那州立大学,罗切斯特大学,欧柏林学院,密苏里大学堪萨斯城分校,北卡罗来纳大学教堂山分校和密歇根大学。

考夫曼基金会这份总结报告首先回顾了历史,形象地指出创业教育在大学中已经"度过了青春期,正在步入成年"。并归纳了三方面的理由说明为什么创业教育在近十年来迅速普及:

一是 90 年代以网络公司为代表的技术公司一夜成功的感召,使得有志学子不再因循在制度森严的机构挣死工资的老路;

二是近年来的大规模经济衰退中大学生们看到家长被解雇或同辈找工作难,进而转向把自己的未来建立在自我创业上;

三是由于考夫曼基金会等机构有关项目的引导与推动,使得大学开始因应师生的需求与利益。我个人觉得,学校教学与管理部门对创业教育"一拍即合",也是与近十几年来高校对跨学科的一体化教育的重视大有关系。正如专家组报告中指出的,创业正是连贯各学科知识的一个良好载体。一体化教学(Integrative Learning),或称跨学科(Interdisciplinary)教学项目的建立通常为了便于那些从单一学科角度无法充分分析的主题的学习。通过在某一专业范围内建立各相关学科领域之间,课程与辅助课程之间或学术知识与实践之间的联系,综合研究传统上分别对待的科目,以便使学生能得到一个更深入完整的了解。[①]

当然,美国的产业教育也存在不足。美国普渡大学副校长迪巴·杜塔的调查研究认为,美国高校创业教育的短板之处就是创新教育不足,没有受到足够的重视[②]。

美国普渡大学副校长迪巴·杜塔近期就抛出了疑问:创业教育到底应该如何做?15年前,当第一波美国高校创业大潮首度掀起,杜塔校长负责了一个全新项目的筹备,将工科与商科结合,把在校的科研人才培养成商人。新项目进展得较为顺利,杜塔校长发现通过给工程学院学生教授商学院知识,学生的确掌握了如何将研发的新产品投入市场。但是,他同时发现高校创业教育存在一个重大的疏漏——只关注创业却忽略了创新。

要知道,创新是创业的基础,没有创新何来创业,这两者之间密不可分。用杜塔校长的话解释,创新是创造新的价值,创业则是实现这个价值。不幸的是,高校现有的创业教育几乎都在教授学生创业,比如学些商业理论、客户心理或者销售技巧,而创新教育却是盲区,没有"如何创新101"这样的课程存在。如若没有创新的基础,创业的发展必然难以为继。

第一个疑问:创新可以传授吗?

那么,在创业教育已初现模型之时,创新教育应该如何开展?带着这样的疑问,杜塔校长首先查找相关论文和研究,结果发现根本没有人研究这一课题。总是要有第一个"敢吃螃蟹"的人,杜塔校长在美国国家科学基金会的资助下,开始了创新教育的调查。此次调查共分为3个模块:访谈、工作坊及数据分析。研究团队先后共深度采访了60位不同领域已小有成就的创新者,例如苹果公司总裁库克、斯坦福大学校长约翰·亨尼西等。之后,60多名来自学校、企业及政府机构的对创新创业教育有所建树的专家参加了为期两日的工作坊,集体探讨研究团队在访谈创新者时收集到的信息。在多位学者专家的共同努力下,这些调查结果被系统地整理出来,论文最后在国家学术期刊发表。

研究再次证实杜塔校长的论点,创新的确不能像数学或者写作那样上几门课就能掌握,现有的高校创业教育更是无法有效地培养学生的创新能力。但是,杜塔校长却发现了左右个人创新能力发展的三大要素,具体说来它们是:

技能。调查发现创新者通常具有创造性、好奇心、对某一领域的专业知识、灵活运

①创业邦网站 http://www.cyzone.cn/a/20130830/244819.html

②搜狐教育 http://learning.sohu.com/20160314/n440313508.shtml

用知识的能力，以及发散性思维的能力。同时，他们还极为"胆大"，喜欢接受挑战并愿意承受失败。此外，他们还具有良好的口才，能够对客户和投资人清楚地阐述自己的产品理念，并且在团队内部与同事进行有效沟通。杜塔校长表示，创新同时也是团队协作的过程，为此沟通交流能力不容小觑。

阅历。创新者在学校或者初入职场时往往都有"榜样"指导和领路，同时他们在成长的过程中一般不被条条款款所拘束，那些"天马行空"的想法不被另眼看待而是被鼓励去进一步探索。创新者还表示，他们在校外的实际工作中学到的解决问题的思维方式及团队合作经验皆对自己的创新能力有着积极的影响。另外还有一点极为重要，那就是与其他领域的同事合作时学到另一领域的新知识，这些更能激发他们的创造力和想象力。

环境。环境是创新者技能与阅历的培育土壤。参与调查的创新者纷纷指出，开放型办公室更利于同事间交流沟通，他们时常在讨论中擦出创意的火花。那么，高校的实验室、创客空间或者创业中心皆可以借鉴企业中开放空间的做法，避免将学生封锁在独立的空间中。调查还发现，创新者极为看重所处环境的价值，他们认为创业环境对个人创新的影响等同于儿童成长环境对其成才的影响，甚至可以不客气地说，环境直接决定着创新的成败。

第二个疑问：推翻现有的教育？

当然，此次创新调查得出的结果远不止这些，杜塔校长只提炼出最精要的部分与读者分享。出于学术严谨性，一次调查并不足以说明问题，杜塔校长表示在创业创新教育领域的研究课题上，未来还需要更多、更完善的调查为高校提供更多参考。针对此次调查所得结果，美国许多教育专家认为，要想提升大学生的创新能力，现有的教育体系必须被推翻重新洗牌。在这一点上，杜塔校长却持有对立的态度，他认为，我们必须从现有的高等教育体系入手培养学生的创新能力，但首先要经过相应的改革与调整。改革要通过两种途径：一是整改、完善现有的大学课程；二是自上而下系统地调整校园文化、创新创业环境及思考问题的固有模式。那么，这些调整和改变具体应该如何实施？杜塔校长给出了几条建议：

加强体验式学习。受访创新者表示工作经历塑造了其创新能力，为此，学校要鼓励在校生积极参加课外实习，搭建校企合作平台，为学生实习提供更多机会。在学校内部可以积极建立创客空间，学生可以通过多种途径积累工作经验。比如，普渡大学近年来筹建的"工程项目为社区服务"便是一个典型的体验式学习项目。参与该项目的学生需要调动自己的创造创新能力，为社区里的残疾人或者行动不便人群设计个性化的辅助仪器,并帮助他们适应新仪器,从而提高他们的自理能力。学生在体验式学习过程中,不但需要调动自己的创新创造能力,还提高了自身发现问题、解决问题、与人交流等多方面的能力。杜塔校长表示,学校领导一定要极力支持此类项目,由上而下地为学生营造一个创新的学习氛围,同时,还要加强对学生的挫折教育,教导他们勇敢面对失败。

改进现有课程。高校可以适当改进现有的工科类课程,例如教师在讲述相应技术时可以顺带介绍下它的诞生背景,让学生了解需求与创新间的巧妙联系。另外还可以介绍发明者的个人成长故事, 使学生可以从发明者的经历中有所感悟。值得指出的是,教师不要只介绍成功的创新案例,要让“失败是成功之母”的理念深入人心,劝解学生不要畏惧失败。麻省理工学院有一门以创新而闻名的化学课,任课老师多兰·萨多薇在讲授化学知识时还会介绍其诞生历史、文化背景、失败案例等人文学科内容。萨多薇教授在她的教学大纲上写道:“这不是单纯一门化学课程,而是以化学为中心,围绕化学的人文、艺术、人类学的复合型课程,你会学到创新是如何被运用到实际生活中的。”

选择是门学问,筛选问题要有方法。发现问题并找到行之有效的方法解决问题被看作是创新的关键。因此,要教导学生如何发现有价值的问题,如何正确地进行头脑风暴。对于这个难题,受访的创新者建议学生从个人最感兴趣的领域着手,同时参考这一领域与其他学科的交叉区域,这便于学生发现问题所在。学校可以带领教师探讨发现问题的方法,将所得结论编写成指导方针,学生可以根据战略准确地找到创新切入点。找个典型来学习。

正如文中开头杜塔校长所讲,创业可以被教育,而创新则不能,创新是潜移默化的一个过程。庆幸的是,通过调查研究,创新能力的提高方法变得有迹可循。但是,如何证实杜塔校长所提出的建议行之有效,莫非要找研究对象进行案例追踪?实际上根本不用那么麻烦,我们已有现成的成功案例——斯坦福大学。这个被誉为“创业的高校”曾出过太多传奇,根据斯坦福大学 2012 年的一项统计显示,目前美国有近4 万个运营良好的企业是斯坦福大学毕业生所创,或者诞生于斯坦福校园。此外,四分之一的斯坦福在职教授有过至少一次创业经历,谷歌、雅虎、Instagram、LinkedIn 都与这个创业校园有着千丝万缕的联系。这所创业大学的成功案例值得世界各国高校借鉴。

那么,斯坦福大学是如何印证杜塔校长的创新创业教育理论呢?创新首先被创业环境所影响,斯坦福大学里则处处洋溢着创业文化。斯坦福设计学院、创客空间、创业中心、各类创新实验室、校企合作交相辉映,为在校生提供了太多参与实际工作的机会，学生的阅历自然而然地积攒起来。斯坦福大学的创业文化还表现在鼓励教授创业，所有教授可以申请两年的“创业假期”，这表示他们有两年时间可以离开校园投身企业，无论是组建自己的公司还是服务于已有企业，教授们可以过足创新创业的瘾。“教授不教学反而去创业”的做法看似不合规矩，但学校却看到了“创业假期”的潜在利益，因为创新来源于实际，教授只有走出校园才能真正看清社会的需求，而这些经验和阅历在教授回到校园后可以传授给学生，帮助学生更好地紧跟实际、发现问题。与此同时，教授的引导很关键，只有实际操作经验丰富的导师才能给想创业的学生更好的指引。

当身边同学、室友、任课老师、导师纷纷置身于创业的海洋，校园中处处可以听到创业的讨论、对新事物和新科技的探讨，这样的环境让学生不懂创业、不想创新都难。当然，斯坦福大学不单单是靠计算机和工程学科的创新创业打天下，其他人文学科也均衡发展。为了创新的更好发展，也为了带动学校的人文学科，斯坦福大学积极开展跨学科课题的开发与研讨，让工程学院学生与人文专业学生一起参加产品的开发与设计。早在2014年年初，斯坦福大学宣布批准设置计算机科学与英语、计算机科学与音乐两个联合专业，探索为学生提供计算机科学与人文科学（简称CS+X）相互交融的独特学习体验。在这个创业大学里，人文科学专业并非“二等公民”，学校将“实用性”奉为创新的首要要求，而生活不是由简单的钢筋水泥般的机器构成，新科技的诞生更需要人文关怀。

环境、阅历、技能被杜塔校长看作创新的三大要素，从斯坦福大学成功的案例中我们可以清楚地看到这些要素的存在。麦可思数据显示，2011届大学生毕业二年后自主创业人群认为创业最基本的工作能力是：有效的口头沟通、积极学习、时间管理、谈判技能、学习方法、理解他人和协调安排。这些创新创业者所必备的职业素养需要从校园中开始培养。有了杜塔校长的调研结果和斯坦福大学的参考，我们的高校不妨思考自身在创业教育的改进之法，将这些行之有效又不难执行的措施推广开来。①

二、日本创业教育的发展与经验②

在日本，创业教育又称“企业家教育”，这个概念来源于美国。用日语表示为“起业家教育”，也有翻译成“企业家教育”。

日本政府从环境、教育、制度等方面积极推进创业教育，积极配合产业结构调整

①搜狐教育 http://learning.sohu.com/20160314/n440313508.shtml

②李志永：《日本大学创业教育的发展和特点》，《比较教育研究》2009年第3期。

人才培养战略，探索创业人才培养的优秀方案。创业教育，特别是大学创业教育在日本呈现高涨的势头。日本国内针对创业教育也展开了激烈的讨论，并在创业教育的大学模式、大学风险企业、创业教育的社会支援体系、创业教育的地区发展模式以及创业教育的课程开发体系等方面展开了研究。

日本大学创业教育发展经历了以下几个阶段：

第一阶段：大学、企业各负其责的60年代阶段

在20世纪60年代的十余年间，创业教育的特点是，大学主要集中在为产业部门培养高级技术人才与技术员方面。而关于企业所要求的管理、经营知识则更多的是由企业设立的培训机构来进行的。

这是因为，20世纪60年代，日本经济发展急需高科技人才和熟练技术工人，日本大学的重点放在培养应用型的理工类专科人才上，因此大力发展"五年一贯制"高等专科学校，并与企业开展了多种形式的"产学合作教育"。但大学主要的注意力集中在为产业部门培养高级技术人才与技术员方面。日本高等教育在原有的基础上学生数增长了，其中短期大学学生人数增加了，高等专科学校学生人数增加了。当然也有一些传统的商业大学、工学院等职业学校提供零星的关于如何帮助技术拥有者实现创业的课程，但无论是在层次还是范围上都很有限。

而关于企业所要求的管理、经营等知识则更多的是由企业设立的培训机构来进行的。日本许多大企业都拥有自己专门的培训机构，给员工提供企业内培训，如自我启发、工作中学习、脱产学习等形式。同时，国家和各都、道、府、县设置了大量职业培训设施，如"职业能力开发促进中心""工艺中心""生涯职业能力开发促进中心""才艺园""职业能力开发大学校"工艺学院、"职业能力开发校"等。日本通产省提供经费设立中小企业大学校，以中小企业的管理者和技术人员为对象进行培训。国家、地方政府、中小企业联合设立的高等技术研修所，采取不脱产的形式培训在职人员。此外，日本的各个社团组织也采取研修讲座、学术活动的形式来培训中小企业的在职人员。失业者、在职者都可以听课，学费原则上免费。而且根据有关规定，他们还可能领到雇用保险的失业补贴基本津贴、学习津贴、交通津贴。这些机构为有志创业者学习提供了平台。

第二阶段：大学提供管理培训阶段

20世纪70年代以后，大学为了扩大资金来源，扩展社会服务，也开设了面向企业人员的MBA、市场营销等课程。70年代以后，日本企业发展突飞猛进，企业的发展对人才提出了更高的要求，即大学要为企业提供管理、经营、营销的培训。大学为了扩大

资金来源，扩展社会服务，也开设了面向企业人员的、市场营销等课程。许多大学将职业规划教育的理念纳入学校教学、学生的学习和生活实践，将职业规划教育的总体指导和个别咨询相结合，积极和相关企业及社会机构合作，开展联合讲座、专业实践、实习等活动，以学生理解专业教育并能在社会中灵活运用为重点，构筑以语言能力、跨文化交流能力为特色的职业规划教育体系。学校与企业、事业单位、行政机构合作，开设"业界分析""国际化企业合作讲座""政府行政事业单位合作讲座"等职业开发方面的正规课程，让学生对职业、工作有更详细、具体的了解，使学生逐步明确职业目标。由于企业外的培训与企业内教育在针对性上毫无优势可言，社会对公共职业训练的评价不高，产业界只希望通过企业内的职业训练来形成熟练技能。所以学校开展的企业人员继续教育一直没能占有很大优势。

第三阶段：创业教育导入阶段

20 世纪 90 年代以来，高校开始实行"企业见习制度"。2000 年，日本教育改革国民会议上提出了创业家精神的概念，强调创业教育应培养学生的创业家精神、生存能力和思维方式。90 年代以来，日本泡沫经济破灭，日本的传统产业失去了昔日辉煌的地位，为了实现经济的持续发展，产业界十分需要活跃经济的因素。中小企业以其便利灵活的优势取代了大型企业，传统产业要想在竞争中取得胜利也必须在创新上取得优势。风险企业作为日本未来经济的催化剂，正以强劲的势头发展起来。特别是大学的风险创业企业，利用高校的知识资源和人才优势，把高校的存量基础研究转变为市场化产品。风险企业的诞生和发展实现了高校与产业的良性互动。各大学围绕建立风险企业，提出了创业家人才计划，并努力加以实践。

1998 年以后，作为职业教育的一环，为培养学生的职业观念和劳动观念，高校开始实行"企业见习制度"。企业见习制度就是学生在企业现场针对自己学习的内容进行就业体验。部分学校还导入了"德国职业教育双重制"，主要是为了培养学生的职业选择能力，培养职业意识，防止毕业生离职。但这种短暂的经历教育一时还不能对学生有显著的效果和持续的效力，社会需要更高水平的职业观和劳动观教育。

2000 年，日本教育改革国民会议上提出了创业家精神的概念，强调创业教育应培养学生的创业家精神、生存能力和思维方式。理科大学、研究生院积极完善风险企业、研究室、共同研究中心等基础设施，将大学与核心和地域的特色产业结合起来。高校面向大学生、研究生、社会人士，从终身教育的视角出发，通过实施社会人特别选拔制度、定员编入制度、昼夜开讲制度、科目辅修制度等灵活的导人制度，支援社会人士创业。例如,早稻田大学针对社会人士推出"傍晚集中讲座",利用晚上时间上课三个月,授课内容包括行销、经营计划等。此外,日本攻击手商业学校推出"事业计划立案讲座",东京商工会议所举办"创业塾"等。以培养学生创新、创业精神为目的的创业课程在大学吸引了许多有志创业的学生。部分文科大学、研究生院为适应现实社会的需求,也推出创业培养讲座。

第四阶段:创业教育理念践行阶段

法人化改革后,日本大学为了在竞争中取得优势,必须要学会在市场中生存,因此许多大学将创设新企业作为目标,开始争取创设风险企业的机会。中央教育审议会将"大学风险企业创设"作为突破口,通过"创业教育激励计划"平台,改善学校环境,构建一个适应创业教育的三维体系。这一体系由几个相互交叉的部分构成,中间交叉的部分是大学风险企业,构成了一个完整的创业教育理念框架。下面就"计划"的框架加以简要说明。

学生创业教育开展以大学生和研究者为对象的商业教育计划,该计划主要通过要求学生必修一定科目的课程,邀请国内外著名企业家到校讲学,到国内外风险企业取得一定学分的见习,开展创业计划设计大赛等途径加以实施。

大学校园内的指定空间:通过开放校园的方式,为研究室、研究者、学生、企业人士提供社交性质的论坛,通过学科交叉、文理互动、交流创业计划等广泛的形式开展活动,实现大学资源的综合利用,在师生之间建立一个广泛的网络,形成一个包括校友在内的创业互助体系。

提供服务网络:为创业者的创业实践构筑服务体系,如通过校内企业孵化设施、创业辅导机构、种子资金服务机构等,为创业者提供咨询、服务,为比较有潜力的创业计划提供种子资金和运营资金。

社会力量:通过利用学校的校友网络、地域性企业支援机构、非营利机构等社会资源,实现学校和企业、社会的对接,共同完成学校创业基础设施的完备、创业课程教材的设计、创业风险资金的融资。同时,积极反馈社会,促进地域经济的发展。

数据库资源和信息网络:建立关于创业管理经营的专门数据库,为广大创业者提供创业知识的资源库。与此同时,建立针对风险企业的程序库,把握风险企业的发展动向。

这一模型的构想有两个支撑点。一是基于官、产、学密切配合的支撑体系。离开了产学合作、官产学互动,创业教育不但缺少了支持的动力,也缺少了实质的内容。许多措施,必须通过企业和大学之间的协调来实现,例如学生的企业见习制度、创业风险支援、创业风险资本融资等。二是不同的学校开展创业教育时存在着理念定位或者培养目标上的差异。从总体上来说，日本大学的创业教育定位分为五个层次，分别为创业重视型、地域连接型、全球战略型、日本本土型、理论活用型，如下表所示①。

日本大学创业教育的人才培养理念定位一览表

定位类型	人才培养理念内容	典型学校
创业重视型	提供创业教育必要的科目，以及学生创业的支援体系	政法大学、早稻田大学、日本大学
地城连接型	培养振兴地城产业的人才	关西学院大学、龙谷大学、大阪大学
全球战略型	全球化世界中活跃的经营型人才	青山大学、一桥大学、庆应大学
日本本土型	适合日本企业和产业的经营型人才	神户大学、筑波大学、一桥大学
理论活用型	理工学部的理论和技术的活动	大阪大学

从总体上来说，日本大学创业教育呈现三特点：

1. 官、产、学密切配合的社会性

日本政府将官、产、学合作视为提高国家创新能力的一个关键因素，希望通过促进产学合作来提高经济效益。在开展创业教育时，政府、产业界和社会从不同方面为创业教育的顺利开展创造条件，充分体现了整个社会对创业教育的重视。在政府方面，经济产业省、文部科学省、厚生劳动省将创业教育作为国家发展的重要课题，共同研究、共同思考、共同行动。从"青年自立挑战计划"的"政策联合部署"到《技术专业促进法》的颁布，从教育科研体制的系统改革到创业教育研究的"国际参与"，日本政府在创业教育系统中扮演了指导者、推动者和协助者的角色。近些年，日本政府又在简化新公司申请程序和广泛的资金援助方面出台政策，为大学创业教育的开展提供良好的服务。

在产业界方面，许多大企业和中介机构为大学创业教育做出了突出贡献，从向学校提供人才需求意见，为学校学生见习提供"实习基地"，为有潜力创业计划提供"风险资金"，到企业和大学联合开发创业教育教材、课程，设计创业型人才的培养方案和实施方案，企业以更加主动的姿态出现在大学校园之中。与此同时，许多中介机构在将创新成果转化为产品的商业运作中扮演了桥梁的角色。例如，整合技术与企业需求的产业合作办公室、促进大学研究成果专利化与技术授权的技术转移机构、提供商业

①李志永：《日本大学创业教育的发展和特点》，《比较教育研究》2009 年第 3 期。

层面支持的创业辅导机构、提供作业场地与商业设施的科学园区以及风险投资、人力中介及律师服务等,为创业者提供全方位的保障。

图 20-2 日本动漫专业的创业教育现场

在大学方面,在政府和产业界的密切配合下,大学不断更新创业教育、研究理念,甚至引入了全新的办学思想。各大学在原有基础设施的基础上,加强创业孵化器、创业辅导机构等创业基础设施的建设,加强与校友的广泛联系。同时,各大学还在原有管理和经营学基础上结合本校特色,开展工科创业计划,开设广泛的创业课程结合本校特色开设交叉学科。比如高知工业大学的创业工学、立命馆大学的创业管理学在创业师资方面导入了具有优秀创业家资质和创业经历的"双师",通过建立与企业的双向交流制度,提升创业教育质量。

总之,日本大学创业教育的开展得到了社会各方面的广泛援助和配合,真正体现了大学创业教育的社会参与。

2. 致力地方经济发展的地域性

许多大学将结合本地域产业优势、振兴地方经济发展作为大学人才培养的目标。20 世纪 70 年代初期,日本经济从高速增长时期进入到平稳增长时期,经济管理体制从传统中央集权模式向地方分权模式转变,经济发展进入"地域经济时代"。与此相对应,日本中小企业也由高速增长时期进入平稳发展时期。

为了活跃地域经济,实现地域经济的平衡发展,政府采取内发式经济发展方式,以促进地域经济的特色发展作为国家的重要战略。地域原有产业和新的发展空间无不给大学创业教育的开展提供了绝好的"练兵场"。为了充分挖掘利用地域经济资源,日本大学尤其是地方私立大学在开展创业教育时,很注意和地域特色产业的联系,许多大学将结合本地域产业优势,振兴地方经济发展作为大学人才培养的目标。例如,大阪商业大学的发展目标是"为社会做贡献",成为一所"扎根地方、学习地方、贡献地方"的大学。每一位学生的思想中都有把自己培养成一个有用之人的责任感。又如,濑户内海沿岸地区是钢铁和化学等日本传统产业集中的地区,当地政府借助广岛大学和香川大学的研究技术，为地区的养鸡业和制糖业提供了改进思路，大学的技术也得到了相应的应用。这种合作很好地发挥了地域和高校的资源优势，实现了与地域同步发展。

在创业实践中，大学生还为本地区企业开展市场调查，寻找企业优势，开拓市场空间。他们利用自身知识为中小企业开展咨询，通过处理具体问题达到企业升级、创新管理的目的。这样，大学的创业教育对地方经济起到实际的推动作用，也就容易获得地方政府的支持和地方企业的资助。

此外，各地方工商联合团体、金融机构、非营利机构、经营团体、地方大学还设立了创业推进协议会，共同推进创业计划开设创业中心，使有关机构人员、打算创业的人士、企业代表在此交流意见，形成促进地域经济发展的共同愿景。与此同时，创业中心通过“创业塾制度”为女性和高龄者开展短期的创业技能培训，紧密围绕地域经济发展主题，开设企业设立、财务、经营等讲座。现在许多日本新创企业多是挖掘地域产业的成功案例，为地域经济发展做出了重要贡献。

3. 学校体系的相互衔接性

创业教育在日本是一个从小学到大学的连贯体系。通过不同形式、不同阶段的创业教育使学生想创业、会创业、能创业，避免了创业技能与创业意识之间的失调，为大学创业教育的顺利开展奠定了基础。在开展创业教育的过程中，日本政府很重视学生创业教育的衔接问题，对学生开展连贯性的创业教育，在不同的教育阶段对学生开展不同形式的创业教育，从学生一生的创新能力发展出发，为学生规划不同阶段的教育，提升学生不断适应社会的能力。

从小学开始，日本就很注重学生创业意识的教育。文部省和通产省合作在小学开始实施创业教育。例如，利用早上课前的两三个小时搞勤工俭学，给人送报纸、餐饮等，目的是培养学生的就业、创业心理意识和意志品质。学校可以自行开发能让学生掌握自我负责原则和投资意识、风险意识的课程体系，有的学校通过学生手工制作、理财教育等启发学生对创业的认识。在中学阶段，文部科学省通过新的课程改革，在“综合学习时间”内开设“商店街活动”“创业发明大王”“动手练习”等活动和课程，为学生提供了开展模拟创业的广阔空间。各职业教育机构，尤其是工程方面的高等专科学校、短期大学，开展了丰富多彩的创业教育活动，通过创业技能的培训使同学实现创业梦想。在大学阶段，创业教育的课程设置、开设对象、学习程度更加深入和广泛。与此同时，各大学还非常注重与小学、初中、高中之间的校际合作。

三、英国创业教育的发展与经验①

英国创业教育的发展可分为三个阶段。英国创业教育的显著特点之一是,作为老牌资本主义国家之一,政府引导和重视是其创业教育的突出特征。通过政府牵头,制定并实施一系列促进高校创业教育的政策,为创业教育的发展提供了法律和制度保障。英国创业教育大致可分三个阶段:20 世纪 80 年代早中期——创业教育的萌芽时期;20 世纪 80 年代末至 90 年代末期——创业教育发展的推进时期;21 世纪以来——创业教育发展的成熟时期。

1. 20 世纪 80 年代早中期——创业教育的萌芽时期

萌芽时期的社会背景经历第二次世界大战,英国的社会经济遭受严重的创伤,其经济霸主地位被美国所取代。不仅如此,其经济的恢复与发展也由原来的自主发展,转变为依靠美国的经济政策援助来恢复和发展经济,其中最有代表性的就是《马歇尔计划》,这是美国援助英国经济发展的具体体现。但英国政府当局和人民不甘心自身的经济发展受制于美国,于是在二战后,英国工党在其执政期间(分别为 1945 年 7 月至 1951 年 10 月和 1975 年 3 月至 1979 年 5 月) 掀起了两次大力发展国有经济的浪潮,国有企业得到迅猛发展,国民经济总量日益攀升,这股浪潮力量不仅维护了英国经济的平稳运行,而且还推动了二战后英国经济的复苏、增长,并逐渐崛起;同时,这股力量也让英国国内的经济生活更加有序、更加和谐,尽可能地争取到社会的公平,维护政府在人民心目中的地位。由于国有化经济的不断发展,英国的经济体制特征也发生了变化,原有的公私混合型经济体制被打破,原来的那种自由放任的经济发展思想也逐渐变得有计划性。

经历第二次世界大战的重创,英国的教育方式也发生了很大变化。在二战临近尾声之际,英国执政当局以及各党派的领导人都在不断地提出教育改革的设想,并且在 1944 年 8 月制定并通过了《1944 年教育法》即《巴特勒教育法》。从《巴特勒教育法》所显示的内容我们不难看出,当时英国的这次教育方面的改革一方面加强了国家对高等教育和基础教育的控制力度;另一方面还修订完善了地方的教育管理体制,这就确立和完善了中央与地方教育的管理关系,以及在教育管理体制上的“伙伴关系”。自从《巴特勒教育法》颁布后,英国的教育事业得到了快速而又健康的发展。在 20 世纪 60

①胡立强:《英国创业教育的历史沿革探析》,《继续教育研究》2014 年第 3 期。关于英国创业教育的介绍,较多引用了胡立强老师的成果,在此深表谢意。

年代为加强高校与政府、企业的关系，英国政府又继续出台了《罗宾斯报告》。在这一报告中明确提出："要加强高校与政府研究机构及企业之间的联系，要加强双方人员之间的交流与合作。高校也应邀请更多的政府研究机构人员和企业成功人士进入大学兼职教学工作，传授成功经验。发展商业和经营教育，建立两所设有经营学的研究生院。"这一报告更加强调知识的运用和社会服务。在这一时期，各界人士认为高等教育的发展对经济复苏具有积极的促进作用，它可以更好地提高公民的素质，对高等教育的发展持有的是一种积极乐观的态度。

这一时期创业教育还没有形成独立的、完整的概念体系。究其原因，英国政府在二战后工作关心的重心主要是放在发展经济上，而且主要是通过发展国有企业来复苏和发展国民经济；这一时期中小企业在市场中几乎没什么地位，其企业数量和企业规模也远不如大企业，国家对中小企业的重视程度不够。然而中小企业的发展却是创业教育、创业活动能否兴起的重要基础。从 20 世纪 80 年代中期开始，创业教育开始萌芽。在萌芽时期，英国创业教育的发展主要是通过借助准市场化的手段促进高等教育的发展，从而服务于经济发展。因此，这一时期创业教育具有较明显的功利性质，是为促进英国快速发展的市场经济而得到政府重视发展起来的。萌芽时期的创业教育以高校试点推广的形式展开，通过开设讲座以及个别指导和课堂引导进行初步的创业教育。解决就业问题也是萌芽时期创业教育发展的重要动机之一，因此在创业教育上以职业培训为主要特征，旨在培养一批优秀的企业家。

2. 20 世纪 80 年代末至 90 年代末期——创业教育发展的推进时期

前一阶段英国政府过度地强调经济国有化和追求平等的社会福利水平，在促进经济发展的同时，也带来了一系列的负面影响。英国政府庞大的公共支出和沉重的社会负担都给其经济的发展带来了消极的、沉重的影响，再加上 20 世纪 70 年代末期的石油危机的负面影响，使得当时的英国经济一度处于负增长状态，企业资金投入严重不足，企业技术革新相对滞后，而且政府的财政赤字日渐攀升，通货膨胀日趋加重，失业率也是居高不下。1979 年，撒切尔夫人就是在这样的经济萧条和社会繁杂背景下走上执政舞台的。为缓解上述压力，她上台后的第一件事就是推行了新自由主义和私有化经济政策，减少国家对经济发展的干预。这一政策的核心内容就是：扶持中小企业发展，鼓励私营企业同国有企业展开竞争，打破国有企业前期的垄断地位，加强中小企业间的联系，推行私企、民企与国企之间公平竞争，使现有社会资源得到更合理、更有效的配置，从而提高劳动生产率和更大效益。这一时期，国有企业也是很不景气，为缓解经济压力,政府充分发展了灵活的中小企业,因为他们可以担当起国家经济发展和振兴的重任。事实证明:经过一段时间的发展,中小企业对国家经济的发展作用已日渐明显。中小企业的优势主要表现为岗位的市场适应性强、提供的就业岗位多、对就业的素质要求不是很高。与国有大型企业相比,中小企业和民营企业提供了更多的就业岗位,创造了更多的物质财富,创新了很多技术与发明,扮演着创业活动发起者与组织者的角色。从这一时期开始,创业者的创业活动也越来越受到政府部门的重视。英国保守党也曾提出,一个拥有健全高等教育的国家,应该能培养出一些国家所需要的各种人才,其中英国最急需的,就是创新者与企业家。

从20世纪80年代开始,英国政府进行了更加频繁的高等教育改革行动,并颁布了一系列与教育相关的改革报告,这足以表明英国政府对高等教育改革的重视。出台的具体报告有:1981~1983年雷沃姆基金会的资助,英国高等教育研究会连续发表了10多份的高等教育调研报告,这些报告被称为《雷沃休姆报告》;1985年出版的《20世纪90年代英国高等教育的发展》绿皮书;1987年颁布的《高等教育——迎接新的挑战》白皮书以及《1988年教育改革法》等报告相继出台,这些改革的目的都是想通过高等教育的改革为促进经济发展做出有效贡献。《雷沃休姆报告》的主要内容涉及四大方面:一是扩大高等学校的入学途径,培养更适应英国振兴的专门人才;二是调整高等教育的课程内容和知识结构;三是加强和改进高校的教研、科研管理工作;四是开辟更多的奖、助学金渠道,为大学生创业提供资金支持。1985年出版的《20世纪90年代英国高等教育的发展》绿皮书的主要内容是:“为了确保高等教育更好地为经济发展服务,高等学校首先应该端正对工商业的态度,谨防‘重工轻商’的势利观念,要努力培养大学生的创业精神与创业能力。因为具有这种精神和能力就可以增加就业机会,而且对繁荣国家经济和完善公共服务都有重要作用。”另外,报告还明确提出,当时英国社会最急需的人才就是具有创新理念的创业者和企业家。1987年出版的《高等教育——迎接新的挑战》白皮书则是进一步强调了高等教育的发展要与国民经济发展相适应,而且高等学校应与工商界保持密切的联系,并结合社会发展需求,培养出更加适应社会经济发展的人才,进而更加符合未来企业雇主对岗位人才的要求。高等学校与工商界保持密切联系的另一个重要作用是促进企业的发展,鼓励在大学里培养学生的创业意识和创业精神。二者之间是互赢互惠的关系,从企业角度看,一方面企业要想培养出更符合岗位需求的人才就必须依赖于大学,另一方面大学培养人才要想就业就必须充分了解企业对人才的需求。从高校角度来看,要想实现教育的可持续发展，资金支持是保障。由于当时国家财政吃紧、办学经费也日渐紧张，这就迫使大学也希望跟企业开展合作，促进大学智力资源与物质财富的转化，并且让知识技术参与企业的创办。从此，高等学校与工商界建立了广泛的联系，这为创业教育的发展和推进提供了良好环境。

在这个时期，开设创业教育课程的高校主要侧重在商学院(如伦敦商学院、曼彻斯特商学院、牛津大学商学院、剑桥大学商学院、兰卡斯特大学管理学院等)，当时的主要任务就是开展创业相关课程，组织创业实践活动，并与工商界加强沟通交流，请他们提供咨询服务和帮助指导等方面的工作。自 1980 年开始，创业教育国际协会(International Association of entrepreneurship education)每年都会赞助并主办一次创业教育年会，教师和创业者们相互交流心得，研讨他们在创业教育与实践中的困惑与经验，并且还成立了专门的创业教育协会或创业者协会，从此创业者有了自己的组织。这些创业教育会议的召开与创业组织的成立，为教师和创业者之间搭建了一个很好的交流平台，加强了教师间的学术交流，学习了创业者的成功经验。

从 20 世纪 80 年代末至 90 年代末期是创业教育的快速发展时期 (推进时期)：这一时期是英国创业教育发展的关键时期，创业教育的目标在这一时期有了明显的转变，更好地促进了经济发展和缓解了就业问题，揭示中小企业发展的一般规律，并且提高创业者的基本素质、创业意识及精神品质。这一时期创业教育的推进发展为后来的英国创业教育的成熟奠定了基础，许多优秀的理论和经验在这一时期得以总结，并且在创业教育的探索上取得了初步的成就，尤其是创业教育观念的转变是推动英国创业教育发展繁荣的前提。

3. 21 世纪以来——创业教育发展的成熟时期

时间跨入 21 世纪，英国的创业教育有了新的发展。这一时期最大特色就是以“信息技术革命和知识经济发展”为关键词。随着区域经济一体化和经济全球化的加剧，英国中小企业的生存环境将面临更加严峻的考验，尤其是互联网技术的广泛使用、产品技术的革新以及市场竞争的激励等多种不确定因素的影响，对创业者提出了更大的挑战。在新形势下，创业者要练就一双“火眼金睛”，在复杂的环境中能识别真假、把握机遇、规避风险，进而创造价值。21 世纪将成为创业者的世纪，这一时期的年轻人看到了英国创业的各种优越条件和政府的扶持，以及新经济时期带来的新机遇，相信他们能成就更好的未来。

在 21 世纪，创业实践活动变得更加的频繁与活跃，人们对创业的渴望与需求都为大学生开展创业教育提出了新挑战与新要求。在这一时期,英国开设创业教育课程的学校数量与学生的规模都有了明显的增加，并由原来的只在商学院开设逐渐向综合性大学等各类高校扩展。

据伦敦商学院乔纳森(Jonathan Levine)教授的调研显示,2006 年英格兰有 45%的高校开设了一门或多门创业课程,并且呈进一步增多的趋势。为鼓励和支持大学生科技成果的转化,英国政府在 2001 年专门启动了高等教育创业基金,该基金是高等教育基金委员会(The Higher Education Funding Council)和科学与创新办公室(The Office of Science and Innovation)联合组成的项目,它是为了加强校企合作而专门设立的创业基金,也是英国政府对高等教育提供资助的一种重要形式。2004 年 9 月,英国政府为了促进高校加强对大学企业家资质的培养，还专门设立了英国大学生创业促进委员会,其目的是想鼓励大学毕业生能自我创业。2009 年 nacueventures.com 网站正式启用,这是英国历史上第一个专门用于连接高校创业教育与投资者的网站,该网站还包括有其他的一些在线资源,如创业指导、创业咨询等。总之,这一时期,英国的创业教育主要在社会支持网络的构成上,通过联系社会各方资源,以及通过调整高校的创业教育发展战略目标,提高学生参与创业教育的积极性。政府和社会各界对创业教育的支持力度明显上升,在课程设置方面,也形成了整体性的系统,教学设施和条件也日渐完善。①

图 20-3　来自中国广州的学生陈丽敏荣获英国创业基金赞助

截至目前，经过近 30 年的探索与实践，英国形成了由政府、学校、企业和民间社团协力合作、共同推动创业教育发展的特色体系。目前英国创业教育形成如下特点:

特点之一,创新创业教育高度普及。创新创业教育已经普及到各级各类教育机构中。无论是像剑桥大学那样的国际顶尖学府,还是地方性的彼得伯勒职业学院都结合各自的特点开展了多样化的创新创业教育。各大学面向全校各层次学生提供了大量

①胡立强:《英国创业教育的历史沿革探析》,《继续教育研究》2014 年第 3 期。

学分和非学分创新创业课程。例如,考文垂大学面向全校学生开设了12门有关创新创业的课程,并设立了一个创业本科专业和一个称为"全球创业"的硕士专业。剑桥大学开设的学分和非学分课程多达13门,并涵盖了本科、硕士和博士层次。蒂赛德大学所开发的创新创业课程和培训涉及本科、硕士以及毕业后的继续教育阶段。据半官方社会组织"英国创业教育者协会"主席卡伦·比尔女士介绍,该机构的宗旨是支持英国高等院校通过开设相关课程和课程以外的各项活动来开发、实施创业素质和创业实践教育。它是全球领先的创业教育推动组织,至少在欧洲范围内具有独一无二的地位。主要体现在:第一,会员众多,影响面广。英国境内共有130余所高校,其中103所是协会的正式会员,涉及面高达75%以上。如牛津大学、杜伦大学、伦敦大学学院、阿斯顿大学、伦敦大学玛丽女王学院等名校都是热心参与各项活动的重要会员。第二,协会的核心成员都是颇有建树的创业教育专家,对近年来政府出台的一系列相关政策和议案或直接参与制定或提供咨询和建议。比如,担任英国首相创业顾问的戴维·扬勋爵围绕小企业和创业这一主题分别于2012年、2013年和2014年向政府提交了三个报告,所提建议和措施多数被英国政府采纳和实施。其中,2014年他完成的《让你的公司成长壮大》直接促成了英国"小企业纲领"的诞生。该"纲领"旨在将英国最好的商学院与英国境内490万中小企业及新创建的公司联系在一起,以共同推动国家经济的可持续增长。该组织设立的"小企业纲领奖",授予那些在支持中小企业方面取得瞩目成绩的商学院。经过严格评估与筛选,目前已有31所商学院获此殊荣。而在这背后,创业教育者协会专家们的研究和调查对戴维·扬勋爵的报告有很多直接的贡献。

特点之二,具有多阶段的创业型人才培养模式。根据英国高等教育质量保证机构(QAA)颁发的"英国高等创业教育指南",英国的创业教育有两个略有区别又密切联系的定义,即创业素质教育(Enterprise Education)和创业实践教育(Entrepreneurship Education)。前者致力于培养和开发学生的创业意识、心态(mindset)和技能,以便他们在识别需求的基础上产生创意并能采取付诸实践的行动。其中包括培养学生具有企业家所应具备的人格特征、创业行为等创业所需要的基本素质。在此基础上,后者侧重如何应对创业实践中遇到的情况以及解决问题的能力。绝大多数英国的大学都在实践中贯彻了这一思想,努力将创业素质教育与创业实践教育相结合,普遍开发出多阶段创业型人才培养模式。如蒂赛德大学的创业行为开发、创业能力提升、"作茧"、创业孵化四阶段培养模式;考文垂大学的创业教育、创业孵化、科技园创业实践三阶段培养模式等。

特点之三,创业教育搭建起高校与企业的桥梁。据半官方社会组织"英国创业教育者协会"主席卡伦·比尔女士介绍,协会除拥有103所大学正式会员外,还有一千多家机构和企业的负责人作为协会的合作伙伴,共同支持创业教育和学生的创业实践,使其从课内走向课外、社区、企业及整个社会,为学生毕业后真正面向社会进行创业奠定了良好基础。

特点之四,创新创业教育与专业教育相融合。英国各大学普遍致力于将创新创业教育融入专业教育中,帮助学生将所学专业知识与掌握的科研成果应用于实践,通过创业活动实现知识的商业化。如巴斯泉大学将创新创业教育融入创意艺术专业教育中,为学生在表演、影视、设计领域创业提供了坚实的基础。伦敦大学学院将创新创业教育与该校工程专业特别是与通信技术、计算机科学和生物技术等专业人才培养相结合,催生了大量科技型初创企业。英国创业教育协会目前正在英国大学中推广一个由微软公司支持开发的信息技术创业教育计划。这是一个基于计算机科学、现代通信技术和互联网技术创新,同时着眼现实和未来市场创新,并将两者密切融合的创业教育计划。

特点之五,创新创业与区域经济转型发展相结合。英国的创新创业教育特别强调有效性。这不仅表现在创新创业课程与相应延展活动上,有些大学还将它们的创新创业活动与地方产业创新挂钩,直接参与地方经济转型发展。近年来,科技和新媒体初创企业群在东伦敦市一片老街区逐渐聚集并迅速发展起来,形成了一个被称为伦敦"科技城(TechCity)"的新兴高技术产业区。伦敦大学学院在这一进程中发挥了重要的"催化"作用。该校开发了"UCL先进""大学生风险事业计划""科技创业硕士"等一系列创新创业教育计划,同时整合自身的专业教育和科技资源,深度参与到伦敦"科技城(TechCity)"的发展进程中。提赛德大学是另一个典型的例子。该大学所在地—提赛德市原是一个随早期英国工业革命而发展起来的重工业城市。在国际竞争的压力下,原有产业无法继续维持,城市产业结构不得不进行战略转型。提赛德大学积极配合该转型战略,大力加强本校影视、视频游戏和新媒体等与数字产业密切相关的专业建设力度,使创新创业教育与上述专业教育和科学研究密切结合,积极孵化与现代数字产业相关的企业家。每年约有40–50家初创企业从该大学的孵化器毕业,进入当地影视、视频游戏和新媒体产业聚集地——"提赛德数字产业谷"。[①]

---

①孙纬业:《感受英国大学的创新创业教育》,来源英中贸易协会网站 http:// www. Chinago abroad. com/ zh/ article/ observations on innovation and entrepreneurship education in uk universities

四、法国创业教育的发展与经验①

相比于美国，法国的创业教育起步较晚，第一所开设创业教育的法国高等学府是巴黎高等商学院(1976年)，此后仅有几所大学在硕士研究生阶段开设了管理课程，直到20世纪90年代创业教育才开始在法国真正崭露头角。1997年，创业教育领域的教师和研究人员共同组建了创业学院(Acad é miedel'entrepreneuriat)。该机构设立在法国国家企业管理教育基金会(FNEGE)旗下，有五条重要的工作原则：一是在教育的各个层次及终身教育领域鼓励创业；二是开发并推广创业教育的教学法；三是促进科技发展及其成果转化；四是促进国际创业教育机构之间的交流；五是促进各类教育机构开设创业课程，刺激政府出台相关的公共政策。

1999年，法国政府颁布了《创新与科技法》，鼓励大学教师、研究员、博士生及技术人员积极参与科技创新，将研究成果转化为生产力。2001年，为了继续促进"创业"，法国研究与工业部成立了创业教育实践观察站(OPPE)。今天这一机构已经成了为大学教师及学生创业进行服务并提供资源的重要机构，还在比利时、加拿大等法语国家设立了分站点。2002年，罗纳—阿尔卑斯行政大区的大学合作创办了"创业之家"(Maisondel'Entrepreneuriat)，该机构旨在沟通地方各个大学，培养学生的创业精神和创业意识，大学教师或学生都可以在"创业之家"学到有关开公司以项目运作的各类知识，同时还可以与企业界人士交流，获得创业建议。随后，法国利穆赞、加莱海峡、卢瓦尔河地区、普瓦图 - 夏朗德、普罗旺斯以及阿尔卑斯 - 蓝色海岸大区也相继建立了"创业之家"，国家每年为它们提供15 000到20 000欧元的资助，与其合作的企业还可以享受国家在政策上提供的优惠。

政府对于创业行为的支持还表现在其他公共政策中。比如，1999年设立了"年度全国创新技术性企业规划设计比赛"。这一项目类似我国的大学生创业大赛，参赛者要向专家组成的评委会介绍其项目计划、可行性及市场远景等，获奖人员可获得政府提供的资金和技术支持。2000年，政府还出资支持1,000多个大学与企业合作的孵化器，参与的企业共800多家。为了促进就业，鼓励居民增加个人收入，2008年8月4日法国公布了新的《经济现代法》。法律规定自2009年1月1日起，国家允许个人，包括工薪阶层、失业退休人员及在校大学生从事营业活动，成为个体经营者(auto-en-

①刘敏：《法国创业教育研究及启示》，《比较教育研究》2010年第10期。此部分引用了刘敏的成果，在此深表谢意。

trepreneur),其申请手续简便,并且可以享受国家相应的税收优惠。同年 8 月 10 日,法国议会通过了《大学自治与责任法》,该法在重新定义大学职能时,要求大学对学生进行职业导向和入职教育,并发展创新教育,促进科研成果转化为生产力。据统计,2009 年共有 32 万人注册为个体经营户。

2009 年 11 月 12 日和 13 日,法国高等教育与研究部通过电话就大学生的创业态度进行了访问调研,结果表明:有 55%的大学生都认同个体经营,其中 81%认为这一政策有助于大学生创业;另外,68%的"大学校"学生希望学校能够开设创业课程,而这个数字在综合大学的学生中仅为 21%;有 56%"大学校"的学生可以找到提供创业信息的人,而这个数字在综合大学的学生中只占 25%。

2009 年 11 月,欧洲商学院承办了第一届法国"创业日",法国高等教育与研究部部长贝克莱斯及负责工商手工业、中小企业及消费领域的国务秘书埃尔维·诺维里出席了开幕典礼。他们指出,法国的发展需要愿意投身于中小企业发展的高等教育人才,不管他们是自主创业还是在现有的中小企业中工作,这些年轻人可以把创新力带到企业中去,从而改变整个经济的面貌。法国政府希望到 2012 年,所有高等教育机构都能够将创业精神、创业课程和创业服务融入教学生活中。为此,法国政府提出五条措施:(1)高等教育与研究部和法国经济、工业与就业部共同投资 20 万欧元用于建立大学生创业中心,特别是设立在高等教育与研究中心内的创业中心。这一中心应该由高等教育机构(大学或"大学校")及地方企业网络(公司网络、公立或私立的孵化器、咨询企业、金融企业等)共同组建,负责引导学生进行创业,包括组织创业活动、支持创业课程、提供创业咨询等。(2)每所高校创立一份《创业参考》,引导学生进行创业规划。(3)将全国大学生创业竞赛"一起来创业!"作为一项长久措施保持下来。2010 年,该项赛事由法国孵化器网络(RETIS)、法国大学校校长理事会、法国大学校长委员会共同组织,共有 1000 名大学生参赛。(4)由国家青年公司联盟(CNJE)支持在每所大学内建立一家"青年公司",由学生和校友共同运营。(5)国家将派专职人员来协调各地创业教育组织。该负责人将与法国大学校长理事会、法国大学校长委员会、工程师教育委员会共同促进创业教育的发展。另外,高等教育与研究部还设立了专门网站(www.apce.com)为大学生提供创业信息。

总之,"创业"是一种行为模式,是一种可以被鼓励的态度,创业行为和精神是可以通过教育而习得的。当然,由于受众不同,教育目的各异,不同的教育机构对于创业教育的定义和模式也有所不同。下面以法国巴黎中央理工大学为例,简要说明法国创业教育的具体模式。

法国创业教育起步虽晚，但其成绩不小，经验值得借鉴。由于受到中央政府的高度重视和政策支持，创业教育在高等教育机构推广迅速。很多优秀学校的教育实践对于我国创业教育的发展亦可提供一些有益的借鉴。首先，创业教育不应只局限于创办公司，而应该更多地强调对学生创业创新精神和创新素质的培养。可以说，启发大学生、教师及研究人员的创新创业精神是一场“文化革命”。其次，应该重视创业教育组织及创业基地的作用，政府、学校以及经济界要密切合作，发展企业孵化器，支持创业项目基地的建设。再次，高校应该重视创业教育教学法的开发和研究，通过讨论、模拟、现场实习等方式激发学生的创业热情，锻炼学生的实业能力，鼓励企业，特别是地方企业参与高校的创业课程。同时，政府应该赋予高校更多的自主权，让创业教育成为校本文化的一部分。最后，就是鼓励社会对创业精神和创业行为的认可，出台相关政策鼓励高素质人才的创业行为。①

图 20-4 “法国创业孵化器营地”里正在工作的创业者

五、德国创业教育的发展与经验②

1. 发端阶段

德国创业教育起源于20世纪50年代的“模拟公司”，主要面向职业学校经济类专业的学生，主要目标是丰富学生的专业知识，提升其实践能力。这是德国创业教育的雏形，真正意义上的大学创业教育尚未形成。

2. 初步发展阶段

20世纪70年代中期，德国在科隆大学、斯图加特大学零星开设了创业教育课程

①刘敏：《法国创业教育研究及启示》，《比较教育研究》2010年第10期。

②此部分内容引用了敬阳：《德国大学生创业教育模式聚焦》，《教育与职业》，2014年第4期；和《德国高校创业研究和创业教育的发展状况》，载于《水木创业教育》http://www.3023.com/2/328645848.html 的部分研究成果，在此深表谢意。

并展开相关研究工作。80 年代,多特蒙德大学设立创业教育研究中心开始为创业教育打下理论基础。德国政府于 70 年代开始关注创业教育,在推动创业教育和大学生创业实践方面,采取了一系列的措施和政策。首先,成立以大学为依托结合中小企业发展为一体的研究机构,开展创业和创新方面的研究。其次,1978 年成立创业文献数据库(ELIDA)。该数据库已发展为拥有超过 22 000 种资料,出版以创业专题为主的系列读物。再次,从 20 世纪 70 年代开始,在大学建立创业教育的教授席位制度。首先在商贸和手工业培训为主的非全日制学校开设创业教育课，然后在全日制大学正式开设创业教育课。

3. 迅猛发展阶段

20 世纪 90 年代,由于经济衰退,德国大多数公共机构减员增效,大企业纷纷裁员,导致就业机会不足,大学毕业生传统就业市场萎缩,大学生就业难的问题对德国提出了考验。自此,创业教育开始受到德国政府和各大高校的广泛重视,高校创业教育的发展步伐大大加快。

进入 2l 世纪,德国大学生创业教育实现突飞猛进的发展。据统计 2002 年创业教授席位在德国高校增加到 39 位,创业研究的领域逐渐从工商管理专业扩展到其他专业,形成了以社会科学、自然科学和人文科学为基础,结合各高校特色的创业研究和创业教育体系。如波茨坦大学偏重艺术设计的创新培训课程,柏林洪堡大学的高新技术创业理念培训,科特布斯大学的专业创新课程等。强大的社会创新力量与高校相结合。创业教育课程形成完备体系,涵盖了创立、融资和管理等,主要包括撰写商业计划书、创办企业、社会创业、企业营销等十几门课程,由专业化的教师队伍进行理论教学,并辅以丰富的实践课程。此外,开设创业教育课程的高校也由 25 所增至上百所,设立创业教育学教授职位的高校也从原先仅有的 12 所扩大到几乎所有大学,创业教育在德国高校普及开来。

教学队伍强大。创业教学所属部门不是就业指导处,而是科研机构。将创业教育作为科研机构,有利于对创业教育理论的深入研究和创新。同时,提供专兼职协同教学的师资队伍:服务型,为有自主创业意愿的学生提供咨询、信息服务,帮助他们找准创业目标;专家型,对创业项目进行评估、指导,为大学生的创业计划提供理论指导;引导型,利用课程进行教学的同时,对创业理念进行渗透和灌输,从而更好地实现创业教育理念的创新。

德国高校的创业教育得到政府和社会各界,特别是企业的大力支持。许多大型企业，如西门子、大众、拜耳等公司定期举行创意大赛，项目众多。从公司研究课题到社会公益创业等项目吸引许多高校的大学生参加，有利于大学生在求学期间与实践相结合，关注创新的动态和前沿技术的发展状况。其次，从资金上对大学生的创业和高校创业教育给予支持。从1999～2001年，德国政府投入了4200万马克支持高校创业教育。同时，各大高校在政府支持下成立创业基金，创办创新公司。①

图 20-5　德国“双轨制”创业教育提升年轻人经验技能

20.4　发展景德镇特色的创业教育

一、高校创业教育的两个组成部分

地方高校怎么发展创业教育？在教育部颁发的《普通本科学校创业教育教学基本要求（试行）》中有五条原则性的规定：

1. 面向全体

把创业教育融入人才培养体系，贯穿人才培养全过程，面向全体学生广泛、系统开展。

2. 注重引导

着力引导学生正确理解创业与国家经济社会发展的关系，着力引导学生正确理解创业与职业生涯发展的关系，提高学生的社会责任感、创新精神和创业能力。

3. 分类施教

结合学校办学定位、人才培养规模和办学特色，适应学生发展特别是学生创业需

①敬阳：《德国大学生创业教育模式聚焦》，《教育与职业》，2014年第4期；和《德国高校创业研究和创业教育的发展状况》，载于《水木创业教育》http://www.3023.com/2/328645848. html

求,分类开展创业教育教学。

4. 结合专业

建立健全创业教育与专业教育紧密结合的多样化教学体系,在专业教学中更加自觉培养学生勇于创新,善于发现创业机会、敢于进行创业实践的能力。

5. 强化实践

加大实践教学比重,丰富实践教学内容,改进实践教学方法,激励学生创业实践,增强创业教育教学的开放性、互动性和实效性。

分析上述五条原则性规定,可见教育部对地方高校的创业教育的要求,第一条和第二条规定指的是所有的学生都必须接受创业教育,创业教育是通识教育的组成部分。作为通识教育,必须有一门通识基础课程,即教育部规定的《创业基础》,这门课程的主要内容之一就是"引导学生正确理解创业与国家经济社会发展的关系,着力引导学生正确理解创业与职业生涯发展的关系,提高学生的社会责任感、创新精神和创业能力"。

第三条规定是要求各高校要办出特色,办出亮点,不能千篇一律,对地方高校来说,则是要求地方高校要结合地方经济社会发展,对接地方产业结构与市场需求,体现区域差异性。

第四条是要求办创业教育不是仅仅开办一门《创业基础》或《创业教育》之类的通识课程就可以解决的,而是要求地方高校的创业教育应该做到三个方面:一是按照教育部的要求,办好一门《创业基础》或《创业教育》之类的通识课程,作为创业教育的基础课;二是要求所有的专业课教学都要开展教学改革,向创业教育方向发展,体现创业教育的内容,专业教学与创业教育融为一体。也就是说,任何一门专业课程,要结合创业创新培养学生的创业意识和创新精神,提高学生发现创业的能力和自信心,以及学生创业的激情。

第五条规定是要求无论是《创业基础》这种通识基础课程,还是改革之后的专业课向创业教育方向发展,都应加大实践课的课时比重,探索实践教学的形式,加大创业实践教育。

因此,可见,高校创业教育的两个组成部分,一是按照教育部的要求,办好一门《创业基础》或《创业教育》之类的通识课程,作为创业教育的基础课;二是要求所有的专业课教学都要开展教学改革,从内容和方法两个方面向创业教育方向发展。

二、办好《创业基础》通识课程

《创业基础》课程作为一门创业教育的通识基础课程，教育部对这门课程的教学大纲有原则性的规定(详见附录)。

《创业基础》的教学内容主要包括六大部分:(1)创业、创业精神与人生发展。通过本部分教学，使学生了解创业的概念、创业与创业精神的关系、创业与人生发展的关系，以及创业和创业精神在当今时代背景下的意义和价值，正确认识并理性对待创业。(2)创业者与创业团队。通过本部分教学，使学生形成对创业者的理性认识，纠正神化创业者的片面认识，了解创业者应具备的基本素质，认识创业团队的重要性，掌握组建和管理创业团队的基本方法。(3)创业机会与创业风险。通过本部分教学，使学生了解创业机会及其识别要素，了解创业风险类型以及如何防范风险，了解由创业机会开发商业模式的过程，掌握商业模式设计策略和技巧。(4)创业资源。通过本部分教学，使学生了解创业过程中的资源需求和资源获取方法，特别是创造性整合资源的途径，认识创业资金筹募渠道和风险，掌握创业资源管理的技巧和策略。(5)创业计划。通过本部分教学，使学生认识创业计划的作用，了解创业计划的基本结构、编写过程和所需信息等，掌握创业计划书的撰写方法。创业计划，使学生了解创业计划的基本内容及其重要性，认识创业者在创业过程中准备创业计划的原因，了解做好商业计划所需要开展的准备工作。(6)新企业的开办。通过本部分教学，使学生对企业本质、建立企业流程、新企业成立相关的法律问题和新企业风险管理等有所了解，进而认识到创办企业所必须关注的问题。成立新企业，使学生了解注册成立新企业的原因，新企业注册的程序与步骤和新企业选址的影响因素等。

上述六个方面是教育部颁发《"创业基础"教学大纲(试行)》的原则性规定。但是，具体到各类高校，可根据具体情况和课时安排适当地做一些增删取舍或补充。

例如，上海交通大学管理学院开办了《产业管理》课程(课程大纲请见附录)，教学内容包括:创造性与企业创意、市场机会与需求识别、创业经营计划、市场营销计划、组织计划、财务计划、创业融资、创业管理等 8 个方面，都是创业和企业运营与管理的常识性知识，都是作为一名企业家所必须具备的基本技能。可见，上海交通大学管理学院这门课程的特色是办成较为高端的类似于 MBA 的创业辅导课程。这一点与上海交通大学的自身定位是有关的。

例如，广东纺织职业技术学院开办的精品课程"创业教育"课程，内容包括创业的意义、创业成功的基石、创业者能力培养、成功创办与经营、小企业申办、做创业实干家、成功创业的实践和经验、模拟创业等方面，除了常规的创业意义与心态精神意识方面的准备外，着重讲述能力培养，其中的亮点是培养小企业老板的基本素质，如小企业申办与运营的知识，包括小企业申办要点、小企业开业步骤、开业登记要点、工商登记、税务登记、用工手续、供水、供电申请、资金注册、银行贷款等，事无巨细。使广东纺织职业技术学院开办的精品课程“创业教育”课程成为开办小企业的指导性的百科全书。可见，广东纺织职业技术学院这门课程的特色是根源于高职学校的定位，具有较明显的社会草根的气息。

例如，中央广播电视大学开设的“创业设计——创业起步”课程（课程大纲请见附录），特色是讲授把握商机、制订创业计划、启动创业计划的准备、市场活动、筹资与财务管理、组织建设与管理、运营管理、商业道德等方面的内容，与创业起步紧密相关。这也是这门课程的特色，定位于成人教育的社会需求。

上面列举了三所不同类型不同地域的高校开设“产业教育”类通识基础课程的情况。落实到景德镇地区的地方高校，开设“创业基础”课程，最大的特色必须是密切联系景德镇的地区实情，课程定位应接近于广东纺织职业技术学院，同时也应吸收上海交通大学的优点。

景德镇地方高校的“创业基础”课程，教学内容建议包括：

创业与把握人生、创业者能力培养、创造性与企业创意、市场调研与需求识别、把握商机与制定创业计划、成功创办与经营、小企业申办、做创业实干家、成功创业的实践和经验、模拟创业等内容。创业与把握人生部分，应联系景德镇的民风民俗和民间社会舆论对创业的看法，做好对学生的思想开导工作。创造性与企业创意部分，应联系景德镇的地方产业结构与资源配置情况，引用景德镇创业的成功创意案例。市场调研与需求识别部分，应联系并分析景德镇的城镇人口结构、人口需求、民间偏好和地域分布，引导学生如何开展一次社会市场调查。小企业申办部分，应联系景德镇地方政策，讲授景德镇当地对开办小企业的政策支持。

在教学方法方面，除了课堂教学外，倡导模块化、项目化和参与式教学，强化案例分析、小组讨论、角色扮演、头脑风暴等环节，实现从以知识传授为主向以能力培养为主的转变、从以教师为主向以学生为主的转变、从以讲授灌输为主向以体验参与为主的转变，调动学生学习的积极性、主动性和创造性。开展丰富多彩的课外活动。充分整合校内教育资源，组织开展灵活多样的创业讲座、创业训练、创业模拟、创业大赛等活动。积极创造条件，支持学生创办并参加创业协会、创业俱乐部等社团活动。并强化社会实践。分利用校内外资源，依托校企联盟、科技园区、创业园区、创业项目孵化器、大学生校外实践基地和创业基地等，开展学习参观、市场调查、项目设计、成果转化、企业创办等创业实践活动。

三、专业课的创业教育改革

教育部要求，专业教学与创业教育紧密结合，融为一体，建立健全创业教育与专业教育紧密结合的多样化教学体系，在专业教学中更加自觉培养学生勇于创新、善于发现创业机会、敢于进行创业实践的能力。

由注重知识传授转向注重创新精神、创新创业意识和能力培养；由知识的讲解转向注重分析市场需求什么知识的讲解；由知识的课堂传承转向知识的市场化传承。将“创意——市场”放在教学的核心位置。

首先，地方高校应审定并调整专业结构设置，对创业基础较好，市场需求较旺盛的专业，要加大投入，推进专业与产业的紧密对接。

其次，地方高校应审定并调整课程结构设置，如《国务院办公厅关于深化高等学校创新创业教育改革的实施意见》所要求的：健全创新创业教育课程体系，促进专业教育与创新创业教育有机融合，调整专业课程设置，挖掘和充实各类专业课程的创新创业教育资源，在传授专业知识过程中加强创新创业教育。

在专业课程的教材建设方面，应在保留知识讲解的同时，加大对专业市场和行业的关注力度，关注最前沿的市场需求。

教学方法上，深入开展启发式、讨论式、参与式教学，扩大小班化教学覆盖面，推动教师把国际前沿学术发展、最新研究成果和实践经验融入课堂教学，注重培养学生的批判性和创造性思维，激发创新创业灵感。强化创新创业实践，加强专业实验室、虚拟仿真实验室、创业实验室和训练中心建设，促进实验教学平台共享。各地区、各高校科技创新资源原则上向全体在校学生开放，开放情况纳入各类研究基地、重点实验室、科技园评估标准。鼓励各地区、各高校充分利用各种资源建设大学科技园、大学生创业园、创业孵化基地和小微企业创业基地，作为创业教育实践平台，建好一批大学生校外实践教育基地、创业示范基地、科技创业实习基地和职业院校实训基地。完善国家、地方、高校三级创新创业实训教学体系，深入实施大学生创新创业训练计划，扩大覆盖面，促进项目落地转化。举办全国大学生创新创业大赛，办好全国职业院校技能大赛，支持举办各类科技创新、创意设计、创业计划等专题竞赛。支持高校学生成立创新创业协会、创业俱乐部等社团，举办创新创业讲座论坛，开展创新创业实践。在考核方式上，改革考试考核内容和方式，注重考查学生运用知识分析、解决问题的能力，探索非标准答案考试，破除“高分低能”积弊。

在师资队伍建设方面，优化师资队伍结构，加大双师型教师的培养，提高双师双能型教师的比重，加强教师创新创业教育教学能力建设，聘请知名科学家、创业成功者、企业家、风险投资人等各行各业优秀人才，担任专业课、创新创业课授课或指导教师，建立相关专业教师、创新创业教育专职教师到行业企业挂职锻炼制度。加快完善高校科技成果处置和收益分配机制，支持教师以对外转让、合作转化、作价入股、自主创业等形式将科技成果产业化，鼓励教师带领学生共同创新创业。

近年来，我国部分高校探索了有效的专业课程的创业教育改革。例如，温州科技职业学院的农学专业，开创了“导师 + 项目 + 团队”创业教育模式。“导师 + 项目 + 团队”创业教育模式，简单地说，就是学生以团队为单位在导师的专业指导下，以项目为载体开展专业创业。这里所说的导师是指对学生创业团队活动进行指导的教师和科研人员；项目是指学生团队开展的各类创新、创业、实践等活动项目；团队是指由一定数量在校学生组成的基于导师指导的项目化团队。

具体来说，“导师 + 项目 + 团队”创业教育模式内涵包括以下几个方面：第一，从导师管理上看，它更加注重动态服务管理。它特别注重创业教育的过程服务和管理，包括教学指导和育人指导，如专业学习、职业生涯规划指导、创业分析指导、职业素养培养和创业创新精神培养。第二，从项目创新上看，它更加注重创意驱动型创业。该模式自建立以来，就树立了内涵发展的理念，强调从要素依赖型向创意驱动型转变，注重发挥科研潜力，增加项目的科技含量，挖掘项目的创意潜能，主要包括文化创意和科技创意。第三，从团队发展上看，它更加注重发展型团队建设。根据创业的不同发展阶段，创业可分为生存型创业和发展型创业两种，前者的核心是生存，后者的核心是创业。该模式非常注重建设发展型创业团队，一方面，加强对他们的创业发展规划的指导和职业素养的培养；另一方面，从政策、资金和场地等方面给予较大的优惠，最大限度地为他们提供良好的软硬件条件。

“导师 + 项目 + 团队”创业教育模式的特点，一是改变传统的重知识、轻技能的创业教育模式，强化创业活动的实践性，在实践教学环节，提出基础实践、创新实践、创造实践概念，利用专业实习、实践、综合实习等实践教学载体，强化对学生“学以致用”能力的培养；二是以项目为载体，培养学生的创业技能和技巧，2009 年学院第一批“导师+项目+团队”项目达34个,这些项目作为学生专业技能与项目开发结合的切入点,既培养了高职学生的职业技能,又提升了学生创业技能,培育了创业精神;三是注重发展创意型创业项目,在项目立项时,学院注重扶持具有文化创意和科技创意的项目,如盆栽观赏蔬菜、家庭开心农场、番茄无土栽培的对比试验、直饮型番茄果醋的生产技术研究等一批项目。如大学生创业项目——“华农畜牧服务有限责任公司”现已初步形成了集畜牧养殖的设备选型、技术培训、设备维修、配件供应、免费技术咨询等于一体的技术服务公司。该项目的成功主要得益于动物科学系专家(导师)的科研项目和创业学生自身的专业知识,而且,在公司随后的日常运营中,导师最新的科研成果还会源源不断地输送到公司中去。①

温州科技职业学院农学专业的创业教育,很值得我们学习借鉴。“一个核心+一个团队+一个或若干个项目”模式,核心是教学研究骨干,是组织力量的来源;团队是依托,有了团队,学生就有了单位,可使学生摆脱单兵作战的状态,形成了合力;项目是做事的方向,是做事的内容,是学生努力工作得以体现价值的平台,可以使学生看到自己的价值。这种“专业+创业”的模式,既锻炼了教师,又培养了学生,还可解决自主就业,或能创造经济价值,具有多重意义,值得学习与推广。

20.5 构建多方参与的创业型人才合作培养机制

一、文献综述与模型的提出

培养创新创业型人才,在目前的国家体制与国情下,仅仅依靠高校是不够的。需要政府、社会(以及社会组织)、高校的多方参与,形成合作培养机制,形成全社会尊重创业、热衷于创业的热潮。

早在2007年,以“创业型大学与大学的未来”为主题的第9届“三螺旋”国际大会在新加坡成功召开,学者云集,政商各界响应。自此以后,“三螺旋——创业型大学”理论作为三螺旋模型的延伸引起海外学界的高度关注。该理论认为,三螺旋模型代表了最发达形式的社会创业教育的创新系统,要求大学、产业与政府三者的制度领域部分

①曾剑,陈小影,吕瑛姿,王娜娅:《“导师+项目+团队”创业教育模式的建立与运行——温州科技职业学院农类专业创业教育的探索》,《创新与创业教育》2011年第2卷第3期。

重叠，功能渗透，彼此联系与支持，产生一个创新创业教育的基础结构。因此，它主张，高校办学模式应体现三螺旋模型所蕴含的制度要求与路径选择，应形成高校在创新创业教育系统中的教育资源优势，培养面向社会的创新创业人才。

由于"三螺旋——创业型大学"理论符合我国建设创新型国家的需要，我国学界也很关注，迄今为止，有边伟军等3篇文章研究了三螺旋模式所要求的产学研结合问题；刘元芳等7篇文章阐述了三螺旋模式指导下的创业型大学的办学建设构想。

但是目前整体研究还不够。根据中国期刊全文数据库检索，相关论文仅10余篇。从文章研究的涉及面看，学者们主要围绕知识创新、产学研结合等有限的几个方面，研究面还有待深入，还没有正式建立起创业型大学模型，对社会教育资源的配置问题并未提出具体的制度安排建议。尤其是，对以创业型大学为核心的创新系统的进化实现机制没有提出一个由说服力的建构与解释。

本文综合各方面文献，认为，三螺旋创新系统进化的路径，其进化路径如图20-6。必须先由各个分散的独立系统(图20-6a)进化到政府主导系统（图20-6b)，再进化到三层重叠系统（图20-6c)，最后发展成以创业型大学为中心的创新系统（图20-6d)。进化的条件是：在初期必须有政府主体的强势介入，形成政府主导资源优势，以打破分散独立状态的静态均衡，在中后期政府逐渐淡出，行业组织与大学职能上升，最终在成熟期建立起以大学为主导的资源优势。图20-6d模型即创业型大学模型，它表示：一方面，大学处于政府、产业、公众三者的中心地带，它以三色网络为核心，政府、产业、公众共同构成了大学所处的外部环境，以及面对的全部外部资源。很显然，大学实际能得到的资源比全部外部资源少得多，因此，成功的创业型大学，应不断扩大自己的圆形区域，以获得

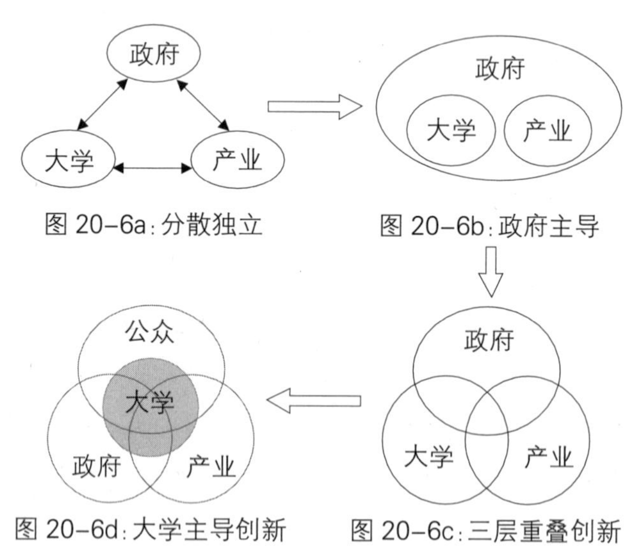

图20-6　创新系统进化路径图

更多的资源。另一方面，大学与政府、产业，或是大学与政府、公众仍然可以形成一个三螺旋模型，因此，图 20—6d 所示模型没有改变三螺旋模型的特质。

下面，本文将景德镇文化创意专业人才培养为例，试行探讨以大学为核心的地方创新创业教育系统的实现这一现实问题。

二、景德镇陶瓷文化创意专业人才的培养现状

经调查，景德镇现有文化创意专业人才有三类途径，一是由原陶瓷企业的工艺或材料人才转化而来；二是由实践中自己摸索出来的民营企业的创意专业人才。三是由教育机构培养的专业人才。第一类人才转化为创意人员大多是迫于市场生存之需。第二类人才通常是自主创业者成长而来，为数不少。这一点在其他陶瓷名产地也很普遍，德化、泉州、佛山，唐山、淄博，都相似。在景德镇，相当一部分陶瓷创意产业的高层人才来自于自己创业的市郊区农民与基层市民百姓，未取得大学文凭者近 50%。据调查，其中，在陶瓷包装行业，这一比例更低，大学以下学历者是人才队伍的主体。

第三类人才，即由教育机构培养的专门创意专业人才，目前也存在着很大的弊端，创新性不足。首先，在专业设置与课程设置上，据本文课题组调查，我国目前的陶瓷院校教育还停留在窄门径的单科教育培养模式时代，陶瓷教育的专业设置与课程安排还在照搬计划经济时代的单科模式，只专注于理工技术教育与艺术创作教育，轻视现代市场经济所要求的专业型创业教育与经管教育，对陶瓷产业发展走势认识不足，对陶瓷产业已经由以前追求技术附加值转变为更重视追求文化消费附加值认识不足，还没有认识到创意经济的特殊知识属性。这一点无论是综合性大学的陶瓷教育院系，还是陶瓷本科院校，或是高职高专学校，都是如此。其次，部分院校出自建设综合性院校或招生需要，近几年相继设立了创意专业，但是由于经验不足等原因，在如何将创意教育与陶瓷教育有机结合的问题上，还没有探索出一条成功有效的道路，既没有体现出与一般创意专业教育的区别，也没有在教育方法与手段上体现出陶瓷文化创意的特殊性。陶瓷文化创意从业人员，尤其是中高层管理人员与市场经营人员不但要了解创意经济的一般规律，更要掌握陶瓷文化创意的个性内涵与特殊价值规律，这一点决定了相关从业人员培养的复杂性。

除学校外，地方政府与产业部门（包括行业组织、企业）还没有形成有效的人才培养机制，还处于自发状态。地方政府除对常规教育机构的经费投入外，普遍没有面向专门行业开展针对性的人才培养培训行动。行业组织如公会、行会等也没有体现相关

职能。在调查中我们甚至可以得出这样的论断:地方大多行业组织只是虚设机构,还没有形成市场经济条件下的人才培养培训职责。地方企业在教育培训方面,普遍投入也不足。一类是还没有产生人才培训的强烈意识,认为培训投入应该有员工自己承担;另一类是感觉有必要,但是企业小而无力负担。据本文课题组调查,在景德镇,因为普遍规模小,或经营效益不很理想,或短视行为,使培训经费投入每年在 1 万元以上者,不到 5%;有 41%的企业从来没有开展专门培训。

在科研学术的智力支持方面,目前也存在不足。笔者用"中国期刊网"数据库检索,以关键词"陶瓷"检索查到最近 5 年的文献为 1 350 000 多篇;利用"工程索引(EI)"的 Compendex 数据库以"陶瓷人才 / 教育 / 培训"为关键词检索到最近 5 年的文献57 400 多篇,说明与陶瓷有关的研究是十分活跃的。但是几乎全部讨论的都是陶瓷艺术、陶瓷设计、陶瓷材料工程生产技术等教育问题,与陶瓷创意产业相关的、与陶瓷创意人才培养相关的寥寥无几,不足 10 篇,说明科研相对于产业发展现实的滞后。

本文调查还发现,合作机制的缺失是创意产业人才队伍不理想的重要原因之一。高校的理论教学缺乏实践基地。企业则缺乏高端智识的指导,不能及时总结经验与准确预测。政府与行业组织不具备相应的师资。各类主体各自为战,造成资源浪费,教育产能低下。因此,当前景德镇地区的教育三螺旋是彼此独立,没有形成职能的重叠。此时它的状态大致如图 20-6a。

三、以地方创业型大学为中心的创新系统的构建

要改变景德镇文化创意专业人才培养的现状,必须按照图 20-6 所示的路径说明,逐渐改变地方教育资源的配置,逐步建立以大学为中心的教育资源优势。下面对此逐一进行说明。

1. 初期以政府介入改变教育资源的配置与职能分工

若要改变在教育资源与职能方面各自为战、分散浪费的现象,必须建立官产学合作机制。在一个常规对话机制不成熟的情况下,首先必须有一方担负主导角色。很显然,在初期,由于利益机制不明确,大学与产业(包括企业与行业组织)难当重任。而在我国,政府作为公共管理者,在威权、组织、信用等方面具有先天优势,因此责无旁贷。政府介入的具体方式有:政府制定人才培养政策,为大学指明方向,政府提供产业发展指导与产业扶持政策,引导产业资源配置,甚至可以财政补贴引导教育资源流动。或是政府规划土地,建立园区,提供产学研结合的基地;或是政府以官产学合作的方

式，将重点教育资源投放到重点学科与重点专业，扶持重点实验室，实习基地等。在景德镇，政府还应以政策法规为引导，创造良好的创意氛围，规范创意人格塑造，并制定合理产业政策，鼓励大学生投身于创意产业的创业活动，以改变计划经济时代的“等靠要”遗风。

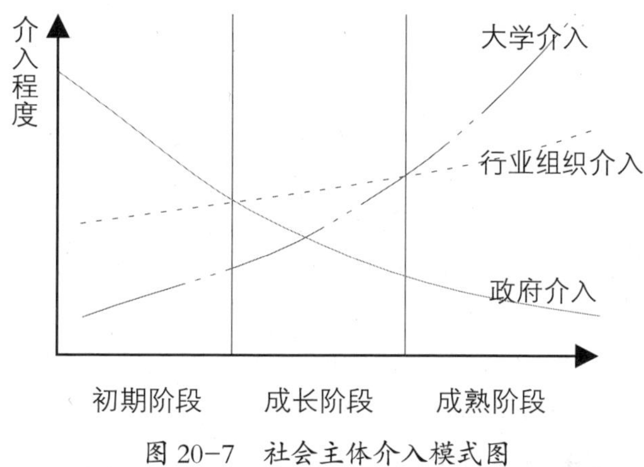

图 20-7　社会主体介入模式图

资武成、罗新星（2009）等认为，各类社会主体介入的不同程度反映了创新系统的发展水平。对此，本文基本持赞同态度，认为，随着人才创新系统的成熟，政府角色应逐渐淡出，以渐次鼓励行业组织与大学发挥教育主体地位。政府、行业组织、大学对教育资源配置的介入模式如图 20-7 所示。

2. 建立以高校为中心、以官产学合作为重点环节的科班创意产业人才培养模式

美国教育学家凯夫斯认为，创业型大学的特点是艺术与科学的结合。因此构建创意产业教育体系，培养有原创意识和文化精品意识的创意人才，必须重点建设一批与创意产业相关的学科与专业。在景德镇，地方高校在创意学科群的培育与建设方面，应嫁接和引进国际知名陶瓷创意学科资源，探索艺术创意学，推动创意文化艺术与陶瓷工程的结合，加强文化艺术的原创对陶瓷产业经济的渗透，通过与创意产业和企业集团结成紧密的产学研战略联盟，实现学科链、专业链与创意产业的零距离对接，探索创意规律，培养具有科学、工程、艺术综合知识的文化或设计创意应用型人才。在条件许可的情况下应该根据企业岗位需求实行定单式人才培养，采取理论 - 实践 - 理论的教学模式，为社会再就业人员提供职业培训。此外，还应营造尊重校园创意的宽松环境，探索学科对接创意产业的产学研联盟模式，鼓励探索科研产业化、商业化模式。因此，应由学术带头人或科研骨干牵头构建科研项目小组，培养具有创新能力的科研队伍。

3. 积极探索行之有效的实践教学与第二课堂教学模式，建立以企业为中心的实践平台

应探索如何开展有效的校企合作，建设企业实践基地与实习平台，将实践教学及

第二课堂教学与职业教育相结合，以具体文化企业为依托，培养学生的实践动手能力,提高学生的职业素质与就业技能,建立起面向地方的应用型人才培养模式。我们可以学习著名的阿弗雷德陶瓷学院和华盛顿州立大学陶艺系的经验，在学生的成绩考核中,市场实践与毕业创意实习应占有一定的学分,比如,实践课学分占总学分的1/3,毕业论文以毕业实习与调研为根据,学生必须先拿出实习草案并说明自己的创意观念和意图。另外,还应鼓励学生以实习企业为原型,根据市场实践开展模拟创业活动。老师对学生的创业与创意进行点评,以提高学生的理性认知。

学校还应与企业合作共享师资,让学生与企业员工一起参与企业培训。这是因为企业培训更具有针对性,包括职前培训、在职培训、职务培训等。培训内容包括对新员工进行的道德规范教育与专业技能教育、改善人际关系的教育、新知识新技能培训、晋级前培训以及主要是对管理人员的团队组织能力培训,等等。

4. 建立以大学为基地的创意教育的立体化长效机制,实现大学、政府、产业在教育职能上的协调与合作

政府除了对常规教育机构的经费投入之外，还应担负起社会营利性组织所不可能具备的社会公益职责,配合地区经济社会发展的切实需要,以大学为基地,定期开展针对性的知识传播活动与人才培训。工会、行会等行业组织作为业界的代言人以及政府与企业之间的桥梁,也具有行业发展研究与资源支持的公共职能。我们应建立起长效服务机制,一方面,利用大学资源开展公共性的人才培养,促进业界的知识更新;另一方面,还要促进业界高管们人才培养意识的觉醒,督促地方企业加大常规培训的投入。

以创业型大学为中心的区域创新系统不是一蹴而就的，它的进化有其自身的规律。只要我们遵循规律,全社会共同参与,这一系统必然能早日实现。

参考文献

专　著

[1]美国:约瑟夫·奈著,吴晓辉,钱程译.软力量:世界政坛成功之道.东方出版社,2005.

[2]王玉德,邓儒伯,姚伟钧.中国传统文化新编.华中理工大学出版社,1996.

[3]高占祥.文化力.北京大学出版社出版,2007.

[4]林日葵.艺术经济学.浙江工商大学出版社,2005.

[5]杨秀山.区域经济理论.商务印书馆,2003.

[6]孟庆红.区域优势的经济学分析.西南财经大学出版社,2000.

[7]王辑慈.创新的空间——企业集群与区域发展.北京大学出版社,2001.

[8]美国:迈克尔·波特(MichaelE.Porter)著,李明轩,邱如美译.国家竞争优势.华夏出版社,2002.

[9]美国:迈克尔·波特(MichaelE.Porter)著,高登第,李明轩译.竞争论.中信出版社,2003.

[10]方虹.物流企业管理.高等教育出版社,2005.

[11]蒋东仁.政府环境与产业集群成长.江苏人民出版社,2005.

[12]澳大利亚:约翰·福斯特著,贾根良等译.演化经济学前沿.北京:高等教育出版社,2005.

[13]张明龙.产业集群与区域发展研究.北京:中国经济出版社,2008.

[14]Edward J Feser, Kyojun koo alet. Incorporating spatial Analysis in Applied Industry Cluster Studies, 2001.

[15]Elisa Giulianli,Martin Bell. The micro-determinants of meso-level learning and innovation:evidence from a chilean wine cluster,Research Policy 34,2005.

[16]MichaelR.Baye.管理经济学.北京：机械工业出版社，2008.

[17]王辑慈.创新的空间——企业集群与区域发展.北京：北京大学出版社，2001.

[18]美国：林南.社会资本——关于社会结构与行动的理论.上海人民出版社，2005.

[19]厉无畏.创意产业导论.学林出版社，2006.

[20]章荣庆.景德镇陶瓷职业教育发展战略研究.江西高教出版社，1997.

[21]林拓主编.世界文化产业发展前沿报告.社会科学文献出版社，2004.

[22]蒋三庚主编.文化创意产业研究.首都经济贸易大学出版社，2006.

[23]美国：丹尼斯·费尔(DenniesFarrell).装点江山(ShapingEarth).胡佛汉顿大学(TheUniversityofWolverhampton)，1999.

[24]英国：休伯特·克塔(HubertKittel).通达英国的桥梁(BridgestoEngland).斯塔福夏大学艺术与设计学院，1999.

[25]瑞典：汤姆·R·伯恩斯著，周长城译.经济与社会变迁的结构化.社会科学文献出版社，2010.

[26]美国：道格拉斯·诺思著，厉以平译.经济史上的结构与变革.商务印书馆，2009.

[27]美国：约瑟夫·派恩，詹姆斯·H·吉尔摩.体验经济.北京：机械工业出版社，2002.

[28]应一也.美国高校创业教育研究.上海：华东师范大学，2008.

[29]德国：Peter Van der Sijde. Teaching entrepreneurship cases for education and training. Heidelbeg: Physica – Verlag A Spring Company，2008.

[30]美国：Henry C， et al. Entrepreneurship education and training.Burlington，VT：Ashgate Publishing Company，2003.

[31]吴式颖.外国教育史教程.北京：人民教育出版社，1999.

[32]英国：NicholasValery.工业创新.北京：清华大学出版社，1999.

[33]Calvin A. Kent. Entrepreneurship Education: Current Development，Futre Directions .Education at the collegiate level，1990.

[34] 英国：NCGE & ISBE. Enterprise and Entrepreneurship in Higher Education (2010 National Survey) . Birmingham: The National Centre for Entrepreneurship in Education, 2010.

论文

[1]中国国际城市发展研究院城市发展研究课题组.中国城市品牌之路.中国城市报道,2002.8.

[2]晓劲.中国陶瓷“地域品牌”价值几何？中国建设报,2003.11.

[3]邬关荣,葛建纲.从资源基础视角看文化创意产业.浙江经济,2008.1.

[4]刘谨.台湾文化创意产业人群发展状况分析现代.传播,2008. 2 .

[5]马群杰.台湾地区文化产业发展研究——台南与台北、台中及高雄之比较.公共管理学报,2007. 4 .

[6]博扬.价值·发展·创意——记 2005 国际文化产业会议.国外社会科学,2006.3.

[7]秦夏明.产业集群形态演化阶段探讨.中国软科学,2004.12.

[8]谢立新.传统技术型产业集群成长与地区竞争力提升——德化与景德镇陶瓷产业创新模式比较研究.发展研究,2006.9.

[9]张屈征.区享品牌的产权特点与政府作用.经济师,2003.8.

[10]刘善庆,叶小兰.基于组织生态环境的景德镇陶瓷产业集群.经济纵横,2005.8.

[11]江振娜.区域产业品牌策划——以福建省德化县为例.发展研究,2006.2.

[12]刘善庆等.基于路径依赖的景德镇陶瓷产业集群.企业经济,2005.11.

[13]林云达,郑垂勇.从博弈论看区享品牌的培育.江苏商论,2005.3.

[14]陈方方,丛凤侠.地域品牌与区域经济发展研究.山东社会科学,2005.3.

[15]胡大立.区域品牌机理与构建分析.产经论坛,2005.4.

[16]杨虹.品牌建设要注重提升品牌的文化价值.经济导刊,2008(5).

[17]周力军.从消费者心理角度研究品牌资产价值.机电信息,2006.2.

[18]卢泰宏,黄胜兵,罗纪宁.论品牌资产的定义.中山大学学报,2000.4.

[19]刘善庆,叶小兰.基于组织生态环境的景德镇陶瓷产业集群.经济纵横,2005.8.

[20]胡大立.区域品牌机理与构建分析.产经论坛,2005.4.

[21]晓劲.中国陶瓷“地域品牌”价值几何？中国建设报,2003.11.

[22]邬关荣.从资源基础视角看文化创意产业.浙江经济,2008.1.

[23]马群杰.台湾地区文化产业发展研究——台南与台北、台中及高雄之比较.公

共管理学报,2007. 4 .

[24]姚圣娟.关于振兴中华老字号的思考.华东经济管理,2008.1.

[25]王兆峰."中华老字号"企业品牌创新策略.湖南商学院学报,2005.12.

[26]林广梅.浅议中华老字号的现状与发展.河北青年管理干部学院学报,2002.3.

[27]Henry·Etzkowitz,Magnus Klofsten.The Innovating Region.Toward a Theory of Knowledge-Based Regional Development.Research and Development, 2005,35(3).

[28]边伟军.基于三螺旋模型的官产学合作创新机制与模式.科技管理研究,2009.2.

[29]刘元芳.基于创新三螺旋理论的我国创业型大学的构建.科技进步与对策,2007.11.

[30]资武成.基于三螺旋理论的产学研创新集群模式研究.科技进步与对策,2009.3.

[31]李正安.国外陶瓷设计教育之启示.装饰,2005.10.

[32]吴兆颐.国外政府如何辅导中小企业培训.社科,(730).

[33]胡群.基于层次分析法的 SWOT 方法改进与实例分析.情报理论与实践,2009.3.

[34]宁建新.凯玛特 PK 沃尔玛的经验教训——企业核心能力战略的案例剖析.网络财富,2008.6.

[35]陈茂强.SWOT——CLPV 理论及应用.中国民营科技与经济,2005.12.

[36]张莉.基于 SWOT——CLPV 分析的中日珍珠产业比较研究.农业经济问题,2008.10.

[37]龚小军.作为战略研究一般分析方法的 SWOT 分析.西安电子科技大学学报(社会科学版),2003.12.

[38]万洁.景德镇陶瓷文化创意产业发展政策研究.黑龙江对外经贸,2009.2.

[39]吴昌南.景德镇艺术陶瓷创意产业发展对策.江苏商论,2008.2.

[40]何炳钦,郑欲晓.景德景德镇陶瓷文化产业发展思考.中国陶瓷,2007.1.

[41]李兴华,胡菁惠.景德镇陶瓷文化在传统与现代变奏中选择和重构.中国陶瓷,2007.10.

[42]郭建晖.政府培育陶瓷产业集群的战略研究.当代财经,2005.7.

[43]张彩凤.人才短缺是制约我国文化产业发展的核心因素.中共济南市委党校学报,2006.1.

[44]李扬丰.创意产业对我国陶瓷行业传统文化缺失的弥补.科协论坛,2008.1.

[45]刘燕,冯金江.中国陶瓷景德镇的千年陶瓷文化与对外交流翻译人才培养.中

国陶瓷，2007.2.

[46]Philip Kotler and David Gertner.Country as brand,product and beyond: A place marketing and brand management perspective [J].Journal of Brand Management, 2002,9(4/5).

[47]Stuart A Rosenfeld. A guide to cluster strategies in less favoredregions[R]. Paper presented at the Conference of Regional Technology Strategies,North Carolina, USA,2002.

[48]Per Lundequist and Dominic Power.Putting Porter into practice? Practices of regional cluster building:Evidence from Sweden[J].European Planning Studies,2002,10(6).

[49]Cooper AC,Hornaday JA,Vesper KH.The Field of Entrepreneurship OverTime [A].Frontiers of Entrepreneurship esearch.Wellesley,MA:Babson College,1997.

[50]江振娜.我国区域（城市）品牌研究综述.福建行政学院福建经济管理干部学院学报，2005.4.

[51]夏曾玉，谢健.区域品牌建设探讨——温州案例研究.中国工业经济，2003.10.

[52]贾爱萍.中小企业集群区域品牌建设初探.北方经贸，2004.3.

[53]熊明华.地域品牌的形象建设与农业产业化.中国农业大学学报(社会科学版)，2004.2.

[54]许基南.企业集群中的区域形象品牌.经济管理，2002.23.

[55]张鸿雁.论城市形象建设与城市品牌战略创新.南京社会科学，2002.

[56]裴蓉，张平淡.公共品牌初探.北京理工大学学报（社会科学版），2006.2.

[57]叶泳生，姜海，覃凡.城市“特有资产”与城市品牌建设.城市问题，2005.2.

[58]李成勋.关于城市品牌的初步研究.广东社会科学，2003.4.

[59]陈建新，姜海.试论城市品牌.宁波大学学报(人文科学版)，2004.2.

[60]黄金霞.苏州城市品牌营造刍议.苏州大学学报(工科版)，2004.6.

[61]张屈征，张月华等.区享品牌的产权特点与政府作用.经济师，2003.8.

[62]吴程，张光宇等.区域品牌的发展策略.企业改革与管理，2004.11.

[63]李永刚.企业品牌、区域产业品牌与地方产业集群发展.财经论坛，2005.1.

[64]韩利辉.创业型人才的内涵特征及培养模式研究.经营管理者，2010.12.

[65]易开刚.隐默知识挖掘导向下高校创业型人才培养模式探讨.浙江工商大学学报，2009.1.

[66]李涛,郭宗和.创业型人才的内涵、特征及其培养.创新与创业教育,2013.8.

[67]李志永.日本大学创业教育的发展和特点.比较教育研究,2009.3.

[68]熊飞,邱菀华.中美两国创业教育比较研究.北京航空航天大学学报(社会科学版),2005.4.

[69]李楚英,王满四.美国大学创业教育模式及与中国比较.高等农业教育,2010.2.

[70]胡立强.英国创业教育的历史沿革探析.继续教育研究,2014.3.

[71]孙纬业.感受英国大学的创新创业教育.来源英中贸易协会网站.

[72]刘敏.法国创业教育研究及启示.比较教育研究,2010.10.

[73]敬阳.德国大学生创业教育模式聚焦.教育与职业,2014.4.

[74]Saran L Jack,Alistair R Anderson. Entrepreneurshipeducation within the enterprise culture. International Journal of Entrepreinanial Behaviour& Research,1999(5).

[75]Ron Botham,Colin Mason. Good Practice in Enterprise Development in UK Higher Education National Council for Graduate Entrepreneurship Research Report, 2007.

[76]David Rae,Lynn Martin,Valerie Antcliff,Paul Hannon. The 2010 Survey of Enterprise and Entrepreneurship in Higher Education. The 33rd ISBE Conference, London,2010.

附录[①]

国务院办公厅
关于深化高等学校创新创业教育改革的实施意见

国办发〔2015〕36号

发布日期2015年05月13日

各省、自治区、直辖市人民政府，国务院各部委、各直属机构：

深化高等学校创新创业教育改革，是国家实施创新驱动发展战略、促进经济提质增效升级的迫切需要，是推进高等教育综合改革、促进高校毕业生更高质量创业就业的重要举措。党的十八大对创新创业人才培养做出重要部署，国务院对加强创新创业教育提出明确要求。近年来，高校创新创业教育不断加强，取得了积极进展，对提高高等教育质量、促进学生全面发展、推动毕业生创业就业、服务国家现代化建设发挥了重要作用，但也存在一些不容忽视的突出问题。主要是一些地方和高校重视不够，创新创业教育理念滞后，与专业教育结合不紧，与实践脱节；教师开展创新创业教育的意识和能力欠缺，教学方式方法单一，针对性、实效性不强；实践平台短缺，指导帮扶不到位，创新创业教育体系亟待健全。为了进一步推动大众创业、万众创新，经国务院同意，现就深化高校创新创业教育改革提出如下实施意见。

一、总体要求

（一）指导思想

全面贯彻党的教育方针，落实立德树人根本任务，坚持创新引领创业、创业带动就业，主动适应经济发展新常态，以推进素质教育为主题，以提高人才培养质量为核心，以创新人才培养机制为重点，以完善条件和政策保障为支撑，促进高等教育与科

①因正文中多次引述国务院、教育部的相关文件，以及引用部分高校相关课程教学大纲做比较分析，因此特将原文附录于此，以供读者参考。

技、经济、社会紧密结合，加快培养规模宏大、富有创新精神、勇于投身实践的创新创业人才队伍，不断提高高等教育对稳增长促改革调结构惠民生的贡献度，为建设创新型国家、实现“两个一百年”奋斗目标和中华民族伟大复兴的中国梦提供强大的人才智力支撑。

(二)基本原则

坚持以人为本，提高培养质量。把深化高校创新创业教育改革作为推进高等教育综合改革的突破口，树立先进的创新创业教育理念，面向全体、分类施教、结合专业、强化实践，促进学生全面发展，提升人力资本素质，努力造就大众创业、万众创新的主力军。

坚持问题导向，补齐培养短板。把解决高校创新创业教育存在的突出问题作为深化高校创新创业教育改革的着力点，融入人才培养体系，丰富课程、创新教法、强化师资、改进帮扶，推进教学、科研、实践紧密结合，突破人才培养薄弱环节，增强学生的创新精神、创业意识和创新创业能力。

坚持协同推进，汇聚培养合力。把完善高校创新创业教育体制机制作为深化高校创新创业教育改革的支撑点，集聚创新创业教育要素与资源，统一领导、齐抓共管、开放合作、全员参与，形成全社会关心支持创新创业教育和学生创新创业的良好生态环境。

(三)总体目标

2015年起全面深化高校创新创业教育改革。2017年取得重要进展，形成科学先进、广泛认同、具有中国特色的创新创业教育理念，形成一批可复制、可推广的制度成果，普及创新创业教育，实现新一轮大学生创业引领计划预期目标。到2020年建立健全课堂教学、自主学习、结合实践、指导帮扶、文化引领融为一体的高校创新创业教育体系，人才培养质量显著提升，学生的创新精神、创业意识和创新创业能力明显增强，投身创业实践的学生显著增加。

二、主要任务和措施

(一)完善人才培养质量标准

制定实施本科专业类教学质量国家标准，修订实施高职高专专业教学标准和博士、硕士学位基本要求，明确本科、高职高专、研究生创新创业教育目标要求，使创新精神、创业意识和创新创业能力成为评价人才培养质量的重要指标。相关部门、科研院所、行业企业机制修订专业人才评价标准，细化创新创业素质能力要求。不同层次、类型、区域高校要结合办学定位、服务面向和创新创业教育目标要求，制定专业教学质量标准，修订人才培养方案。

（二）创新人才培养机制

实施高校毕业生就业和重点产业人才供需年度报告制度，完善学科专业预警、退出管理办法，探索建立需求导向的学科专业结构和创业就业导向的人才培养类型结构调整新机制，促进人才培养与经济社会发展、创业就业需求紧密对接。深入实施系列“卓越计划”、科教结合协同育人行动计划等，多形式举办创新创业教育实验班，探索建立校校、校企、校地、校所以及国际合作的协同育人新机制，积极吸引社会资源和国外优质教育资源投入创新创业人才培养。高校要打通一级学科或专业类下相近学科专业的基础课程，开设跨学科专业的交叉课程，探索建立跨院系、跨学科、跨专业交叉培养创新创业人才的新机制，促进人才培养由学科专业单一型向多学科融合型转变。

（三）健全创新创业教育课程体系

各高校要根据人才培养定位和创新创业教育目标要求，促进专业教育与创新创业教育有机融合，调整专业课程设置，挖掘和充实各类专业课程的创新创业教育资源，在传授专业知识过程中加强创新创业教育。面向全体学生开发开设研究方法、学科前沿、创业基础、就业创业指导等方面的必修课和选修课，纳入学分管理，建设依次递进、有机衔接、科学合理的创新创业教育专门课程群。各地区、各高校要加快创新创业教育优质课程信息化建设，推出一批资源共享的课程、视频公开课等在线开放课程。建立在线开放课程学习认证和学分认定制度。组织学科带头人、行业企业优秀人才，联合编写具有科学性、先进性、适用性的创新创业教育重点教材。

（四）改革教学方法和考核方式

各高校要广泛开展启发式、讨论式、参与式教学，扩大小班化教学覆盖面，推动教师把国际前沿学术发展、最新研究成果和实践经验融入课堂教学，注重培养学生的批判性和创造性思维，激发创新创业灵感。运用大数据技术，掌握不同学生学习需求和规律，为学生自主学习提供更加丰富多样的教育资源。改革考试考核内容和方式，注重考查学生运用知识分析、解决问题的能力，探索非标准答案考试，破除“高分低能”积弊。

（五）强化创新创业实践

各高校要加强专业实验室、虚拟仿真实验室、创业实验室和训练中心建设，促进实验教学平台共享。各地区、各高校科技创新资源原则上向全体在校学生开放，开放情况纳入各类研究基地、重点实验室、科技园评估标准。鼓励各地区、各高校充分利用各种资源建设大学科技园、大学生创业园、创业孵化基地和小微企业创业基地，作为创业教育实践平台，建好一批大学生校外实践教育基地、创业示范基地、科技创业实习基地和职业院校实训基地。完善国家、地方、高校三级创新创业实训教学体系，深入实施大学生创新创业训练计划，扩大覆盖面，促进项目落地转化。举办全国大学生创新创业大赛，办好全国职业院校技能大赛，支持举办各类科技创新、创意设计、创业计划等专题竞赛。支持高校学生成立创新创业协会、创业俱乐部等社团，举办创新创业讲座论坛，开展创新创业实践。

（六）改革教学和学籍管理制度

各高校要设置合理的创新创业学分，建立创新创业学分积累与转换制度，探索将学生开展创新实验、发表论文、获得专利和自主创业等情况折算为学分，将学生参与课题研究、项目实验等活动认定为课堂学习。为有意愿、有潜质的学生制定创新创业能力培养计划，建立创新创业档案和成绩单，客观记录并量化评价学生开展创新创业活动情况。优先支持参与创新创业的学生转入相关专业学习。实施弹性学制，放宽学生修业年限，允许调整学业进程、保留学籍休学创新创业。设立创新创业奖学金，并在现有相关评优评先项目中拿出一定比例用于表彰优秀创新创业的学生。

（七）加强教师创新创业教育教学能力建设

各地区、各高校要明确全体教师创新创业教育责任，完善专业技术职务评聘和绩效考核标准，加强创新创业教育的考核评价。配齐配强创新创业教育与创业就业指导专职教师队伍，并建立定期考核、淘汰制度。聘请知名科学家、创业成功者、企业家、风险投资人等各行各业优秀人才，担任专业课、创新创业课授课或指导教师，并制定兼职教师管理规范，形成全国万名优秀创新创业导师人才库。将提高高校教师创新创业教育的意识和能力作为岗前培训、课程轮训、骨干研修的重要内容，建立相关专业教师、创新创业教育专职教师到行业企业挂职锻炼制度。加快完善高校科技成果处置和收益分配机制，支持教师以对外转让、合作转化、作价入股、自主创业等形式将科技成果产业化，并鼓励带领学生创新创业。

（八）改进学生创业指导服务

各地区、各高校要建立健全学生创业指导服务专门机构，做到“机构、人员、场地、经费”四到位，对自主创业学生实行持续帮扶、全程指导、一站式服务。健全持续化信息服务制度，完善全国大学生创业服务网功能，建立地方、高校两级信息服务平台，为学生实时提供国家政策、市场动向等信息，并做好创业项目对接、知识产权交易等服务。各地区、各有关部门要积极落实高校学生创业培训政策，研发适合学生特点的创业培训课程，建设网络培训平台。鼓励高校自主编制专项培训计划，或与有条件的教育培训机构、行业协会、群团组织、企业联合开发创业培训项目。各地区和具备条件的行业协会要针对区域需求、行业发展，发布创业项目指南，引导高校学生识别创业机会、捕捉创业商机。

（九）完善创新创业资金支持和政策保障体系

各地区、各有关部门要整合发展财政和社会资金，支持高校学生创新创业活动。各高校要优化经费支出结构，多渠道统筹安排资金，支持创新创业教育教学，资助学生创新创业项目。部委属高校应按规定使用中央高校基本科研业务费，积极支持品学兼优且具有较强科研潜质的在校学生开展创新科研工作。中国教育发展基金会设立大学生创新创业教育奖励基金，用于奖励对创新创业教育做出贡献的单位。鼓励社会组织、公益团体、企事业单位和个人设立大学生创业风险基金，以多种形式向自主创业大学生提供资金支持，提高扶持资金使用效益。深入实施新一轮大学生创业引领计划，落实各项扶持政策和服务措施，重点支持大学生到新兴产业创业。有关部门要加快制定有利于互联网创业的扶持政策。

三、加强组织领导

（一）健全体制机制

各地区、各高校要把深化高校创新创业教育改革作为“培养什么人，怎样培养人”的重要任务摆在突出位置，加强指导管理与监督评价，统筹推进本地本校创新创业教育工作。各地区要成立创新创业教育专家指导委员会，开展高校创新创业教育的研究、咨询、指导和服务。各高校要落实创新创业教育主体责任，把创新创业教育纳入改革发展重要议事日程，成立由校长任组长、分管校领导任副组长、有关部门负责人参加的创新创业教育工作领导小组，建立教务部门牵头，学生工作、团委等部门齐抓共管的创新创业教育工作机制。

（二）细化实施方案

各地区、各高校要结合实际制定深化本地本校创新创业教育改革的实施方案，明确责任分工。教育部属高校需将实施方案报教育部备案，其他高校需报学校所在地省级教育部门和主管部门备案，备案后向社会公布。

（三）强化督导落实

教育部门要把创新创业教育质量作为衡量办学水平、考核领导班子的重要指标，纳入高校教育教学评估指标体系和学科评估指标体系，引入第三方评估。把创新创业教育相关情况列入本科、高职高专、研究生教学质量年度报告和毕业生就业质量年度报告重点内容，接受社会监督。

（四）加强宣传引导

各地区、各有关部门以及各高校要大力宣传加强高校创新创业教育的必要性、紧迫性、重要性，使创新创业成为管理者办学、教师教学、学生求学的理性认知与行动自觉。及时总结推广各地各高校的好经验、好做法，选择学生创新创业成功典型，丰富宣传形式，培育创客文化，努力营造敢为人先、敢冒风险、宽容失败的氛围环境。

国务院办公厅

2015年5月4日

普通本科学校创业教育教学基本要求(试行)

教育部2012年8月1日颁发,自颁发当日执行

在普通高等学校开展创业教育,是服务国家加快转变经济发展方式、建设创新型国家和人力资源强国的战略举措,是深化高等教育教学改革、提高人才培养质量、促进大学生全面发展的重要途径,是落实以创业带动就业、促进高校毕业生充分就业的重要措施。为贯彻落实《国家中长期教育改革和发展规划纲要(2010–2020年)》以及《教育部关于全面提高高等教育质量的若干意见》(教高〔2012〕4号)精神,特制定本要求。各地各高校要按照要求,结合本地本校实际,精心组织开展创业教育教学活动,增强创业教育的针对性和实效性。

一、教学目标

通过创业教育教学,使学生掌握创业的基础知识和基本理论,熟悉创业的基本流程和基本方法,了解创业的法律法规和相关政策,激发学生的创业意识,提高学生的社会责任感、创新精神和创业能力,促进学生创业就业和全面发展。

二、教学原则

(一)面向全体

把创业教育融入人才培养体系,贯穿人才培养全过程,面向全体学生广泛、系统开展。

(二)注重引导

着力引导学生正确理解创业与国家经济社会发展的关系,着力引导学生正确理解创业与职业生涯发展的关系,提高学生的社会责任感、创新精神和创业能力。

(三)分类施教

结合学校办学定位、人才培养规模和办学特色,适应学生发展特别是学生创业需求,分类开展创业教育教学。

(四)结合专业

建立健全创业教育与专业教育紧密结合的多样化教学体系，在专业教学中更加自觉培养学生勇于创新、善于发现创业机会、敢于进行创业实践的能力。

(五)强化实践

加大实践教学比重，丰富实践教学内容，改进实践教学方法，激励学生创业实践，增强创业教育教学的开放性、互动性和实效性。

三、教学内容

普通高等学校创业教育教学内容以教授创业知识为基础，以锻炼创业能力为关键，以培养创业精神为核心。

(一)教授创业知识

通过创业教育教学，使学生掌握开展创业活动所需要的基本知识，包括创业的基本概念、基本原理、基本方法和相关理论，涉及创业者、创业团队、创业机会、创业资源、创业计划、政策法规、新企业开办与管理，以及社会创业的理论和方法。

(二)锻炼创业能力

通过创业教育教学，系统培养学生整合创业资源、设计创业计划以及创办和管理企业的综合素质，重点培养学生识别创业机会、防范创业风险、适时采取行动的创业能力。

(三)培养创业精神

通过创业教育教学，培养学生善于思考、敏于发现、敢为人先的创新意识，挑战自我、承受挫折、坚持不懈的意志品质，遵纪守法、诚实守信、善于合作的职业操守，以及创造价值、服务国家、服务人民的社会责任感。

四、教学方法

遵循教育教学规律和人才成长规律，以课堂教学为主渠道，以课外活动、社会实践为重要途径，充分利用现代信息技术，创新教育教学方法，努力提高创业教育教学质量和水平。

(一)课堂教学

倡导模块化、项目化和参与式教学，强化案例分析、小组讨论、角色扮演、头脑风暴等环节，实现从以知识传授为主向以能力培养为主的转变、从以教师为主向以学生为主的转变、从以讲授灌输为主向以体验参与为主的转变，调动学生学习的积极性、主动性和创造性。

（二）课外活动

充分整合校内教育资源，组织开展灵活多样的创业讲座、创业训练、创业模拟、创业大赛等活动。积极创造条件，支持学生创办并参加创业协会、创业俱乐部等社团活动。

（三）社会实践

充分利用校内外资源，依托校企联盟、科技园区、创业园区、创业项目孵化器、大学生校外实践基地和创业基地等，开展学习参观、市场调查、项目设计、成果转化、企业创办等创业实践活动。

五、教学组织

高等学校要把创业教育教学纳入学校改革发展规划，纳入学校人才培养体系，纳入学校教育教学评估指标，建立健全领导体制和工作机制，制订专门教学计划，提供有力教学保障，确保取得实效。

（一）创业课程设置

高等学校应创造条件，面向全体学生单独开设“创业基础”必修课（《“创业基础”教学大纲（试行）》附后，供参考）。支持有条件的高等学校根据办学定位、人才培养规格和学科专业特点，开发、开设创业教育类选修课程（含实践课程）。把创业教育有机融入专业教育，加强相关专业课程建设。把创业教育与大学生思想政治教育、就业教育和就业指导服务有机衔接。

（二）教学条件保障

高等学校应明确职能部门，负责研究制定创业教育教学工作的规划和相关制度，统筹协调和组织学校创业教育教学工作。加大创业教育教学工作经费投入，并纳入学校预算，确保开展创业教育教学工作需要。加强创业教育教学实验室、校内外创业实习基地、课程教材等基本建设。

（三）教师队伍建设

高等学校要根据专任为主、专兼结合的原则，按照学生人数以及实际教学任务，合理核定专任教师编制，配备足够数量和较高质量的专任教师。鼓励支持各专业课教师在专业教育中有机融入创业教育内容。积极聘请企业家、创业人士和专家学者担任兼职教师承担一定的创业教育教学任务。加强培训，提高教师业务水平和教学能力。

（四）教学效果评价

高等学校要结合学校实际，把创业教育教学效果作为学校本科教学评估的重要内容，作为本科人才培养质量的重要指标，加强自我评估和检查，并体现在学校本科教学质量年度报告中，主动接受社会监督。

附："创业基础"教学大纲（试行）

"创业基础"教学大纲（试行）

教育部 2012 年 8 月 1 日颁发，当日执行

课程是对高校学生进行创业教育的主渠道。根据《普通本科学校创业教育教学基本要求（试行）》，现制定"创业基础"教学大纲，供参考使用。

一、课程性质与教学目标

（一）课程性质

"创业基础"是面向全体高校学生开展创业教育的核心课程，要纳入学校教学计划，不少于 32 学时，不低于 2 学分。

（二）教学目标

通过"创业基础"课程教学，应该在教授创业知识、锻炼创业能力和培养创业精神等方面达到以下目标：

——使学生掌握开展创业活动所需要的基本知识。认知创业的基本内涵和创业活动的特殊性，辩证地认识和分析创业者、创业机会、创业资源、创业计划和创业项目。

——使学生具备必要的创业能力。掌握创业资源整合与创业计划撰写的方法，熟悉新企业的开办流程与管理，提高创办和管理企业的综合素质和能力。

——使学生树立科学的创业观。主动适应国家经济社会发展和人的全面发展需求，正确理解创业与职业生涯发展的关系，自觉遵循创业规律，积极投身创业实践。

二、课程要求与教学方法

“创业基础”是一门理论性、政策性、科学性和实践性很强的课程。要遵循教育教学规律，坚持理论讲授与案例分析相结合、小组讨论与角色体验相结合、经验传授与创业实践相结合，把知识传授、思想碰撞和实践体验有机统一起来，调动学生学习的积极性、主动性和创造性，不断提高教学质量和水平。

——设计真实的学习情境。通过运用模拟软件、现场教学等方式，努力将相关教学过程情境化，使学生更真实地学习知识、了解原理、掌握规律。

——提供完备的支持条件。根据课程教学需要提供基本的教学条件，重点提供创业模拟实验室、模拟教学软件、创业信息资源等。

——拓展有效的实践途径。通过在校内组织开展创业项目设计、创业计划大赛以及创业社团活动，通过在校外组织开展创业者访谈、创业项目考察、企业创办等活动，将课堂知识与创业实践紧密结合起来，培养学生在实践中运用所学知识发现问题和解决实际问题的创业能力。

三、课程内容与教学要点

(一)创业、创业精神与人生发展

通过本部分教学，使学生了解创业的概念、创业与创业精神的关系、创业与人生发展的关系，以及创业和创业精神在当今时代背景下的意义和价值，正确认识并理性对待创业。

1. 创业与创业精神

使学生了解创业的概念、要素和类型，认识创业过程的特征，掌握创业与创业精神之间的辩证关系，强化学生对创业精神需要培育并可培育的理性认识。

(1)课程内容

创业的定义与功能

创业的要素与类型

创业过程与阶段划分

创业精神的本质、来源、作用与培育

(2)教学要点

创业是不拘泥于当前资源约束、寻求机会、进行价值创造的行为过程。

创业的关键要素包括机会、团队和资源。

创业过程包括创业者从产生创业想法到创建新企业或开创新事业并获取回报，涉及识别机会、组建团队、寻求融资等活动。可大致划分为机会识别、资源整合、创办新企业、新企业生存和成长四个主要阶段。

创业精神是对创业者在创业过程中的重要行为特征的高度凝练，主要表现为勇于创新、敢担风险、团结合作、坚持不懈等。

创业精神将在新时期发挥更大的作用,有利于加快转变经济发展方式,促进经济社会又好又快发展。

2. 知识经济发展与创业

通过对知识经济发展的分析,使学生了解创业热潮形成的深层次原因,认识经济转型与创业热潮的内在联系,明确创业活动对于经济社会发展的贡献。

(1)课程内容

经济转型与创业热潮的关系；

创业活动的功能属性；

知识经济时代赋予创业的重要意义。

(2)教学要点

经济转型是创业热潮兴起的深层次原因；

经济社会发展不同阶段创业活动的特征；

创业具有增加就业、促进创新、创造价值等功能,同时也是解决社会问题的有效途径之一。

3. 创业与职业生涯发展

使学生了解创业与职业生涯发展的关系，认识创业能力提升对个人职业生涯发展的积极作用。

(1)课程内容

广义和狭义的创业概念；

创新型人才的素质要求；

创业能力对个人职业生涯发展的意义和作用。

(2)教学要点

创业并不只是开办一家企业；

创业能力具有普遍性与时代适应性；

创业能力对个人职业生涯发展起着积极作用。

(二)创业者与创业团队

通过本部分教学，使学生形成对创业者的理性认识，纠正神化创业者的片面认识，了解创业者应具备的基本素质，认识创业团队的重要性，掌握组建和管理创业团队的基本方法。

1. 创业者

使学生认识创业者的基本素质，了解创业者动机及其对创业的影响，注重识别创业活动的理性因素。

(1)课程内容

创业者；

创业者素质与能力；

创业动机的含义与分类；

产生创业动机的驱动因素。

(2)教学要点

创业者并不是特殊人群，而具备一些独特技能和素质有助于成功创业；

大多数创业能力可以通过后天培养而习得；

创业者选择创业的动机受诸多直接和间接因素的影响；

创业者可以通过创业教育培养和提高创业素质和能力。

2. 创业团队

使学生认识创业团队对创业成功的重要性，学习组建创业团队的思维方式及其对创业活动的影响，掌握管理创业团队的技巧和策略，认识创业团队领袖的角色与作用。

(1)课程内容

创业团队及其对创业的重要性；

创业团队的优劣势分析；

组建创业团队的策略及其后续影响；

创业团队的管理技巧和策略；

领导创业者的角色与行为策略；

创业团队的社会责任。

(2)教学要点

创业团队是团队而不是群体,团队中成员所做的贡献是互补的,而群体中成员之间的工作在很大程度上是互换的;

创业团队是由两个以上具有一定利益关系、共同承担创建新企业责任的人组建形成的工作团队;

与个体创业相比较,团队创业具有多方面的优势,对创业成功起着举足轻重的作用;

依据不同逻辑组建创业团队既可能带来优势,也可能带来障碍,对后续创业活动会带来潜在影响;

创业团队管理的重点是维持团队稳定的前提下发挥团队多样性优势;

创业团队领袖是创业团队的灵魂,是团队力量的协调者和整合者。

(三)创业机会与创业风险

通过本部分教学,使学生了解创业机会及其识别要素,了解创业风险类型以及如何防范风险,了解由创业机会开发商业模式的过程,掌握商业模式设计策略和技巧。

1. 创业机会识别

使学生认识创业机会的概念、来源和类型,了解创意与机会之间的联系和区别,了解识别创业机会的一般步骤与影响因素,习得有助于识别创业机会的行为方式。

(1)课程内容

创意与机会;

创业机会与商业机会;

创业机会的特征与类型;

创业机会的来源;

影响机会识别的关键因素;

识别创业机会的一般过程;

识别创业机会的行为技巧。

(2)教学要点

创意是具有一定创造性的想法或概念,其是否具有商业价值存在不确定性;

创业机会是具有商业价值的创意,表现为特定的组合关系;

创业机会来自于一定的市场需求和变化;

识别创业机会受到历史经验等多种因素的影响;

识别创业机会是思考和探索互动反复,并将创意进行转变的过程。

2. 创业机会评价

使学生认识有商业潜力和适合自己的创业机会，了解创业机会的评价，掌握创业机会评价的方法。

(1)课程内容

有价值创业机会的基本特征；

个人与创业机会的匹配；

创业机会评价的特殊性；

创业机会评价的技巧和策略。

(2)教学要点

有价值的创业机会具有价值性、时效性等基本特征；

判断创业机会是否适合自己的主要依据在于机会特征与个人特质的匹配。

机会评价有利于应对并化解环境不确定性；

常规的市场研究方法不一定完全适用于创业机会评价，尤其是原创性创业机会的评价。

3. 创业风险识别

使学生认识到创业有风险，但也有规避和防范的方法。增强学生对机会风险的理性认识，提高防范风险的能力。

(1)课程内容

机会风险的构成与分类；

系统风险防范的可能途径；

非系统风险防范的可能途径；

创业者风险承担能力的估计；

基于风险估计的创业收益预测。

(2)教学要点

有价值的创业机会也是有风险的。

机会风险分为系统风险与非系统风险。系统风险主要是创业环境中的风险，诸如商品市场风险、资本市场风险等；非系统风险是指创业者自身的风险，诸如技术风险、财务风险等。

机会风险中，一些是可以预测的，一些是不可预测的。

创业者需要结合对机会风险的估计，努力防范和降低风险。

4. 商业模式开发

使学生认识商业模式的本质，了解战略与商业模式之间的关系，掌握商业模式设计和开发的思路，明确开发商业模式的关键影响因素。

(1)课程内容

商业模式的定义和本质；

商业模式和商业战略的关系；

商业模式因果关系链条的分解；

设计商业模式的思路和方法；

商业模式创新的逻辑与方法。

(2)教学要点

商业模式本质上是若干因素构成的一组赢利逻辑关系的链条。

商业模式是商业战略生成的基础，商业战略是在商业模式基础上的行为选择。

商业模式的价值主张、价值网络和价值实现等要素之间的不同组合方式形成了不同的商业模式。

商业模式设计是创业机会开发环节的一个不断试错、修正和反复的过程。

商业模式设计是分解企业价值链条和价值要素的过程，涉及要素的新组合关系或新要素的增加。

(四)创业资源

通过本部分教学，使学生了解创业过程中的资源需求和资源获取方法，特别是创造性整合资源的途径，认识创业资金筹募渠道和风险，掌握创业资源管理的技巧和策略。

1. 创业资源

使学生了解创业资源的类型，重点认识不同类型创业活动的资源需求差异，掌握创业资源获取的一般途径和方法，明确创业资源获取的技巧和策略。

(1)课程内容

创业资源的内涵与种类；

创业资源与一般商业资源的异同；

社会资本、资金、技术及专业人才在创业中的作用；

影响创业资源获取的因素；

创业资源获取的途径与技能。

(2)教学要点

不同的创业活动具有不同的创业资源需求；

创业资源包括有形资源和无形资源，无形资源往往是撬动有形资源的重要杠杆；

创业资源获取途径包括市场途径和非市场途径；

创业资源获取的关键往往取决于软实力。

2. 创业融资

使学生了解创业融资难的相关理论，掌握创业所需资金的测算、创业融资的主要渠道及差异，了解创业融资的一般过程。

(1)课程内容

创业融资分析；

创业所需资金的测算；

创业融资渠道；

创业融资的选择策略。

(2)教学要点

创业融资是创业管理的关键内容，在企业成长的不同阶段具有不同的侧重点和要求；

不确定性和信息不对称是创业融资难的影响因素；

正确测算创业所需资金有利于确定筹资数额，降低资金成本；

创业融资的主要渠道包括自我融资、亲朋好友融资、天使投资、商业银行贷款、担保机构融资和政府创业扶持基金融资等；

创业融资不只是一个技术问题，还是一个社会问题，应从建立个人信用、积累社会资本、写作创业计划、测算不同阶段的资金需求量等方面做好准备。

3. 创业资源管理

使学生了解创业资源整合和有效使用的方法，认识创业资源开发的技巧和策略。

(1)课程内容

不同类型资源的开发；

有限资源的创造性利用；

创业资源开发的推进方法。

(2)教学要点

大多数创业者难以整合到充足的创业所需的资源；

开发创业资源是有效利用创业资源的重要途径；

开发创业资源表现为一些独特的创业行为。

(五)创业计划

通过本部分教学,使学生认识创业计划的作用,了解创业计划的基本结构、编写过程和所需信息等,掌握创业计划书的撰写方法。

1. 创业计划

使学生了解创业计划的基本内容及其重要性，认识创业者在创业过程中准备创业计划的原因,了解做好商业计划所需要开展的准备工作。

(1)课程内容

创业计划的作用；

创业计划的内容；

创业计划的基本结构；

创业计划中的信息搜集；

市场调查的内容和方法。

(2)教学要点

创业计划是创业的行动导向和路线图,既为创业者行动提供指导和规划,也为创业者与外界沟通提供基本依据；

创业计划需要阐明新企业在未来要达成的目标,以及如何达成这些目标。创业计划要随着执行的情况而进行调整；

创业计划包括产品(服务)创意、创意价值合理性、顾客与市场、创意开发方案、竞争者分析、资金和资源需求、融资方式和规划以及如何收获回报等内容；

准备创业计划的过程实质上是信息的搜集过程，是分析并预测环境进而化解未来不确定性的过程。

2. 撰写与展示创业计划

使学生了解撰写创业计划的方法,创业计划展示过程中需要注意的问题,以及创业计划各构成部分的相对重要性。

(1)课程内容

研讨创业构想；

分析创业可能遇到的问题和困难；

凝练创业计划的执行概要；

把创业构想变成文字方案；

创业计划书的撰写和展示技巧。

(2)教学要点

创业计划包括封面、目录、执行概要、主体内容和附件等；

撰写商业计划是创业者(团队)反复思考、推理并讨论的过程；

展示创业计划的基本方法；

激情在创业计划展示中发挥重要作用。

(六)新企业的开办

通过本部分教学，使学生对企业本质、建立企业流程、新企业成立相关的法律问题和新企业风险管理等有所了解，进而认识到创办企业所必须关注的问题。

1. 成立新企业

使学生了解注册成立新企业的原因，新企业注册的程序与步骤和新企业选址的影响因素等。认识新企业获得社会认同的必要性和基本方式。

(1)课程内容

企业组织形式选择；

企业注册流程；

企业注册相关文件的编写；

注册企业必须考虑的法律与伦理问题；

新企业选址策略和技巧；

新企业的社会认同。

(2)教学要点

一家新创企业可以选择的组织形式有多种，主要有：个人独资企业、合伙企业、有限责任公司(包括一人有限责任公司)和股份有限公司；

创业者在创建和经营企业的过程中，必须了解和遵守有关法律法规，以确保自身和他人的利益没有受到非法侵害。与创业有关的法律主要包括专利法、商标法、著作权法、反不正当竞争法、合同法、产品质量法、劳动法等；

创建新企业时应注意伦理问题，包括创业者与原雇主之间、创业团队成员之间、创业者和其他利益相关者之间的伦理问题等；

新企业选址需要综合考虑政治、经济、技术、社会和自然等影响因素。其中经济因素和技术因素对选址决策起基础作用；

企业注册成立后，除遵纪守法外，还需要主动承担社会责任，才能获得社会认同。

2. 新企业生存管理

使学生了解创办新企业后可能遇到的风险类型及其应对策略，掌握新企业管理的独特性，了解针对新企业的管理重点与行为策略。

(1)课程内容

新企业管理的特殊性；

新企业成长的驱动因素；

新企业成长管理的技巧和策略；

新企业的风险控制和化解。

(2)教学要点

新企业成立初期应以生存为首要目标，其特征是主要依靠自有资金创造自由现金流，实行充分调动“所有的人做所有的事”的群体管理，以及“创业者亲自深入运作细节”。

新企业成立初期易遭遇资金不足、制度不完善、因人设岗等问题。

企业成长的推动力量包括创业者(团队)、市场和组织资源等。

新企业成长的管理需要注重整合外部资源追求外部成长；管理好保持企业持续成长的人力资本；及时实现从创造资源到管好、用好资源的转变；形成比较固定的企业价值观和文化氛围；注重用成长的方式解决成长过程中出现的问题；从过分追求速度转到突出企业的价值增加。

“创业管理”课程教学大纲①

上海交通大学管理学院

一、任课教师

汤石章，工商管理系

二、教学对象

三、预修课程

四、教材、教学参考书

郁义鸿.创业学[M].北京：复旦大学出版社，2000.

尼古拉斯.创办你自己的企业[M].焦淑斌等译.北京：中国人民大学出版社，1999.

苏伟伦.自己当老板[M].北京：中国纺织出版社，2007.

科林·巴露，罗伯特·布朗.小企业三步曲——创立、生存与发展[M].宁光杰，李布译.北京：机械工业出版社，1999.

五、教学目的与要求

随着知识经济时代的来临，“创业”在国民经济中的地位越来越重要，新创企业在对国民生产总值的增长、劳动力的就业等方面发挥着重要作用。“创业管理”课程是“创业管理”方向的MBA学员的必修课。通过“创业管理”课程的学习，学员对创业前后整个过程以及在这个过程中的一般规律有较清晰的认识，为今后的创业生涯做好准备。在学习过程中，要求学员积极参与课堂讨论，课后通过互联网等查阅有关资料，并完成一篇创业计划书。

六、教学方法

讲授与课堂讨论相结合。

七、考核方式与评分

课堂表现：20%

①因正文中多次引用部分高校创业类课程教学大纲做比较分析，因此特将部分高校创业类课程教学大纲附录于此，以便读者查阅。

课后作业:20%

创业计划:60%

八、教学内容与安排

1.创业的性质与地位(第1周)

理解企业家精神对创业的意义;理解创业对人生的影响;了解创业在国民经济中的作用和地位;掌握创业的一般过程。

2.创造性与企业创意(第2周)

掌握创业的来源与激发创业的方法;了解创造力与问题解决方法;理解产品开发过程。

3.市场机会与需求识别(第3周)

理解从创意到市场机会的过程;掌握市场信息的收集与研究方法;掌握市场环境分析方法;了解市场机会的识别和筛选。

4.创业经营计划(第4周)

掌握创业经营计划的结构;理解创业经营计划的信息要求;掌握创业经营计划的制订;了解创业经营计划失败的原因。

5.市场营销计划(第5周)

掌握营销计划的结构与特征;了解营销的准备步骤;理解营销组合;理解计划过程的协调和实施。

6.组织计划(第6周)

理解培养管理团队的重要性;掌握市场营销导向的组织结构;了解不同的企业法律形式。

7.财务计划(第7周)

理解经营规划与资本预算;了解损益预估表;掌握创业与盈亏平衡分析;了解现金流量预估表和资产负债预估表。

8.创业融资(第8周)

掌握创业融资的方式与来源;了解不同融资方式的特点;掌握风险投资基金的运作模式。

9.创业管理(第9周)

掌握初创期的管理决策;了解早期成长期的管理特点;了解新创企业扩张;了解企业的终止与重组。

《创业设计——创业起步》课程教学大纲

中央广播电视大学

第一部分　大纲说明

一、课程的性质和任务

本课程是一门通识课程。通过本课程的教学，使学习者建立起在市场经济环境下创业的正确理念和意识，获得创业经营的基本常识、方法和一些具体实用的操作技能。

本课程是一门相对独立的课程，与其他课程的关联性不大。

二、课程教学的基本要求

1.认清课程的性质和任务，注重从实用的意义上把握课程的内容。避免纯知识型传授，强调理念的灌输和技能的训练。

2.从中国的实际出发阐述书中的基本原理，从中国市场经济的规范走向掌握课程的基本思想和操作性的内容。

3.提高学员在教学中的参与程度，努力调动学生学习的主动性和积极性。使学生能够结合实际、所学内容和自身条件编制科学合理的创业方案。

4.紧密呼应思想道德教育，通过案例教学使学生真正意识到在创业经营中“做事先做人”和加强道德修养的重要性和必要性。

三、教学方法与教学形式的建议

1.教学要紧密结合学生原有对创业经营的意识和认识。通过交互、启发式、案例和实践教学，引导学生树立正确的创业理念。加强教师指导下的课程讨论，增强学生的参与意识和主人翁意识，使学生真正领会创业的基本思想和方法。

2.通过案例分析、练习题和自测题，促进和引导学生主动学习。要多角度、多方位地向学员提出问题，尽量避免唯一性答案，鼓励学生发表自己的见解，启发学员创造性思维，激发学员的想象力，培养实事求是分析问题的态度和能力。

3.有条件的地方应当聘请真正的创业者介绍他们在创业过程中的教训和经验，帮助学生更好地理解课程的内容。

4.大力加强实践教学环节。鼓励学生独立完成创业设计方案的编制，适当组织学员进行交流。

5.有条件的地区应注意做好学员的跟踪，对学员进行创业培训后续服务，如创业实务咨询、研讨等。并注意收集整理学员的创业经验以丰富课程内容。

第二部分 媒体使用和教学过程建议

一、学时

按照学校统一要求，本课程的总学时数为90，共计5个学分。分别为电视讲授10学时，电视辅导2学时，面授辅导、交流讨论30学时，自学及平时练习34学时，编制创业设计方案14学时。授课学时的具体分配如下：

序号	内容	电视学时	辅导与交流	自学与练习
1	绪论	1	3	3
2	把握商机	1	3	4
3	制定创业计划	1	3	4
4	启动创业计划的准备	1	3	3
5	市场活动	1	3	4
6	筹资与财务管理	1	3	4
7	组织建设与管理	1	3	3
8	运营管理	1	3	3
9	商业道德	1	3	3
10	立足市场	1	3	3
合计		10	30	34
电视自学辅导		2		
编制创业计划		从教学开始就着手，共计约14学时		
总计学时数		90		

二、媒体说明

考虑到学习者的需要和可能，本课程教学资源目前拟选用两种媒体：文字教材和音像教材。

三、教学环节

1.自学。按照教学指南的要求自学教材和辅导光盘的内容，特别应当注意每一章节应提示其中应该重点理解的问题。

2.面授辅导。观看电视授课的同时，由教师做重点辅导并回答学员学习中遇到的问题。拟采用案例教学的方式。

3.积极组织案例讨论，鼓励学员提出自己的见解。

4.考核。考核由形成性考核和终结性考核两部分组成。形成性考核包括各章后的思考题和 4~5 次大作业。终结考核包括撰写创业设计方案和卷面考核两部分。创业设计方案是教学的最终成果，也是所学知识与技能的综合运用，这部分是考核的主体部分。卷面考核主要考察对知识点的掌握和案例分析能力。

第三部分　教学内容和教学要求

第一章　创业入门

本章教学内容：

第一节　创业的目的

1.开发利用资源——履行管理的职责

2.实现交易——推动社会发展

3.维系竞争——促进个人与社会进步

4.获得满足感——体现自身价值

第二节　创业的基本要素

1.创业者

2.心态

对待自己的态度；对待他人的态度；对待事业和生活的态度。

3.机会

把握用某种方式为你所接触到的人服务的机会。

4.资源

第三节　创业设想

1.创业设想的组成

市场、产品或服务、某种组织或机构。

2.创业设想的获取

你的个人生活、你的爱好、体育运动、你的手艺、市场趋势、创造性、模仿、连锁经营权、接管等。

本章教学要求：

1.对创业有一整体了解；

2.理解创业的目的以及端正目的的重要性；

3.了解一名合格创业者的基本要求；

4.理解怎样确定创业的切入点并能够提出创业的初步设想。

本章教学重点：

树立正确的创业目的和经营理念；创业方向的确立。

本章教学难点：

正确的目的；态度决定高度。

思考题：

1.创业的目的是什么，为何要调整赚钱和事业的关系？

2.企业家是否必须解决基本态度问题？

3.你认为创业机会的切入点在哪里？

第二章　创业准备

本章教学内容：

第一节　心理与思想上的准备

1.克服害怕失败的心理障碍和认识误区

失败是创业经营中的一种普遍和正常的现象；对待失败的正确态度是战胜失败的关键；从别人的失败和错误中汲取教训是减少和避免失败的有效措施。

2.克服过分自负的心理障碍和认识误区

3.克服急功近利的心理障碍和认识误区

4.克服对市场的恐惧心理和认识误区

5.克服害怕与外界打交道的心理障碍

6.减少和避免心理障碍和认识误区的有效措施——集思广益与学习

第二节　企业家的性格特征

1.勇于实践——企业家最基本的性格特征

2.信念与执着——企业家最重要的品格特征

3.谦虚且以事业为重——企业家最值得称道的品格

4.企业家的其他性格特征

第三节　创业的法律准备

1.创业所采取的合法经营形式

个体经营、有限责任公司、无限责任公司、合伙人、联合协会

2.经营中涉及的相关法律问题

专利、商标和公司名称;进口和出口;雇主和雇员的关系;合同和协议、设备租赁、土地购置、特种行业

本章教学要求:

1.懂得如何克服创业启动时的心理障碍和认识误区

2.了解一个成功创业者的性格特征和完备健康的经营心态

3.了解创业中相关的法律问题

本章教学重点:

创业所应具备的心理和精神准备。

本章教学难点:

企业家的性格特征及形成。

思考题:

1.创业起步可能会遇到哪些心理障碍?

2.创业者应具备哪些基本素质?

第三章　创业中的市场调查

本章教学内容:

第一节　市场信息

1.市场信息概述

信息、市场信息、市场信息的作用与意义

2.市场信息的认识与运用

第二节　市场调查概述

1.市场调查的含义

2.市场调查的典型项目

经济发展水平、竞争环境和市场环境

3.间接的市场调查

感知推断法;媒体收集法

第三节　本地市场与目标市场

1.本地市场

本地市场的含义;本地市场的调查方法;本地市场调查举例

2.目标市场

目标市场的含义;目标市场的确立;产品与服务的市场标准。

3.竞争环境的调查

第四节　完善你的创业设想

1.检验你的创业设想

确立市场;确立产品与服务;确立你的资源;分析资源和市场的结合点

2.创业设想的描述

3.推敲你的创业设想

本章教学要求:

1.了解市场信息的基本含义及用途,知道分析、使用和收集市场信息的一般规律与方法;

2.掌握市场调查的基本内涵及方法,学会简单的调查提纲和问卷的设计,能够进行初步的市场调查;

3.了解确立目标市场的一般思路,学会归纳并确立市场调查结果并能够定义你的产品或服务项目;

4.设想某一创业项目,能够清楚地表述自己的经营思路。

本章教学重点:

市场调查的基本方法,市场结果的确立,经营思路的确立。

本章教学难点:

设计问卷调查,细分市场与捕捉和如何发掘适合自己的创业信息。

思考题:

1.获得创业机会的基本途径是什么?

2.怎样构思自己的事业?

第四章　创业中的市场活动

本章教学内容：

第一节　市场营销

1.市场营销的概念

2.与市场营销直接相关的领域

顾客、产品、途径、竞争者

3.市场营销活动的内容

市场调查;产品开发、确定价格、确定销路;广告及其改进;销售管理。

第二节　制定市场营销的计划

1.市场调查结果与分析

2.目标定位和经营策略

3.监督与控制

本章教学要求：

1.理解市场营销活动的内涵与意义

2.掌握制定营销计划的方法和步骤

3.将已有的创业设想进一步完善并可开始付诸实践

本章教学重点：

买卖就是关系;营销计划。

本章教学难点：

如何有效组织各项营销活动。

思考题：

1.怎样理解买卖就是关系?

2.在经营中如何体现用户就是上帝?

3.怎样发现经营的核心成功因素?

第五章　筹资与财务管理

本章教学内容：

第一节　启动资金的测算

1.启动资金的分类

2.固定资产的测算

3.流动奖金的测算

第二节　筹资

1.从银行等金融机构贷款

2.吸收直接投资

3.资金筹集的其他渠道

第三节　财务记录

1.财务记录的意义

2.现金账

3.总账

第四节　财务计划

1.财务计划的作用

2.财务计划的内容与编制

个人支出的测算;编制月度销售收入计划;编制成本费用计划;编制现金收支计划

第五节　财务控制

1.财务控制所需要的信息

2.用月度财务计划控制你的生意

3.根据实际情况及时调整财务计划

4.发现你最好的顾客和降低交易成本

5.树立整体观念

6.现金流量预测

7.避免金融风险

本章教学要求:

1.理解建立财务账簿的重要性,把握其中的主要内容及基本方法。

2.明确制订财务计划的主要内容。应贯彻的基本原则是什么?应怎样进行控制。

3.了解财务控制的作用和内容。

本章教学重点:

怎样建立财务账簿;怎样制订财务计划;怎样进行财务控制。

本章教学难点:

现金流动及预测。

思考题:

1.如何筹集创业资金?

2.建立现金账的重要作用是什么?

3.制订财务计划应抓住哪几个环节?

第六章　创业中的组织谋划

本章教学内容:

第一节　组织与团队

1.组织与团队的概念

2.组织构成的性质

3.组织构成的形式

4.组织的外部因素

第二节　健康组织的基本原则

1.服务型领导

2.授权、责任与权威

3.交流与沟通

第三节　组织管理

1.组织管理的十项戒律

2.改进自我管理

本章教学要求:

1.知道什么是组织,什么是团队,它们的作用是什么。

2.理解并掌握组织的构成和管理原则。

3.掌握改善个人管理的一些方法。

本章教学重点:

组织、团队、授权。

本章教学难点:

组织结构设计。

思考题:

1.如何建立你的团队?

2.怎样通过授权形成有效的组织结构?

3.怎样使员工在组织中得到发挥主动性的行动空间?

第七章　创业中的生产活动

本章教学内容：

第一节　位置的确定

1.最佳位置的条件及相关因素的权衡

2.影响位置的其他因素

3.几种典型位置

第二节　生产计划

1.生产过程的设计——关键路线分析法

2.最优产品数量

3.第三产业

本章教学要求：

1.理解并掌握产品生产与服务的位置构成与意义。

2.学会具体制定某一生产计划。

3.了解制定生产计划的步骤。

本章教学重点：

选址，制订生产计划和计划需要着重处理的问题。

本章教学难点：

关键路线和边际费用。

思考题：

1.企业位置选择应考虑哪些问题？

2.制订生产计划应考虑哪些内容？

3.服务性企业怎样制订生产计划？

第八章　创业中的商业道德

本章教学内容：

第一节　价值观概述

1.价值的含义及特点

2.价值观在创业中的地位和作用

3.自然欲望的道德约束

第二节　道德与优先

1.商业道德的经济价值
2.商业道德在创业经营中的表现
第三节　领导在商业首先建设中的作用
1.领导的导向作用
2.领导与企业文化
3.成功创业者的价值观与道德表现
4.处理内部关系时的道德
5.权力的首先支撑
第四节　坚持正确的价值观
1.需要坚持的价值观
2.价值观与行动的改变
3.实现理想的方法
本章教学要求：
1.理解什么是正确的价值观及其意义
2.懂得在创业经营中如何正确地进行价值判断
3.了解商业道德的内容及如何把握
4.了解企业领导在商业道德建设中的作用
本章教学重点：
道德价值的意义与作用
本章教学难点：
如何建立和实现道德价值
思考题：
1.人的价值观在经营中有什么作用？
2.用什么样价值观指导创业？
3.如何用道德价值理论增强企业的凝聚力？

第九章　创业计划的编制
本章教学内容
第一节　创业计划的构架及要求
背景介绍、任务阐述、经商构想、经营理念、形象、人员及供应商、经营场地及设备、市场调查、策略、中短期计划、财务计划。

第二节　创业计划的基本格式

本章教学要求

实际编制创业计划。

本章教学重点：

创业计划的主要内容。

本章教学难点：

编写创业计划。

方案点评

第十章　创办有生命力企业(全书的总结)

本章教学内容：

第一节　企业生命力

1.生命力的概念

2.企业生命力

3.生命力的守护与培育

第二节　通向成功的钥匙

1.明确创业目的

2.创业构思来源与确定

3.集思广益与学习

4.态度与梦想

5.短期赢利和长期赢利

6.起步策略

7.市场组合策略

8.资金管理

9.建立组织与团队

10.高效生产的途径

11.搞好关系的要素

本章教学要求：

1.体会生命树的含义。

2.对全书内容进行归纳总结。

本章教学重点：

生命树的概念，归纳全书的基本思想。

本章教学难点：

生命树的意义。

练习题：

1.要使企业成为生命树应创造哪些条件？

2.创业要想获得成功应做好哪几项工作？

案例分析：

在课程进行中或结束时可设一至两次专题讲座，约6学时。

第四部分　创业设计评价标准

一、创业指导思想

用什么样的理念去创业。这一点不能停留在空洞口号上，要有实质的内容。

二、市场定位及经营项目的确定

市场定位是否有创意，所选的经营项目是否现实，市场信息及调查的根据是什么。对创业所选择的项目进行可行性评价。

三、市场策略制定

进入市场的基本设想，用什么产品和服务策略去满足消费者需求，采用什么样的价位，通过什么样的渠道，怎样促销及有关问题设想。

四、创业组织

资金的来源及如何管理和利用，内部组织结构及生产如何组织，雇用或与什么人合作。其中资金问题最为关键。

五、经营计划编制

思路是否清晰，考虑的问题是否有遗漏，对未来可能发生的问题有什么对策。

从总体评价：是否有创意，是否有实现的可能，从长期看是否有前途。

第五部分　考试安排

本课程考试内容由形成性考核和终结性考核两部分组成。形成性考核占总成绩的20%，终结性考核占总成绩的80%。

“创业教育”课程教学大纲

广东纺织职业技术学院

总学时数:30(其中实践学时 10)

学分:1.5

适用专业:所有专业

一、课程的性质、目的和任务

本课程是我院所有专业新开设的一门专业基础课。是顺应新时代发展的要求,以市场变化及其趋势为背景,从企业微观角度出发,运用企业管理新观念,培养学生的创业意识和创业能力,让学生掌握小企业开办与管理全过程的理论和实务的一门创业课程。

目的在于培养学生的创业能力和创业意识,培养学生积极进取、勇于挑战、勇于创新的能力,为其就业开拓广阔的空间。

二、课程教学的基本要求

(1)培养学生的创业能力和创业意识,培养学生积极进取、勇于挑战、勇于创新能力。

(2)为学生将来开办和从事小企业管理工作奠定一定的基础,掌握一定实际操作技能。

(3)学生个人创业能力培养。掌握个人进行创业选择、用人、决断、应变、承担风险、品格等能力方面的知识。

(4)帮助学生了解小企业开办的程序和管理的基本原理和理论。

(5)帮助学生掌握市场环境因素以及存在的机会和威胁,掌握企业经营计划、生产布局、质量工艺、资金筹措、人力资源管理、产品组合、厂(店)址选择等方法与程序。

(6)教会学生初步撰写创业计划和模拟创业。

三、课程教学内容、重点和难点

A.理论教学环节(16 课时)

第一讲　创业学概述(2课时)

1.基本内容:

⑴创业的意义

⑵课程总体介绍

⑶创业与就业

2.基本要求:

⑴创业的内涵

⑵个人创业素质要素

⑶个人创业能力要素

⑷就业环境与空间

重点:创业意识、创业能力

难点:处理好创业与就业的关系;从就业型向创业型转换。

第二讲　创业成功的基石(2课时)

1.基本内容:

⑴积极心态的力量

⑵积极心态的基本原则

⑶培养积极心态的途径

2.基本要求:

⑴认识和重视积极心态对创业的重要

⑵心态和行为的辩证关系

⑶培养积极心态,排除消极情绪

重点:认识和重视积极心态的力量

难点:培养的积极心态——成功创业的基石

第三讲　创业者能力培养(一)(2课时)

1.基本内容:

⑴成为一个创业者

⑵创业者的品格魅力

2.基本要求:

⑴创业准备

⑵选择合适的创业方式

⑶创业者的品格

重点:创业,从哪里开始;提高创业素质的途径

难点:创业者品格塑造

第四讲　创业者能力培养(二)(2课时)

1.基本内容:

(1)创业者的创新能力

(2)创业者的应变能力

(3)创业者的决断能力

(4)创业者的领导能力

2.基本要求:

(1)创新能力培养

(2)应变能力培养

(3)决断能力培养

(4)领导能力培养

重点:把握创新规律;学会授权

难点:创造性思维;决策程序

第五讲　成功创办与经营(一)(2课时)

1.基本内容:

(1)小企业准确定位

(2)小企业创办准备

2.基本要求:

(1)看清环境再投资

(2)选择创业行业的诀窍

(3)提出经营设想、计划

(4)市场分析、资金筹措

重点:为创办小企业准确定位;市场分析

难点:制订创办计划。

第六讲　成功创办与经营(二)(4课时)

1.基本内容:

小企业营销策略

2.基本要求:

(1)小企业市场营销知识

⑵小企业营销管理程序

⑶小企业市场营销策略

重点:营销知识、营销管理程序

难点:小企业市场营销策略

第七讲　小企业申办(2课时)

1.基本内容:

⑴小企业申办要点

⑵小企业开业步骤

2.基本要求:

⑴开业登记要点

⑵工商登记

⑶税务登记

⑷用工手续、供水、供电申请

⑸资金注册

⑹银行贷款

重点:申办要点

难点:开业步骤和申办程序

B.实践教学环节(8课时)

第八讲　成功创业的实践和经验(6课时)

1.基本内容:

⑴参观成功创办小企业典型

⑵举办“创业大讲坛”

2.基本要求:

⑴学会市场调研

⑵了解运作情况

⑶实地了解创业的真实情况

⑷与专家或成功创业者互动交流

重点:实地参观、考察、学习、思考

难点:个人带着实际问题积极参与,并有解决思路和方案

第九讲　做创业实干家(2课时)

1.基本内容:

⑴介绍成功创业的案例

⑵分析创业失败的案例

⑶特色经营案例讲评

2.基本要求：

⑴带着问题分析研究

⑵了解运作情况

⑶了解风险分析、收益回报

⑷全面的专业知识和经验

重点：创业者的眼光和理念

难点：先做人，后做事，有创意、有毅力、有务实精神

C.模拟创业环节（4 课时）

第十讲　模拟创业（4 课时）

1.基本内容：

⑴创业选择

⑵创业计划

⑶咨询评议

2.基本要求：

⑴撰写创业计划书

⑵分组评议各自的创业项目、资金筹措、经营风险分析、企业内外环境分析、投资回报预测、市场开拓、人员管理等

⑶可行性分析

⑷咨询评议

重点：创业计划书撰写

难点：模拟创业的实施

四、课程各教学环节的要求

采用交互式因素集成法，教学实施分为理论教学、实践教学和模拟创业三部分进行。

1.理论教学（20 学时）

教学内容包括个人创业能力培养、成功创办小企业两方面。

（1）个人创业能力培养

运用管理学的原理，从小企业经营的微观角度出发，结合客观实际问题，运用案

例分析，阐述个人创业应具备的能力及根据实际环境如何培养和提高个人的素质。

(2)成功创办小企业

系统介绍现代市场经济体制下小企业经营环境因素、小企业开办程序、经营计划、生产技术管理、销售管理、成本与财务管理、经济效果评价、员工管理与岗位责任制度、企业发展管理等。

2.教学形式

(1)电化教学

课程教学过程采用电化教学，一方面可以大大增加教学内容的信息量，加快教学进程；另一方面可以大大提高教学过程的直观性，将教学内容部分制成 PowerPoint 自动播放，部分制成投影片进行投影，并录制一些音像资料作为教学片段，以丰富多彩的文字、图表、声音令学生容易接受，极大提高教学效果，运用多媒体进行教学。

(2)专题讨论

将课程中重点内容、热门话题、发展方向等进行专题讨论，一方面让学生更深了解掌握专业知识；另一方面让学生自己去搜集资料，看到更多的学习背景知识，扩大知识面。在教学过程中，每两周预先设定一个专题，进行全班讨论。每次讨论论题在前两周给出，由一个小组做准备，每人独立完成一篇有观点的小论文，讨论时该小组同学作专题发言，其他同学以组的形式集体参与询问或回答问题。在讨论过程中老师不断补充引用新的或书本上没有的知识，对学生的发言、讨论进行点评，让学生了解到自己的成绩和不足，从而提高他们的个人能力。

3.实践教学(8 学时)

实践教学是将理论知识和实践相融合的必要过程。包括教学参观、专家讲坛、现身说法、政策导向和心理品质测试五个方面。

(1)教学参观

本课程始终不脱离社会现实，组织学生多参观，多了解企业经营和市场各种变化，专门安排时间进行参观讲解。

(2)专家讲坛

在教学过程中，计划针对小企业开办和小企业主能力要求的一些专业问题或热点问题，邀请业内专业人士作专题报告，从现实经济发展的角度，介绍在经营企业的过程中适应市场的能力和经营理念。

(3)现身说法

从已创业有成就的纺校毕业生中，挑选成材典型，采用“荣誉校友”现场会的形式,让他们介绍成功经验和体会,以及在实际开业和管理中应注意的问题。

(4)政策导向

开办和管理小企业须熟知国家的有关政策和法规，在实践教学中，计划聘请工商、财政、税务、银行、供水供电等政府部门有关工作人员讲述办理营业执照、税务登记、资金注册、银行贷款等实际操作问题。

(5)创业心理品质测试

通过科学、有趣的测试问卷,对学生的气质和性格、情感和意志进行测试,帮助指导学生在独立性、敢为性、坚韧性、适应性、合作性等方面对创业活动具有显著影响的心理因素,进行调节和锻炼。

4.模拟创业(2 学时)

模拟创业是创新教学方法的具体验证,是学生自己开动脑筋,设计创业规划的实际模拟过程,包括三个步骤:

(1)创业选择

每一个学生根据个人的兴趣,选择合适自己的行业,如开办小型织布厂、小型针织厂、服装厂、服装店、织袜厂、印染店、礼品店、美容院、小型 Internet 网络站点等。

(2)创业计划

根据学生选择的行业,指导他们写出创业计划书,内容包括创业项目、资金筹集、经营风险分析、企业内外环境分析、投资回报预测、市场开拓、人员管理等。

(3)咨询评议

根据学生提交的创业规划书,组织他们进行探讨,分析创业计划的可行性,解答学生的各种问题,提出评价意见。

(4)联系对口企业,让学生实地学习

针对学生提出的计划书中涉及的创业类型,联系好相关企业,让学生到对口地向企业经营者进行学习,了解该类型企业的实际运作情况,学习有关的管理办法,为创业打下基础。

这是实践教学中极为重要、也是难度较大环节。首先,要找到肯接纳学生实习的合适的单位是一个难点，在竞争日益激烈的现实社会中要向新入行的同业介绍自己的成功经验和教训,多少有点泄露“商业秘密”的味道,要求经营者本身有远见、有胆识、有较高的素质。其次,学生会结合自己的创业意向,在调研过程中提出各种各样的问题,要求教师能对其立项、风险等给予中肯的分析,帮助学生透彻了解其创业将要遇到的各种情况和要做的相应准备。较好的方式是与劳动局联合起来，由劳动局推荐并帮助联系好企业公司作为实习单位，让学生能结合自己的创业方案，真正学习到相关的知识，了解到真实的情况。

(5)方案讲评

这是一个面对面的咨询，把学生按其创业立项类型分成若干组，每组3~6人，与教师及成功的企业经营者进行面对面的探讨。重点是解答和分析学生提出的问题，如：项目可能性、风险分析、收益回报等问题。尽可能提出客观的意见，供学生思考判断，从而为创立自己的企业做好准备。

(6)建立创业基地

以学校为主，联合相关企业，在老师的指导下，在开设的小企业、店铺中，进行实际操作，感受实际环境，亲自进行运作。

以准备案例讨论提纲为主，适当做一些促进领会基本概念和原理的习题

五、学时分配(共计30学时)

序号	教学内容	学时						作业(题)
		讲授	实践	习题课	讨论课	其他	小计	
1	创业学概述	2					2	1
2	创业成功的基石	2					2	1
3	创业者能力培养(一)	2					2	
4	创业者能力培养(二)	2					2	1
5	成功创办与经营(一)	2					2	
6	成功创办与经营(二)	2					2	1
7	小企业申办	2					2	
8	成功创业的实践和经验	2	2		2		6	
9	做创业实干家	2					2	
10	模拟创业	2	2		2		6	1
期末复习、机动		2					2	
合计		22	4		4		30	

六、课程与其他课程的联系

本课程是适应我院所有专业新开设的一门专业基础课。是顺应新时代发展的要求,以市场变化及其趋势为背景,从企业微观角度出发,运用企业管理新观念,培养学生的创业意识和创业能力,让学生掌握小企业开办与管理全过程的理论和实务的一门创业课程。

建议安排在二年级开课,便于学生及早进行职业生涯思索与设计。培养学生的创业能力和创业意识,培养学生积极进取、勇于挑战、勇于创新的能力,为其就业开拓广阔的空间。

七、教材及教学参考书

(一)教材

1.《小老板能力培养》(广东经济出版社,2001,李学渊、张涛、包昆荣编著)

2.《成功创办小企业》(广东经济出版社,2001,张涛、包昆荣、骆珠海编著)

(二)教学参考书

1.《积极心态的力量》(四川人民出版社,2000,拿破仑·希尔著,刘津译)

2.《挑战生涯富裕人生》(民主与建设出版社,2007,宋昊编著)

3.《最成功的创业者》(中国华侨出版社,2000,何君编著)

后记

陶瓷是中国传统文化符号中珍贵的记忆，景德镇陶瓷则是这个民族记忆深处最弥足珍贵的明珠，就好像皇冠上最璀璨的宝石，引发后人无限的敬仰。

自从在景德镇学院任教以来，我就关注景德镇陶瓷这个地域性的研究课题。说它是地域性的课题，是因为就其本身的产业基础地域而言，仅限于景德镇市。但是，这个课题却又不是地域性的，而是世界性的。景德镇陶瓷文化是悠远而深长的民族特色历史文化遗产资源，具有鲜明的差异性，是不可替代的。它作为传统文化传承的重要组成部分，在国人心目中，在大中华文化圈，乃至在全球范围内，它都具有广泛而深入的文化认同。它已经被抽象化为一个文化符号系统，一个象征，内涵深沉，外延宽广。因此，它作为独特的文化资源与文化财富，不仅是中国的，也是世界的。

近年来，我和我的研究团队以景德镇陶瓷区域品牌建设、景德镇陶瓷文化产业建设、景德镇创新型经管人才的培养或景德镇文化产业人才的培养等为选题，连续申报了九项江西省的各类项目(课题)。有江西省教学改革课题“景德镇陶瓷中小企业创新型经管人才的培养模式研究”(JXJG-06-22-07)、江西省高校人文社会科学研究项目“景德镇陶瓷区域品牌的创新与重构战略研究”(JJ06211)、全国高等教育学会“十一五”规划教育科学重点研究项目“陶瓷教育改革与创新型经营人才的培养”(06AIJ0050076)、江西省教育科学规划课题“景德镇陶瓷文化传承与区域文化创意产业的人才培养研究”(08YB278)、江西省社会科学规划项目“景德镇区域品牌创新与区域文化创意产业发展战略”(09YJ250)、江西省社会科学规划项目“景德镇陶瓷企业电子商务应用的优化与促进研究”(10GL26)、江西省高校人文社会科学研究项目“千年陶瓷礼俗文化的研究与探索”(JY0921)、江西教育科学规划课题“地方特色产业环境下高职高专电子商务应用型人才培养模式研究”(11509YB059)、江西教育科学规划课题“特色产业环境对电子商务创业人才培养效果影响研究”(14YB129)等项目(课题)。作者和他的研究团队由浅入深,点点滴滴地不断积累,把研究视线牢牢钉在景德镇陶瓷产业与品牌振兴这个大家都很关注的问题上。渐渐地,研究逐渐铺展开,形成一个初具雏形的体系。当然,我们知道,研究还很不成熟,许多研究观点的提出与研究方法的运用,仅仅只是一种粗浅的尝试,希望大家批评指正。

本书在写作的过程中,得到黄志坚教授、方文龙教授、于芳副教授、王凯风副教授等多位同仁的支持与帮助。在此一并致以谢意。

本书在写作的过程中,严格遵守学术规范,但凡引用了其他学者的研究成果,都已一一注明。倘若挂一漏万,出现了疏漏之处,万望海涵,且必将在再版时予以修订。

江旺龙

2016年6月27日